Falk spirallo
REISEFÜHRER

www.spirallo.de

WIEN

Falk Verlag

Inhalt

Das Magazin **5**

✦ A echter Wiener geht net unter ✦ Highlights auf einen Blick ✦ Die Türken kommen! ✦ Die barocke Kaiserin ✦ »Es war seh schön ... es hat uns sehr gefreut« ✦ Total in: Openair ✦ Der Tod, der muss ein Wiener sein ✦ Wien spielt die erste Geige ✦ Der Wiener Jugendstil, ein Höhenflug ✦ Wien im Museumsfieber ✦ Des Wieners zweites Wohnzimmer ✦ Von Nixen und Faunen ✦ Schnitzel, Schmarren & Co. ✦ Wussten Sie ...?

Erster Überblick 35

✦ Ankunft
✦ Unterwegs in Wien
✦ Übernachten
✦ Essen und Trinken
✦ Einkaufen
✦ Ausgehen

Das mittelalterliche Wien 47

Erste Orientierung ✦ An einem Tag ✦ Nicht verpassen!
✦ Stephansdom ✦ Judenplatz ✦ Freyung
Nach Lust und Laune! ✦ Zehn weitere Adressen zum Entdecke
Wohin zum ... ✦ Essen und Trinken?
✦ Einkaufen? ✦ Ausgehen?

Das Herz der Kaiserstadt 69

Erste Orientierung ✦ An einem Tag ✦ Nicht verpassen!
✦ Hofburg ✦ Kohlmarkt und Graben
✦ Kapuzinergruft ✦ Albertina
Nach Lust und Laune! ✦ Acht weitere Adressen zum Entdecken
Wohin zum ... ✦ Essen und Trinken?
✦ Einkaufen? ✦ Ausgehen?

Die westliche Ringstraße 93

Erste Orientierung ✦ An einem Tag ✦ Nicht verpassen!
✦ Staatsoper ✦ Kunst- und Naturhistorisches Museum
✦ Burgtheater ✦ Museumsquartier
Nach Lust und Laune! ✦ Acht weitere Adressen zum Entdecken
Wohin zum ... ✦ Essen und Trinken?
✦ Einkaufen? ✦ Ausgehen?

Das Magazin

Zu einem tollen Urlaub gehört mehr als genüssliches Faulenzen oder Shoppen bis zum Umfallen – damit die Reise sich wirklich lohnt, muss man das Besondere seines Ziels kennen und schätzen. Das Magazin gibt einen unterhaltsamen Überblick über die gesellschaftlichen, kulturellen und geografischen Zusammenhänge, die dieser Region ihren besonderen Zauber verleihen.

LAND DER GENIES

Die Toskana brachte nicht nur einige der berühmtesten Dichter wie Dante, Petrarca, Boccaccio und Machiavelli hervor, sondern auch eine Menge unvergleichlicher Künstler wie Giotto, Michelangelo, Donatello und Leonardo da Vinci.

Dante Alighieri

Der 1265 in Florenz geborene Dante Alighieri war Diplomat seiner Heimatstadt. Wegen politischer Verwicklungen wurde er im Jahr 1302 allerdings verbannt. Danach führte er bis zu seinem Tod ein unstetes Wanderleben zwischen den Städten Norditaliens. Er starb 1321 in Ravenna, wo er auch begraben liegt. Sein Meisterwerk ist die epische Dichtung *La Divina Commedia (Die göttliche Komödie)*, die den toskanischen Dialekt zur Literatursprache Italiens erhob. Dieser Dialekt entwickelte sich zu dem Italienisch, das heute gesprochen wird.

***Dante und die drei Reiche* von Domenico di Michelino**

Francesco Petrarca

Francesco Petrarca wurde 1304 in Arezzo geboren und starb 1374. Als Reisender und Diplomat besuchte er den päpstlichen Hof in Avignon, wo er Laura de Noves traf, die zur romantischen Inspiration seiner Canzoniere wurde – sie gehören zu den schönsten Sonetten, die je verfasst wurden. Wie Dante vor ihm und sein Zeitgenosse Boccaccio, schrieb er oft in italienischer Sprache. Er zählte aber auch zu jener Vorhut von Schriftstellern, die Altgriechisch und Latein als Literatursprachen wiederbeleben wollten und war somit Teil einer Entwicklung, die den Weg in die Renaissance ebnete.

Giovanni Boccaccio

Giovanni Boccaccio (1313–75) wurde als Sohn eines florentinischen Kaufmanns in Paris geboren. Er wuchs in der Toskana und Neapel auf, ehe er sich 1340 in Florenz niederließ. Hier traf er Petrarca, mit dem ihn der Wunsch verband, Griechisch und Latein als literarische Sprachen neu zu beleben. Sein berühmtestes Werk ist *Il Decamerone (Das Dekameron)*, das er nach der Pest von 1348 in italienischer Sprache verfasste. Es besteht aus 100 Geschichten, erzählt von zehn Personen, die vor der Pest aus Florenz fliehen.

Santi di Titos berühmtes Portrait von Nicolò Machiavelli, 1527

Nicolò Machiavelli

Der Name Nicolò Machiavelli (1469–1527) besitzt einen düsteren Klang. Der Begriff »machiavellistisch« impliziert List und Verrat. Die Franzosen prägten ihn, um alles Italienische zu verunglimpfen. Machiavelli selbst war florentinischer Diplomat, Politiker und Philosoph. Sein Buch *Il Principe (Der Fürst)* ist ein Meisterwerk politischer Analyse, das Politik- und Geschichtswissenschaft mit dem Studium der menschlichen Natur verbindet.

Giotto di Bondone

Giottos Geburtsdatum sowie -ort bleiben ein Rätsel (vermutlich 1266 in Florenz). Fakt ist aber, dass nicht nur die Werke seiner Zeitgenossen Cimabue und Pietro Cavallini, sondern vor allem auch die ikonoklastische Malerei Giottos die Entwicklung der abendländischen Kultur verändern sollten. Vor Giotto war religiöse Kunst lediglich ein Akt der Ergebenheit, der sich vorwiegend in byzantinischen Madonnen mit Kind äußerte, die über Jahrhunderte immer gleich blieben: flächig, überzogen und stilisiert. Giotto setzte sich über diese Konventionen hinweg und fügte erzählende Details, Emotionen, Gebäude, räumliche Tiefe, naturgetreu dargestellte Personen u.v.m. hinzu. Die meisten seiner Werke befinden sich außerhalb der Toskana, in Padua (Arena-Kapelle) und Assisi (Basilika San Francesco), doch hinterlassen seine *Maestà* in den Uffizien und die Fresken in der Bardi- und der Peruzzi-Kapelle der Santa Croce in Florenz durchaus einen Eindruck dieses Genius.

Hochzeit zu Kana **– Giotto di Bondone**

Donatello

Donatello (ca.1386–1466) genießt zwar nicht den gleichen Ruhm wie Michelangelo oder Leonardo, war aber als Bildhauer ein ebensolcher Pionier wie seine beiden Erben. Der heute im Bargello in Florenz befindliche bronzene *David* war eine der ersten Aktskulpturen der Renaissance. Sein Relief des hl. Georg an der Fassade der Orsanmichele in Florenz zeigt – erstmalig in der westlichen Kunst – die rigorose Nutzung der Perspektive. Seine Skulptur des *Gattamelata* in Padua schließlich war das erste bronzene Reiterstandbild seit der römischen Antike. Sein herausragendstes Werk aber ist die *Maria Magdalena* (Museo dell'Opera, Florenz), eine Gestalt, die derart befremdend und eindringlich ist, dass sie nahezu zeitgenössisch wirkt.

Leonardo da Vinci

Leonardo (1452–1519) wurde in Vinci geboren, einem kleinen Dorf in den Bergen westlich von Florenz. Seine frühen Lehrjahre verbrachte er in den Werkstätten von Andrea del Verrocchio, dem nachgesagt wird, er habe die Malerei aufgegeben angesichts der eigenen Untalentiertheit im Vergleich mit seinem Schüler. Leonardos erstes vollständiges, bis heute erhaltenes Werk, die *Verkündung* (1481), hängt in den Uffizien in Florenz. Einen Großteil seines Lebens verbrachte der Künstler jedoch außerhalb der Toskana. Ab 1483 arbeitete er in Mailand, wo er 16 Jahre blieb und u. a. das *Abendmahl* malte. 1499 kehrte er nach Florenz zurück und verbrachte viel Zeit mit anatomischen Studien. Er arbeitete an einem Freskenzyklus im Palazzo Vecchio (nicht erhalten) und an anderen Werken wie der *Mona Lisa*. 1506 zog es ihn wieder nach Mailand, dann nach Rom und zuletzt nach Frankreich.

Leonardos *Verkündung*

Michelangelo

Michelangelo (1475–1564), ein großartiger Maler, Bildhauer, Architekt – ja sogar Dichter – wurde in Caprese geboren, zog aber noch im Säuglingsalter mit seiner Familie nach Florenz. Mit 13 begann er eine Lehre bei Domenico Ghirlandaio. Wo oder wie er allerdings die Bildhauerei erlernte, ist unbekannt. Michelangelo selbst gab sich zeitlebens als Autodidakt. 1496 ging er nach Rom, 1499 hatte er die *Pietà* im Petersdom fertiggestellt. 1501 kehrte er nach Florenz zurück, arbeitete an seinem *David* und ab 1506 an dem heute in den Uffizien befindlichen Gemälde *Tondo Doni*. Seit dieser Zeit pendelte er stets zwischen diesen zwei Städten. Er arbeitete an der Sixtinischen Kapelle in Rom, dann wieder an Projekten in Florenz (wie der Biblioteca Laurentiana), bevor er der Stadt 1534 letztmalig den Rücken kehrte. Erst im Tode sollte er zu ihr zurückkehren, um in der Santa Croce beigesetzt zu werden.

GRÜNES POTENZIAL

Die Toskana ist vor allem wegen ihrer berühmten Kunstgeschichte ein Reiseziel, aber die Region hat einige überraschende Trümpfe in der Hinterhand. Sobald Sie sich von den fraglos sehenswerten Hauptschauplätzen der Kultur ein wenig entfernen, erwartet Sie eine erstaunliche, nicht von Menschen gemachte Pracht. Sie werden zudem entdecken, dass sich die Toskana mit innovativen Technologien, auf die selbst da Vinci stolz wäre, für die Umwelt einsetzt.

Naturbelassene Toskana

Die Toskana bietet vielversprechende Ausflugsziele in der Natur. In den Lebensräumen zwischen Meeresspiegel und schneebedeckten Berggipfeln gedeiht eine unvergleichliche Tier- und Pflanzenwelt. Ein Viertel der Region besteht aus Gebirge – mit dem größten Waldgebiet Italiens – und die Bevölkerungsdichte liegt unter dem italienischen Durchschnitt. Sie können hier ganz außergewöhnliche Orte in der Natur finden, wenn Sie dem Trubel entfliehen wollen.

Von den 22 italienischen Naturschutzparks befinden sich drei in der Toskana und sie spiegeln die Vielfalt der Landschaften und Natur sehr gut wieder. Der 2001 gegründete Parco Nazionale dell'Appennino Tosco-Emiliano erstreckt sich zum Teil in die Nachbarregion Emilia-Romagna. Der Park ist bekannt für die fantastischen Aussichten und Gebirgsformationen mit bis zu 2000 m hohen Gipfeln, von denen viele nicht zugänglich sind.

Der Parco Nazionale dell'Arcipelago Toscano ist zurzeit der größte Meerespark in Europa mit einer Fläche von 56 766 ha Meer und 17 887 ha Land, darunter sieben Inseln und ein Küstenabschnitt am toskanischen Festland. Der Park schützt Biotope, die von zerklüfteten Felsriffen, Sandstränden, den Gezeiten ausgesetzten Flächen bis hin zu Tiefwasser reichen und große Vorkommen der für das Ökosystem wichtigen Seegrasart Posidona oceanica haben.

Der Parco Nazionale delle Foreste Casentinesi, Monte Falterona, Campigna ganz im Osten der Toskana grenzt auch an die benachbarte Emilia-Romagna. Hier finden Sie die größten und am besten erhaltenen Mischwälder Italiens, die zu den ältesten in Europa zählen.

Der Parco Nazionale dell'Appennino Tosco-Emiliano an der Grenze zur Emilia-Romagna

Grüne Toskana

Die Toskana ist in der Nutzung erneuerbarer Energien im Bereich der Erdwärme führend. Der weltweit erste geothermische Stromgenerator wurde 1904 im südlich von Volterra gelegenen Larderello entwickelt und 1911 zum Kraftwerk ausgebaut. Der Standort ist Vorreiter in der Entwicklung dieser Technologie und stellt heute 10% der geothermisch erzeugten Energie weltweit her. Die 32 in der Toskana betriebenen geothermischen Kraftwerke produzieren Energie für 2 Mio. Haushalte und sparen jährlich 3,8 Mio. t CO_2-Ausstoß ein.

DIE TOSKANA IM ÜBERBLICK

Die Toskana ist eine Region im nordöstlichen Teil der Apenninenhalbinsel. Sie ist im Westen vom Tyrrhenischen Meer (das zum Mittelmeer gehört) und im Norden sowie im Westen vom Gebirgszug des Apennin begrenzt und umfasst eine Gesamtfläche über 24 000 km². Ihre Hauptstadt ist Florenz. Weitere wichtige Städte sind u.a. Arezzo, Pisa, Siena, Livorno und Lucca. Der 240 km lange Arno ist einer der bedeutendsten Flüsse Mittelitaliens. Der Name der Toskana leitet sich vom Herzogtum Tuscia ab, das die Lombarden hier im 8. Jahrhundert errichteten. 1569 wurde die Region der Toskana in einer päpstlichen Bulle von Pius V. zum Großherzogtum erhoben und sollte später Teil des 1861 gegründeten Königreichs Italien werden.

GERBERZENTRUM der Toskana

Die erstklassige Qualität italienischer Lederprodukte ist weltberühmt und die Toskana spielte schon immer eine wichtige Rolle in der Lederindustrie. Sogar Gucci startete sein namhaftes Haute Couture-Imperium mit einem Laden in Florenz.

Wenn Sie italienische Lederwaren wie Schuhe, Hand- und Reisetaschen oder Aktenmappen kaufen wollen, können Sie davon ausgehen, dass das Leder nur wenige Kilometer vom hiesigen Fachgeschäft entfernt gefärbt und verarbeitet wurde.

Die Kunst der Lederbearbeitung entfaltete sich in der Toskana seit dem Mittelalter und entwickelte sich mit der marktbeherrschenden Stellung der Region im 18. Jahrhundert zur Industrie weiter. Ihr heutiges Zentrum liegt in den Gemeinden zwischen Florenz und Pisa rund um den kleinen Ort Santa Croce sull'Arno. Mit etwa 400 Fabriken und um die 10 000 Beschäftigten, die unbehandelte Tierhäute zu fertigem Leder verarbeiten, zählt es zu den größten Gerberzentren der Welt.

Hochwertiges Leder

98% des dicken Leders für die italienischen Vollledersohlen – auf Italienisch *cuoio* – werden hier hergestellt. Das sind 70% der europäischen Produktion. Weitere 35% des weicheren italienischen Leders – auf Italienisch *pelli* – kommen aus toskanischen Gerbereien. Insgesamt erzielt die Industrie der Region 2 Mrd. Euro Umsatz jährlich. Die meisten Gerbereien arbeiten heute mit modernen synthetischen Chemikalien und Farbstoffen. Dadurch ist die gleichbleibende Lederqualität gewährleistet und die *pelli* können trendgerecht in jeder beliebigen Modefarbe angefertigt werden.

Traditionelle Methoden

Doch es gibt noch einige Wenige, die mit traditionellen Verfahren arbeiten. So haben sich 1994 mehrere Unternehmer im Il Consorzio Vera Pelle Italiana Conciata al Vegetale (www.pellealvegetale.it) zusammengeschlossen, um für italienisches Leder zu werben, das bis heute

Oben und links: Lederwaren aus der Toskana werden im ganzen Land angeboten

nach altem Rezept ausschließlich mit Naturprodukten gegerbt und gefärbt wird. Alle 23 Gerbereien in diesem Konsortium sind in der Toskana ansässig und verwenden natürliche Gerbstoffe (Tannine) bei der Lederherstellung, die ca. 40 Tage dauert. Tannin wird u. a. aus Baumrinden oder Blättern gewonnen, beispielsweise aus der häufig in den Hügeln und Bergen der Toskana vorkommenden Kastanie. Das bedeutet, dass pflanzlich gefärbtes Leder nicht in Gold, Violett oder Zitrusgelb, sondern nur in Naturtönen wie Tiefbraun oder Rostrot erhältlich ist. Natürliche Tannine enthalten keine giftigen Inhaltstoffe und sind daher umweltfreundlicher, aber auch besser für Menschen mit empfindlicher Haut oder Allergien geeignet, da sie keine Rückstände künstlicher Farbstoffe und Chemikalien enthalten. Das Konsortium verwertet viele Abfallprodukte des Gerbverfahrens weiter, so werden Tierhaare in Dünger und Salz zu Streugut für winterliche Straßen weiterverarbeitet. Das Qualitätszeichen der Vereinigung für italienisches, pflanzlich gegerbtes Leder ist ein Handabdruck, in dem der Slogan »Pelle Conciata al Vegetale in Toscana« zu lesen ist, und garantiert Ihnen, dass es sich um natürlich behandeltes Leder aus der Toskana handelt.

> »Sogar Gucci startete sein Haute Couture-Imperium mit nur einem Laden«

EIN FRESKO ENTSTEHT

Die Malerei in der mittelalterlichen Toskana war kein leichtes Geschäft. Neben Talent und Inspiration bedurfte es auch technischen Wissens. Man musste Assistenten einstellen, Mäzen zufriedenstellen und festen Stand auf dem Gerüst bewahren.

Vom 13. Jahrhundert an handelte es sich bei den meisten toskanischen Wandmalereien um Fresken, die man auf feuchten – bzw. frischen (*fresco*) – Kalkputz malte. Die Ölmalerei, die Farben und Effekte mehr zur Geltung brachte, kam im 15. Jahrhundert zwar schon auf, wurde aber erst im 16. Jahrhundert wirklich beherrscht.

Erste Schritte

Um ein Fresko zu malen, braucht man erst einmal eine Wand, am besten in einer Kirche, Villa oder in einem Palast. Geld von einem Mäzen, von der Kirche oder einem reichen Bankier ist ebenfalls hilfreich. Einige Assistenten für die Kleinarbeit sind vonnöten, um z. B. das Gerüst aufzubauen, auf dem der Maler steht. Dabei ist Vorsicht geboten – Michelangelo verletzte sich bei einem Sturz vom Gerüst in der Sixtinischen Kapelle in Rom. Der toskanische Maler Barna da Siena starb gar bei einem solchen Sturz.

»Nur kleinste Flächen können an einem Tag bemalt werden«

Die Assistenten tragen dann die erste Schicht Putz auf, die sogenannte *arichio* oder *aricciato* aus Kalk und Sand. Nun ist der Maler dran und ritzt zunächst einen Entwurf und die grobe Einteilung des Bildes ein.

Im nächsten Arbeitsschritt entsteht eine detailliertere Zeichnung mithilfe eines Farbstoffs aus roter Erde, der *sinopia* genannt wurde, nach der antiken griechischen Stadt Sinope in Kleinasien, von wo der angeblich qualitativ beste Farbstoff dieser Art stammte. In zahlreichen toskanischen Kirchen sind solche Entwürfe bei Restaurierungsarbeiten ans Tageslicht gekommen.

Schnelligkeit ist gefragt

Nun wird es schwieriger. Da feuchter Putz ein essenzieller Bestandteil eines Freskos ist, kann man täglich nur eine recht kleine Fläche bemalen, ehe der Kalk trocknet. Das Fresko wird demzufolge in *giornate* (Tage, von it.: *giorno*) eingeteilt und jeden Morgen oder Abend muss der Assistent eine feine Putzschicht (*intonaco*) auf das *arichio* des anstehenden Tagewerks auftragen. Sobald das Fresko begonnen wurde, muss es schnell gehen. Man sollte genau wissen, was man malen möchte. Wer patzt oder zu lange zögert, muss das getrocknete *intonaco* abschlagen und neu auftragen.

Am Ende jeder Sitzung müssen die Kanten des *intonaco* geglättet werden, damit sie nicht bröckeln und man einen glatten Anknüpfungspunkt für den nächsten Tag hat. Kunsthistoriker können anhand dieser Kanten später feststellen, wie viele *giornate* der Künstler zum Malen des Freskos benötigt hat. Die meisten toskanischen Künstler brauchten für das Malen einer Figur in der Regel zwei Tage – einen Tag für den Körper, einen für Kopf und Schultern. Masaccio vollendete das gesamte Bild *Vertreibung aus dem Paradies* in der Brancacci-Kapelle in nur vier Tagen (► 74).

Auch die Farbauswahl wird von späteren Generationen eher kritisch beurteilt werden, denn bei der Freskenmalerei lassen sich Farben schlecht mischen. Durch die eingeschränkte Farbpalette kann man Licht- und Schatteneffekte kaum erreichen. Mogeln fällt auch auf: Schlechte oder untaugliche Farbpigmente verblassen oder verändern sich im Laufe der Zeit. Farbe auf trockenem Putz hält wahrscheinlich gar nicht erst.

Dabei ist man aber in bester Gesellschaft. Sogar Leonardo da Vinci, frustriert von den begrenzten Möglichkeiten der Freskenmalerei, schuf den Großteil seines heute fast zerstörten *Abendmahls* in Mailand auf trockenem Putz mit selbst gemischten Pigmenten – mit verheerendem Ergebnis.

Albrecht Dürer erhält während seiner Arbeit an einem Fresko Besuch von Kaiser Maximilian

VIER GROSSE FLORENTINISCHE FRESKENZYKLEN ...

Palazzo Medici-Riccardi, Cappella dei Magi

Zug der hl. Drei Könige von Benozzo Gozzoli (➤ 71).

Santa Croce, Cappella Bardi und Cappella Peruzzi

Szenen aus dem Leben des hl. Johannes und Johannes des Täufers; und *Szenen aus dem Leben des hl. Franziskus von Giotto* (➤ 67).

Santa Maria del Carmine, Cappella Brancacci

Szenen aus dem Leben des Petrus von Masaccio, Masolino da Panicale und Filippino Lippi (➤ 74).

Santa Maria Novella, Fresken in der Hauptchorkappelle von Domenico Ghirlandaio über das Leben der Jungfrau Maria und Johannes des Täufers (➤ 58).

Ausschnitt aus Gozzolis Meisterwerk im Palazzo Medici-Riccardi

Szenen aus dem Leben des hl. Benedikt **von Sodoma und Luca Signorelli**

Die Chemie muss stimmen

Die Langlebigkeit eines Freskos liegt in einer chemischen Reaktion. Unerlässlich sind die Trocknungs- und Fixierungsfähigkeiten des Gipses, der aus Kalk, Wasser und Sand besteht. Beim Trocknen absorbiert der Gips Kohlendioxid aus der Luft und wandelt den Kalk (Kalziumhydroxid) in Kalziumcarbonat um. Dieser kristallisiert um die Sandpartikel und bindet sie so an die Wand. Wenn man vorher pulverisierte und wasserlösliche Farbstoffe in den feuchten Gips gemischt hat, fixiert dieser Prozess auch die Farbpartikel und macht sie widerstandsfähig gegen Wasser. Nur das Abbröckeln des Gipses oder das Ausbleichen des Farbstoffs können dem Fresko noch etwas anhaben.

… UND VIER GROSSE TOSKANISCHE FRESKENZYKLEN

Arezzo, San Francesco

Die Legende des Wahren Kreuzes von Piero della Francesca (➤ 108).

Monte Oliveto Maggiore

Szenen aus dem Leben des hl. Benedikt von Sodoma und Luca Signorelli (➤ 130).

San Gimignano, Collegiata

Szenen aus dem Alten Testament von di Fredi; *Szenen aus dem Neuen Testament* von L. Memmi (➤ 104).

Siena, Palazzo Pubblico

Allegorien der guten und schlechten Herrschaft von Ambrogio Lorenzetti (➤ 94).

Ein Tag auf der RENNBAHN

Zweimal im Jahr ist die Piazza del Campo in Siena Schauplatz für das berühmte Pferderennen Il Palio. Der Siegerpreis ist bescheiden und das Rennen kurz. Dennoch ist der Palio eines der härtesten und erbittertsten Sportereignisse Europas.

Am Rennen, das seit 700 Jahren fast ohne Unterbrechung ausgetragen wird, nehmen Vertreter der städtischen *contrade* teil, der mittelalterlichen Pfarrgemeinden, in die Siena seit dem 13. Jahrhundert aufgeteilt ist. Einst gab es 42 solcher Gemeinden, heute jedoch sind es lediglich 17, von denen jeweils nur 10 per Losverfahren zum Kampf zugelassen werden. Einst verlief das Rennen mitten durch die Straßen der Stadt, seit 1656 ist es jedoch auf drei Runden auf dem Campo beschränkt. Der Siegerpreis ist allerdings noch

der gleiche – das bestickte Banner (*pallium*), das dem Rennen seinen Namen gibt. Der Wettbewerb ist der hl. Maria gewidmet und wird zweimal im Jahr zu ihren Ehren ausgetragen – jeweils am 2. Juli und 16. August.

Vorbereitungen zum Palio beginnen bereits mehrere Monate davor. Betrügereien sind während dieser Zeit üblich, Jede *contrada* bemüht himmlischen Beistand, indem sie ihr Pferd in der eigenen Kirche segnet.

»Die Vorbereitungen laufen Monate vor dem Startschuss an. Betrügereien gehören dazu«

Beim feierlichen Einzug gehen Knappen in mittelalterlichem Kostüm den *contraden* voraus. Die Fernsehsender übertragen das Spektakel, und der Campo in Siena ist total überfüllt. Das Rennen ist hektisch und gefährlich – gegenseitige Behinderungen sind ausdrücklich erlaubt.

Die siegreiche *contrada* feiert ihren Sieg mit einem riesigen Bankett und genießt wochenlang den Triumph.

Den Palio hautnah miterleben

TOSKANA UND DIE KÜNSTE

Die Toskana und die Künste bilden eine Einheit. Ob Filmkulisse oder Open-Air-Konzert: die Landschaften der Region bieten einen grandiosen Schauplatz, während Opern und andere Veranstaltungen einem jahrhundertealten Erbe ihre Stimmen leihen.

Die perfekte Bühne

Die Toskana hat zwar noch keine großen Filmemacher hervorgebracht, aber ihre historischen Städte und Landschaften sind Schauplatz unzähliger bekannter Filme. Die Filmindustrie entdeckte ihre Liebe zur Toskana mit Filmen wie *Zimmer mit Aussicht* von Merchant-Ivory, der 1985 in und um Florenz gedreht wurde, oder Tarkowskijs *Nostalghia* von 1983, in der die Klosterruine San Galgano in Szene gesetzt ist.

Weitere Filme im toskanischen Set folgten: Kenneth Branaghs *Viel Lärm um Nichts* (1993), Bernardo Bertoluccis *Gefühl und Verführung* (1995),

Anthony Hopkins als Hannibal Lecter

***Musiker am Hof der Medici*, Antonio Domenico Gabbiani (1652-1726)**

Anthony Minghellas *Der englische Patient* (1996), Jane Campions *Bildnis einer Dame* (1996) und Franco Zeffirellis *Tee mit Mussolini* (1998). Anthony Hopkins kam in die Stadt um *Hannibal* (2001) zu drehen, die Fortsetzung des Psychothrillers *Das Schweigen der Lämmer*. Im Jahr 2003 wurde Frances Mayes' autobiografischer Roman *Unter der Sonne der Toskana* an Orten in der Toskana und Florenz gedreht, wo sie ein neues Leben begann.

James Bond 007 jagt in *Ein Quantum Trost* (2008) die bösen Typen durch Siena, *Das Wunder von St. Anna* von Spike Lee und *Bis(s) zur Mittagsstunde* wurden ebenfalls in der Region gefilmt.

Die Wiege der Oper

Das ist eine Frage der Definition. Eins liegt jedoch auf der Hand: Erfunden wurde die Oper in Florenz. Angefangen hatte alles mit adligen Hochzeiten, anlässlich derer oft Sprechtheater-, Gesangs- oder Tanzeinlagen geboten wurden. Diese führte man dann auch zu den extravaganten Festspielen der Medici in den Gärten des Palazzo Pitti auf. Die während einer Veranstaltung dargebotenen verschiedenen Genres inspirierten gegen Ende des 16. Jhs. eine städtische Akademie, die Camerata Fiorentina, das griechische Drama mit Musik zu untermalen. Zwei ihrer Mitglieder, Jacopo Peri und Ottavio Rinucci, schrieben 1597 die erste als solche erkennbare Oper: *Dafne*. Die erste Oper jedoch, aus gleicher Feder, die vollständig erhalten ist, war *Eurydike*. Sie wurde erstmals im Palazzo Pitti anlässlich der Vermählung Heinrichs IV. von Frankreich mit Maria de'Medici aufgeführt.

Andrea Bocellis Auftritt bei der 50. GRAMMY-Preisverleihung (2008)

ANDREA BOCELLI

Andrea Bocelli ist einer der bekanntesten Operntenöre der Welt. 1958 wurde er im toskanischen Lajatico geboren. Öffentlich sang er erstmals 1980, um sein Jurastudium an der Universität von Pisa zu finanzieren. Nachdem sich Luciano Pavarotti und der italienische Rocksänger Zucchero 1992 für ihn einsetzten, erhielt er größere Anerkennung. 1994 gewann er den Nachwuchspreis beim Musikfestival in San Remo und debütierte dann mit seiner ersten Opernrolle als Macduff in Verdis *Macbeth*. Seither nahm er unzählige Crossover- und auch andere Musikstücke auf und verkaufte weltweit über 60 Millionen CDs. Seine Alben *Cieli di Toscana* (Toskanische Himmel, 2001), *Viaggio Italiano* (Italienreise, 2003) und *Amore* (Liebe, 2006) zählen zu den besten.

Das musikalische Erbe

Mögen die Ursprünge der Oper auch im Dunkeln bleiben, die musikalischen Größen der Region bleiben es nicht. Der Name Luigi Cherubini (1760 bis 1842) mag uns nicht sonderlich bekannt vorkommen, Beethoven jedoch nannte den gebürtigen Florentiner einst seinen bedeutendsten Zeitgenossen. Das Requiem in c-Moll ist sein meist gespieltes Werk. Auch die Oper *Cavalleria rusticana* von Pietro Mascagni (1863–1945), geboren an der toskanischen Küste in Livorno, sorgte bei ihrer Uraufführung 1890 für eine Sensation, war sie doch die erste veristische Oper in der dramatischen Musik Italiens. Der berühmteste toskanische Komponist jedoch war der in Lucca geborene Giacomo Puccini (1858–1924). *La Bohème*, eine seiner beliebtesten Opern, komponierte er in Torre del Lago, nahe der toskanischen Küste.

Feierliche Festivals

Der Torre del Lago ist die Kulisse für das alljährlich im Sommer veranstaltete Puccini Festival (Juli–Aug.; www.puccinifestival.it). Dies ist nur eine der vielen großen und kleinen Veranstaltungen in dieser Region, angefangen von Konzerten in der wunderschönen Kirche von Orsanmichele in Florenz (März–Okt.; www.orcafi.it) bis hin zum in Italien tonangebenden Maggio Musicale (Ende April bis Anfang Juli; www.maggiofiorentino.com). Kleiner, aber durchaus zu empfehlen, sind Veranstaltungen wie das Festival in Barga, einem kleinen Dorf nördlich von Lucca (www.barganews.com), das Festival di San Gimignano (Juli–Aug.; www.sangimignano.com) und das Estate Fiesolana (Juni–Sept.; www.estatefiesolana.it) in Fiesole.

Open-Air-Kino in Volterra während des Festivals im Juli

TOSKANISCHER WEIN

Früher einmal war toskanischer Wein fast ausschließlich mit Chianti gleichzusetzen. In den letzten 20 Jahren aber hat sich der regionale Weinbau gemausert, der heute eine zunehmende Vielfalt an exzellenten neuen Rot- und Weißweinen produziert.

Chianti – wie praktisch jeder toskanische Rotwein – wird hauptsächlich aus der Sangiovese-Traube hergestellt, einer der edelsten Rebsorten überhaupt. Aufgrund seiner herkömmlichen und seit Jahrhunderten unveränderten Art der Kelterung wurde Chianti allerdings oft als Billigwein bezeichnet.

Natürlich gab und gibt es Ausnahmen. Es gibt hunderte von Chiantis, gute und schlechte. Die Genossenschaft Gallo Nero (Schwarzer Hahn) erzeugt einige der besseren (darunter auch Fontodi, Felsina und Isole e Olena). Auch der alte Vino Nobile, der sogenannte »König der Weine« aus der Gegend von Montepulciano, kann exzellent sein.

Die besten traditionellen Weine aber findet man im kleinen Anbaugebiet um Montalcino, besonders den eleganten und teuren Brunello di Montalcino und seinen preiswerteren Vetter Rosso di Montalcino.

»Die beste Traube gedeiht in den Rebbergen um Montalcino«

Supertoskaner

Einige der jungen, geschickten und experimentierfreudigeren Erzeuger waren von dem strengen Klassifizierungsschema »DOC« (*Denominazione di Origine Controllata*) frustriert und verzichteten deshalb auf das Gütesiegel. So tragen einige der besten Weine dieser Region heute die sehr bescheidene Bezeichnung *vino da tavola* (Tischwein) oder – nur wenig besser – IGF (*Indicazione Geografica Tipica*). Das gilt vor allem für die sogenannten Supertoskaner, Weine aus kleinen Gütern, die traditionelle Sangiovese-Trauben mit »nicht-italienischen« Trauben wie Syrah, Merlot, Cabernet France und Cabernet Sauvignon verschneiden. Heute gibt es viele dieser Weine. Die ersten dieser Art – und häufig auch die teuersten – sind Tignanello, Solaia, Sassicaia und Ornellaia. Viele der Weingüter in der Toskana, vor allem in Chianti, bieten Führungen und auch Verkostungen an.

DIE WEISSE GLUT

Toskanische Weißweine standen lange Zeit hinter den roten zurück. Meist aus der traditionellen Trebbiano-Rebe erzeugt, waren sie geschmacklich eher farblos. Nur der Chardonnay bestand neben anderen Sorten und vertrug die heiße toskanische Sonne, aber er ist auch eine launische Traube. Nun jedoch haben sich wackere Seelen gefunden, die mit neuen Herstellungsverfahren und verschiedenen Rebsorten experimentieren. Sie produzieren Spitzenweine aus der Vermentino-Traube wie Poggio al Tesoro oder Verschnitte aus Chardonnay und Sauvignon Blanc wie L'Anima aus Liverano.

DIE MEDICI-BANK

Ohne die Familie der Medici wäre die Renaissance wohl kaum so verlaufen, wie wir sie kennen. Sie ermöglichten den größten Künstlern ihrer Zeit zu arbeiten, indem sie ihre zukunftsweisenden Architekturentwürfe finanzierten und revolutionäre Gemälde beauftragten, die unser Kunstverständnis bis heute beeinflussen. Ihre Dynastie stellte die Weichen für das, was wir heute bei Getty und Guggenheim sehen.

Die Medici waren aufgrund ihres Vermögens in der Lage, nach heutigem Kaufwert Milliarden in die »Wiedergeburt der Kunst« zu investieren, denn sie waren die mächtigsten Bankiers des Spätmittelalters. Die Familie war zwar schon seit einigen Jahrzehnten am Geldgeschäft beteiligt, aber 1397 gründete Giovanni di Bicci de Medici die erste unabhängige Medici-Bank. Die Medici verwalteten viele Bankkonten der Superreichen, darunter – und mit am einträglichsten – die Gelder des Vatikan. Auch mehrere Königshäuser in ganz Europa zählten zu ihren Kunden. Auf ihrem Höhepunkt unterhielt die Bank unter Cosimo dem Älteren (1389–1464) sechs Bankhäuser in Westeuropa und eine mobile Zweigstelle, die dem päpstlichen Hof angehörte.

Oben: Cosimo di Giovanni de' Medici, der Ältere

Stärke stärkt

Die Bank baute ihr Wechselgeschäft in ganz Westeuropa aus, wodurch sie Geldbewegungen sicherer, einfacher und effizienter denn je zuvor abwickeln konnte. Der Kunde konnte eine Geldsumme bei der Medici-Bank hinterlegen und erhielt dafür einen Wechsel vom Geschäftsführer. Diesen Wechsel konnte er alsdann bei einer anderen Medici-Bank in einem anderen Land gegen Gebühr in Bargeld einlösen. Die Wechsel der Medici-Bank waren so beliebt und sicher, dass sie sogar wie Waren gehandelt wurden.

> »Die Bank unterhielt sechs Bankhäuser in Westeuropa und eine mobile Zweigstelle«

Allerdings unterschied sich das Bankwesen ganz wesentlich von den heutigen Systemen. Da Zinsgeschäfte als ruchlose Sünde galten und mit Kirchenausschluss bestraft wurden, konnten Bankleute keine Gebühren für entliehenes Geld erheben. Stattdessen verwendete die Familie die Kapitaleinlagen für ihre Handelsgeschäfte, z. B. die Handelsschifffahrt oder die Herstellung hochwertiger Güter wie Seide und Wolle, die sie mit großem Gewinn an wohlhabende Kunden verkaufte. Da sie diese Geschäfte aus erster Hand steuerten, konnten sie den Familienbesitz unermesslich mehren.

Das Aus für die Bank

Trotz ihrer scheinbar unbegrenzten Gewinne nimmt die Geschichte der Medici-Bank kein gutes Ende. Im Laufe der Zeit interessierten sich die Kinder der superreichen Medici immer mehr für ihr Mäzenatentum, politische Ränke und die Vereinnahmung katholischer Machtpositionen, aber immer weniger für das alte Geschäft der Familie. Eine Reihe von angestellten Geschäftsführern, die nicht zum Stammbaum der Medici gehörten, wirtschafteten die Niederlassungen herunter.

Die ruinöse Misswirtschaft hatte die Strukturen zersetzt, doch es war schließlich ein politischer Umbruch, der die Bank zu Fall brachte. Die Medici erlitten einen demütigenden Gesichtsverlust durch den Eroberungszug der Franzosen, die 1494 durch die Toskana marschierten. Ein Volksaufstand, den der katholische Priester Girolamo Savonarola anführte, vertrieb sie aus Florenz. Die Bankforderungen wurden beschlagnahmt, die Savonarola-Anhänger stürmten die Hauptfiliale der Bank am Palazzo Medici-Riccardi und verbrannten Dokumente wie Bücher. Nach dem Exil kehrten die Medici 1512 zurück und regierten in Florenz, aber ihre Bank erholte sich nicht.

DER TOSKANISCHE GARTEN

In der Toskana finden Sie die reizvollsten Gärten Italiens, von großartigen Stadtgärten bis hin zu wunderschönen Villengärten an malerisch ländlichen Zufluchtsorten.

Stadtgärten

Wo immer in der Toskana ein Garten ist, ist meist auch ein Landhaus. Einige der frühesten und beliebtesten Gartenanlagen befinden sich jedoch in den Städten. Der meistbesuchte Garten Italiens ist der Giardino di Boboli im Herzen von Florenz (➤ 74). In Lucca können Sie durch den Giardino Botanico (➤ 159) flanieren, in San Quirico d'Orcia, in der Nähe von Pienza, bietet sich Horti Leoni als wunderbarer, aber wenig bekannter Ort der Ruhe an.

Gartenphilosophie

In Pienza, im Palazzo Piccolomini (➤ 133), befindet sich einer der ältesten erhaltenen Stadtgärten der Toskana. Er wurde ab 1458 auf Geheiß des Papstes Pius II. angelegt, der seinen Geburtsort in eine mustergültige Renaissancestadt zu verwandeln gedachte. Alle Ideale dieser kunstgeschichtlichen Epoche, welche die Toskana über Jahrhunderte beherrschen sollte, wurden darin umgesetzt. Vorherrschend dabei war der Gedanke, dass die natürliche Landschaft einem Garten Pate stehen solle, während man noch in mittelalterlichen Gärten die Natur zu bändigen bzw. auszugrenzen suchte. Der Garten schmiegt sich wie ein »Zimmer«, an das angrenzende Haus.

Die Villen der Medici

Viele Gärten und Parkanlagen übersähen die florentinischen Hügel, auf denen die Medici ihre herrschaftlichen Villen bauten. Einige sind heute öffentlich zugänglich. Der schönste Landsitz ist die Villa Medicea di Castello. Sie befindet sich ca. 8 km nördlich der Stadt und wurde für Lorenzo den Prächtigen erbaut. Der Park ist trotz vieler Änderungen und Schäden noch immer eindrucksvoll. Besondere Glanzlichter sind die Grotten und der Limonaia mit seinen mehr als 600 verschiedenen Arten von Zitruspflanzen. Weitere öffentliche Gärten der Medici-Villen befinden sich in Fiesole, in Poggio a Caiano – 18 km nordwestlich von Florenz – und rund um die Villa La Petraia, in der Nähe der Villa Medicea di Castello.

Die Villen bei Lucchese

Eine weitere nennenswerte Gruppe von Villen liegt auf dem Land rund um Lucca, darunter die Villa Garzoni, Villa Torrigiani, Villa Mansi und Villa Reale (➤ 170f). Andernorts haben ausländische Besitzer die Gärten herrlich gestaltet oder restauriert, wie etwa den der Villa Pietra in Pietra. Sein bühnenartiges Erscheinungsbild geht auf die englische Familie Acton zurück, die ihn 1907 anlegte. Oder die Villa La Foce im Val d'Orcia, die in den 1920er und 1930er Jahren vom englischen Architekten Cecil Pinsent nach dem Vorbild klassischer italienischer Gärten entworfen wurde.

Die reizvollen Gärten der Villa Garzoni

Märchenhafter MARMOR

Der Carrara-Marmor ist einer der bekanntesten weltweit und wurde vielfach verwendet: für den Londoner Marmorbogen im Hyde Park bis zu Michelangelos *David*, ganz abgesehen von den unzähligen Badezimmern.

Marmor ist metamorpher Kalkstein, der durch ungeheure Hitze und Druck gehärtet wurde. Er kann von unterschiedlicher Farbe sein. Der Carrara-Marmor wird für seine reine Farbe und seinen nahezu makellosen Glanz sehr geschätzt. Seine Beliebtheit hat allerdings auch seinen Preis. Ob Sie auf dem nahe gelegenen Flughafen von Pisa landen oder mit dem Auto oder dem Zug von der Küste oberhalb von Viareggio kommen: die Narben der Steinbrüche, die sich ganze Gebirgszüge um Carrara herum und nahe der Stadt Massa einverleibten, sind nicht zu übersehen.

Vom Holz zum Diamanten

Marmor wird hier in der Region schon seit Jahrtausenden abgebaut. Carrara leitet sich vermutlich aus »kar« ab, dem alten indogermanischen Wort für »Stein«. In der vorrömischen Zeit nutzte man dazu Feigenholzdübel, die man in natürliche Bruchstellen hineintrieb. Dann wurde Wasser über das Holz gegossen, die Dübel dehnten sich aus und brachen den Stein. Die Römer arbeiteten mit Stahlstiften, die sie entlang einer markierten Linie in den Marmor hämmerten. So gewannen sie genormte Blöcke von etwa 2 m^2, eine Größe, die bis heute als Norm gilt. Dieser Methode bediente man sich bis zum Ende des 19. Jhs., als schließlich Stahlseile – in jüngster Zeit gar diamantbesetzte Seilsägen – Abbau und Schneideprozess revolutionierten. Trotzdem bleibt der Marmorbruch eine mühevolle Angelegenheit: Selbst die feinsten Sägen trennen nur 20 cm Stein in einer Stunde.

Ein Riesengeschäft

Wenn Sie die Toskana bereisen, in der es über 200 Marmorbrüche gibt, ist das Heulen der Maschinen oft zu hören. Rund 750 000 Tonnen Stein werden hier jährlich abgebaut, im größten Marmorabbaugebiet der Welt.

Einer der Marmorsteinbrüche von Carrara

MARMOR UND SKULPTUREN

Carrara-Marmor wurde von römischen Bildhauern ausgiebig genutzt, geriet dann jedoch für 1000 Jahre in Vergessenheit. Erst im 11. Jh., während der großen Zeit des romanischen Kirchenbaus, erlebte er sein Comeback. Die Wegbereiter hießen Nicola and Giovanni Pisano, die den Stein für die Bildhauerei wiederentdeckten und daraus in Pisa und anderswo gotische Meisterwerke schufen. Michelangelo dann erzählte gern, seine bildhauerische Kunstfertigkeit rühre von der aus Carrara stammenden Amme und er habe den Marmorstaub – und damit sein Können – mit ihrer Milch aufgenommen. Später bauten die Architekten Mussolinis exzessiv mit Marmor. Daher mied man diesen Stein in den Nachkriegsjahren. In letzter Zeit aber wurde er von vielen Bildhauern wieder gern verwendet. Der bedeutendste war Henry Moore, er reiste oft in die Toskana, um sich die Steine selbst auszusuchen.

FLÜSSIGES GOLD

Wie die Kunst gehört auch der Ölbaum zur Toskana. Der silbergrau schimmernde Hain ist ein zeitloses und typisches Kennzeichen der Landschaft, das sanfte Öl ein Hauptbestandteil hiesiger Küche.

Der Baum

Die meisten der weltweit auf 750 Millionen geschätzten Olivenbäume (95% davon im Mittelmeerraum) sind von Menschen angebaut. Sie stammen von der wilden Sorte der *Oleaceae* ab, zu der auch Flieder, Esche und Jasmin gehören und die einst im heutigen Anatolien in der Türkei beheimatet waren. Ölbäume sind winterhart und dürreresistent und können Jahrhunderte überdauern. Einzig Wärme brauchen sie, Temperaturen von weniger als 12 °C sind verheerend. Die meisten italienischen Ölbäume stehen deshalb im Süden des Landes. Die Toskana liegt an der natürlichen Nordgrenze, ihre gemäßigteren Landstriche jedoch bringen das beste Olivenöl hervor.

Die Ernte

Eines der Geheimnisse für ein gutes Öl ist die richtige Erntezeit zwischen Ende Oktober und Anfang Januar. Es ist zu früh, wenn die Frucht noch blass und der Säuregehalt niedrig ist. Letzteres ist zwar von Vorteil, aber der Ölanteil der Frucht ist noch zu gering und der Geschmack zu bitter. Zu spät ist es, wenn die Früchte schon dunkel sind und ihre Farbe von Grün über Rosa und

Violett zu Schwarz verändert haben, dann sind zwar die Erträge hoch, aber leider auch der Säuregehalt, der dem Öl einen ranzigen Geschmack verleiht.

Behutsame Hände

Die Früchte eines Baumes reifen nach und nach. Verlesen Sie die Früchte per Hand, nur so können Sie die besten auswählen und beliebig oft zu einzelnen Bäumen zurückkehren. Die Handlese schützt die Früchte außerdem vor Quetschungen, die die Ölqualität negativ beeinflussen würden. Die Ernte ist mühsam, und so ging man im Laufe der Jahrhunderte dazu über, die Bäume mit Netzen zu umspannen und die Äste mit Stangen zu schlagen. Heute nutzen einige Bauern sogar Traktoren mit mechanischen Greifern, die die Ölbäume umfassen und die Früchte herunterschütteln.

> »Je gemäßigter das Klima, desto exklusiver die Oliven und ihr Öl«

Das Mahlen

Nach der Lese werden die Früchte gewaschen und Zweige, Blätter und andere Schmutzteile entfernt. Dann werden sie maximal 36 Stunden gelagert. Bei längerer Lagerung setzen die Gärungs- und Oxidationsprozesse ein, die den Geschmack des erhaltenen Öls beeinträchtigen. Danach werden die Oliven samt Kernen gemahlen (oder auf moderneren Anlagen fein gehackt), traditionell zwischen Mühlsteinen, heute mittels moderner Edelstahlmühlen.

Sonnengereifte Oliven

Oben: Oliven aus Lucca. Seite 35: Naturgenuss pur in der Gegend um Mugello

Das Pressen

Nun wird der erhaltene Olivenbrei gepresst, um das Öl von den festen Bestandteilen zu trennen. Dafür wurden traditionell Pressmatten eingesetzt, die gleichmäßig mit Brei bedeckt, schichtweise übereinander gestapelt und dann mittels Gewichten, hölzernen Hebeln oder Spindelpressen zusammen gedrückt wurden. Heute nutzt man dafür Faservlies und hydraulische Pressen, meist in Verbindung mit Zentrifugen, die den Brei von seinem natürlichen Wasseranteil separieren. Damals wie heute kann mehr Öl aus dem Brei gewonnen werden, wenn er erhitzt oder erneut gepresst wird oder bei Zugabe von Lösungsmitteln. Das allerdings mindert erheblich den Geschmack. Die besten Olivenöle werden demnach »natürlich« aus der ersten Pressung erhalten und »kaltgepresst«. EU-Bestimmungen nach dürfen nur die Öle das Qualitätsmerkmal »kaltgepresst« auf dem Etikett führen, die bei Temperaturen unter 27°C gewonnen wurden.

Die Qualität

Wichtig für das Öl ist ein niedriger Säuregehalt. Die toskanischen Öle erreichen mit weniger als einem Prozent die weltweit besten Werte. Beim sogenannten »Olio extra vergine« (Natives Olivenöl extra) darf er nicht unter 0,8%, beim »Olio vergine« (Natives Olivenöl) nicht unter 2% liegen. Der Säuregehalt ist aber nicht das einzige Gütemerkmal, also noch keine Garantie für beste Qualität, obgleich winzige Abweichungen vom ungeübten Gaumen kaum wahrzunehmen sind. Kaufen Sie kaltgepresste Öle kleiner Betriebe und lassen Sie sich nicht von tiefgrünen Ölen täuschen, denen die goldfarbenen – z. B. jene aus Lucca, die zu den besten der Welt zählen – in nichts nachstehen.

Erster Überblick

Ankunft

Einige europäische Fluggesellschaften fliegen den Hauptflughafen der Toskana in Pisa an und auch zum nahegelegenen Bologna gelangt man von großen europäischen Städten aus. Die meisten internationalen Flüge gehen aber nach Rom. Von hier gibt es Inlandsflüge nach Florenz, Pisa oder Bologna. Auch die Bahn- und Straßenverbindungen in die Toskana sind gut. Außerdem bestehen Bahnverbindungen in die Region.

Mit dem Flugzeug

Man hat vier Möglichkeiten, den Toskana-Urlaub per Flugzeug anzutreten:

- **Rom** verfügt über die meisten internationalen Flugverbindungen. Dafür braucht man aber drei Autostunden, um von dort nach Pisa oder Florenz zu kommen (den Süden der Toskana erreicht man etwas schneller).
- **Pisa** wird von allen größeren europäischen Linien-, Charter- sowie Billigfliegern angeflogen. Nach Florenz braucht man mit dem Zug oder dem Auto ca. eine Stunde. Auch für Siena, Chianti, den Westen und den Norden der Region liegt der Flughafen günstig.
- **Bologna** liegt in der Region Emilia-Romagna, nördlich der Toskana, und hat einen internationalen Flughafen. Nach Florenz per Bahn oder Auto braucht man etwa 80 Minuten. Die Reiseroute ist aber etwas komplizierter, Bologna liegt daher ungünstiger als Pisa für eine Reise in die Toskana.
- **Florenz** besitzt einen kleinen Flughafen und ist der ideale Ankunftsort für die Hauptstadt der Toskana sowie das zentrale und östliche Gebiet der Region. Da der Flughafen klein ist, wird er von nur wenigen kleinen internationalen Fluggesellschaften angeflogen.

Von Rom

Der Flughafen von Rom heißt offiziell Leonardo da Vinci (Tel. (06) 65951; www.adr.it), aber ist allgemein unter dem Namen **Fiumicino** bekannt.

- Schalter für **Autovermietungen** sind zu Fuß von der Hauptankunftshalle zu erreichen und befinden sich in der Nähe des Bahnhofs, von wo aus Züge in die Innenstadt fahren (➤ 39). Nehmen Sie die Unterführung oder die überdachte Brücke über den Parkplatz vor dem Hauptterminal zum Bahnhof. Der Weg ist ausgeschildert.
- **Mit dem Auto vom Flughafen Rom** kommend, folgt man erst der Beschilderung nach Rom (Roma) auf der Straße vom Flughafen in Richtung der Vororte. Nach elf Kilometern achte man auf die Ausschilderung nach Florenz (Firenze) und den Grande Raccordo Anulare (GRA), die Ringautobahn Roms. Man muss aufpassen, denn die Abfahrt kommt unvermittelt. Dann fahren Sie für ungefähr 35–45 Minuten auf dem GRA im Uhrzeigersinn bis zur Abfahrt 10 (Firenze-A1). Von dort aus sind es noch 240 Kilometer auf der gebührenpflichtigen Autobahn (*autostrada*) A1 nach Florenz. Wenn Sie vom Flughafen in den Westen der Toskana wollen, verlassen Sie die Autobahn früher und folgen Sie der Beschilderung nach Civitavecchia und der SS1 Via Aurelia, der Hauptverkehrsstraße an der Westküste nach Grosseto und Pisa.
- **Züge vom Flughafen Rom** nach Florenz, Pisa oder Arezzo: Der **Shuttle-Zug** bringt Sie **vom Flughafen zur Stazione Centrale Giovanni Paolo II** (ehemals »Termini«), dem Hauptbahnhof Roms. Die Shuttles fahren halbstündlich und erreichen Rom nach 30 Minuten. Fahrkarten erhält man am Flughafen am Schalter rechts in der Bahnhofshalle mit Blick auf die Bahnsteige. Am besten kaufen Sie hier gleich die Tickets für die Weiterfahrt in Termini.

- **Züge nach Florenz** fahren mindestens stündlich von Termini. Die schnellsten Züge (Eurostar und Intercity) brauchen weniger als zwei Stunden, der langsamste bis zu vier. Für die Schnellzüge werden Zuschläge erhoben. Bitte vergessen Sie nicht, das Ticket vor der Fahrt zu entwerten (► 40).

Von Pisa

Pisas **Flughafen Galileo Galilei** (Fluginformation Tel. (050) 84 93 00, Zentrale (050) 84 91 11; www.pisa-airport.com) liegt 83 Kilometer westlich von Florenz. Er wird von etlichen **europäischen Linien-, Billig**- und **Charterflügen** angesteuert. In der Ankunftshalle befindet sich eine Touristeninformation, ein Schalter, an dem Sie Infos über Busverbindungen nach FLorenz erhalten (siehe unten), und ein Fahrkartenbüro für Trenitalia (FS)-Züge (siehe unten). Ein Shuttledienst bringt Sie zu den Schaltern der Autovermietungen (300 m außerhalb des Ankunftgebäudes), oft aber ist man zu Fuß schneller.

- **Mit dem Auto:** In der Nähe des Flughafens führen einige Autobahnen und Schnellstraßen vorbei, z. B. nach Livorno (A12 nach Süden), nach Viareggio und Lucca (A12 nach Norden) und die A11 über Empoli (hier biegt man nach Siena ab) nach Florenz. Das Straßennetz ist jedoch sehr kompliziert, achten Sie daher unbedingt auf die Ausschilderung am Flughafen.
- **Mit dem Zug:** Sechs **direkte Zugverbindungen** gibt es täglich von Pisa Aeroporto (Flughafen Pisa) zum Hauptbahnhof Santa Maria Novella von Florenz. Man braucht 1 Stunde und 20 Minuten. Die meisten Züge halten in Empoli, wo man nach Siena umsteigen kann. Ein Shuttle-Zug fährt zwei- bis dreimal stündlich vom Flughafen Pisa zum Hauptbahnhof Pisa Centrale, wo weitere Verbindungen nach Florenz (auch nach Lucca und andere toskanische Städte) bestehen. Der Fahrkartenschalter am Flughafen, direkt vor der Zollabfertigung, verkauft Tickets nach Florenz über Pisa Centrale.
- **Mit dem Bus:** Busse der Firma Terravision (Tel. (050) 26 00 80; www.terravision.eu) fahren zum Bahnhof Santa Maria Novella in Florenz. Die Busse fahren von 8.40 bis 0.20 Uhr und benötigen 70 Minuten. Tickets kosten 10 € (16 € Hin- und Rückfahrt) und sind übers Internet oder am Terravision-Schalter in der Ankunftshalle oder (auf dem Rückweg von Florenz) in einer der sieben Verkaufsstellen in Florenz, wie z. B. am Schalter für Hotelreservierungen beim Bahnsteig 16 des Hauptbahnhofs Santa Maria Novella, zu bekommen. Die Busse zum Flughafen Pisa fahren vor dem Bahnhof von 3.35–19.10 Uhr ab.

Von Florenz

Der Flughafen von Florenz heißt offiziell Amerigo Vespucci (Informationen 6 bis 23 Uhr unter Tel. (055) 30 61 300; www.aeroporto.firenze.it), wird aber auch **Peretola** genannt. Er liegt nur vier Kilometer nordwestlich des Stadtzentrums und wird von einigen **Linien- und Charterflügen** direkt angeflogen. In der kleinen Ankunftshalle befinden sich eine Touristeninformation (Tel. (055) 31 58 74, tägl. 8.30 bis 18.30 Uhr) und etliche Schalter für **Mietwagen**.

- **Mit dem Taxi** (in Florenz sind die Taxis weiß) in die Innenstadt zu fahren, ist zwar die **teuerste Variante**, dafür aber auch die bequemste. Bei leichtem Verkehr braucht man 15 Minuten. Taxis warten vor der Ankunfts- und der danebenliegenden Abflughalle. Man sollte 18–20 Euro einkalkulieren. Der Preis erhöht sich für Gepäckstücke im Kofferraum, Fahrten an Sonn- und Feiertagen sowie Fahrten zwischen 22 und 6 Uhr.
- **Mit dem Bus nach Florenz** kommt man mit dem **ATAF-SITA »Vola in bus«-Service**. Tickets kann man für 5 Euro im Bus kaufen (8 € Hin- und Rückfahrt). Sie fahren täglich halbstündlich von 6–20.30 Uhr, danach jede Stunde bis 23.30 Uhr. Die Busse starten vor der Ankunftshalle und fahren zum Busbahnhof an der Via Santa Caterina da Siena, die drei Gehminuten vom Hauptbahnhof Santa Maria Novella entfernt ist. Informationen bei ATAF (Tel. (800) 42 45 00; www.ataf.net) oder bei SITA (Tel. (800) 37 37 60; www.sita-on-line.it).

- **Mit dem Auto in die Toskana:** Der **Peretola Airport** liegt an einem zehn Kilo meter langen Zubringer der Autobahn A11, die nach Westen zum großen Autobahnkreuz der A11 und A1 zwischen Prato und Florenz führt. Von da aus haben Sie Anschluss an Verbindungen in den Norden, Westen und Süden der Toskana.

Von Bologna

Bolognas **Flughafen Guglielmo Marconi** (Tel. (051) 647 96 15; www.bologna-airport.it) liegt 105 Kilometer nordöstlich von Florenz. Hier treffen **Linienflüge** verschiedener Fluggesellschaften ein, darunter Alitalia, Air France, British Airways, SAS, Lufthansa, aber auch **Charter- und Billigflüge**. Alle größeren **Mietwagenfirmen** betreiben Schalter im Terminal A (Ankunftshalle).

- **Mit dem Auto von Bologna:** Die beste Verbindung in die Toskana bietet die Autobahn A1 nach Süden, die die A11 (Lucca – Florenz) zwischen Prato und Florenz kreuzt. Beachten Sie bitte, dass die A1, die durch die Apenninen von Bologna nach Florenz führt, eine **stark befahrene Strecke**, ist, mit zahlreichen Kurven und Tunnel.
- **Mit dem Zug von Bologna:** Um nach Bologna Centrale, dem Hauptbahnhof, zu kommen, nimmt man vom Flughafen ein Taxi oder den »Aerobus«-**Shuttle** (Tel. (051) 29 02 90; www.atc.bo.it). Der Aerobus fährt etwa alle 20 Minuten zwischen 6.30 und 00.15 Uhr unweit des Terminal A ab. Die Fahrt zum Bahnhof dauert rund 25 Minuten und kostet 5 Euro; Tickets im Bus erhältlich. Von Bologna Centrale verkehren regelmäßig schnelle Züge (2–3 pro Stunde) nach Florenz. Die Fahrt dauert eine gute Stunde. Die Fahrkarten müssen vor Fahrtantritt entwertet werden (➤ 40).

Ankunft mit dem Zug

- Florenz ist ein **Knotenpunkt für Züge** aus ganz Europa und bietet direkte Verbindungen nach Paris, Frankfurt und weitere europäische Großstädte. Der Hauptbahnhof, Santa Maria Novella, liegt nahe der Innenstadt der toskanischen Hauptstadt, nur wenige Gehminuten von der Piazza del Duomo (➤ 59) und Piazza della Signoria (➤ 64).
- Einige der **internationalen Zugverbindungen** nach Rom folgen der Hauptverbindungsroute Italiens entlang der Küste und machen in Pisa Halt.
- Mehr Information über **italienische Zugverbindungen** gibt die staatliche Bahn Trenitalia, auch FS genannt (Tel. 199 892 02; www.trenitalia.it; tägl. 24 Stunden geöffnet).

Unterwegs in der Toskana

Am besten erkundet man die Toskana mit dem Auto. Aber auch mit Bus und Bahn erreicht man fast alle Sehenswürdigkeiten der Region. Autos kann man an den Flughäfen in Pisa, Florenz, Rom und Bologna mieten (➤ 36ff). Internationale und lokale Autovermietungen sind auch in vielen Städten zu finden. Dort zu fahren und zu parken kann allerdings problematisch werden, besonders in Siena und Florenz, wo Großteile der Innenstadt für den Autoverkehr gesperrt sind.

Mit dem Auto

Um in Italien Auto zu fahren, braucht man einen **gültigen Führerschein**. Während Führerscheine aus EU-Staaten anerkannt werden, müssen die anderer Länder in italienischer **Übersetzung** vorliegen. Übersetzungen besorgen die staatliche italienische Touristeninformation oder die Autoclubs der Heimat länder. Wer sein Auto aus dem Ausland einführt, braucht den **Fahrzeugschein**; als **Versicherungsnachweis** wird die Grüne Versicherungskarte empfohlen.

- **Autovermietung:** Man muss über 21 Jahre alt sein und einen gültigen Führerschein besitzen, um in Italien ein Auto zu mieten. Es ist meist **preiswerter**, ein Auto bei der Buchung des Flugs gleich mitzumieten. Reiseveranstalter oder -büros informieren über solche Buchungskombinationen. Man kann Autos auch vor Abreise bei den großen Anbietern im Heimatland über deren Internetseiten oder telefonisch buchen. Vor Ort in der Toskana helfen die Touristeninformation oder der Blick in die Gelben Seiten (*pagine gialle*; www.paginegialle.it*)* unter *autonoleggio* (Autovermietung) weiter.

Straßenverkehrsregeln

- In Italien herrscht **Rechtsverkehr**. Bei fehlenden Vorfahrtsschildern gilt rechts vor links.
- Straßenschilder sind blau, auf den Autobahnen (*autostrade*) aber grün.
- Anschnallen auf den Vorder- und Rücksitzen ist **gesetzlich Pflicht**.
- Wenn nicht anders angegeben, liegt die **Geschwindigkeitsbegrenzung** in geschlossenen Ortschaften bei 50 km/h, 90 km/h auf Land- und Fernstraßen, ausgewiesen als *nazionale* (N) oder *strada statale* (SS), und bei 110 km/h auf mehrspurigen Autostraßen (*superstrade*) sowie 130 km/h auf Autobahnen (*autostrade*). Auf letzteren immer das Abblendlicht einschalten!
- Viele historische Städte und Dörfer haben **verkehrsbeschränkte** Bereiche eingerichtet, die elektronisch überwacht werden. Jedes Fahrzeug, das den Bereich unerlaubt befährt wird automatisch erfasst und es wird ein Bußgeld erhoben – auch, wenn man nur sein Gepäck im Hotel einchecken will.
- Auf Autobahnen (*autostrade*) ist **Maut** zu entrichten. Ziehen Sie an der Auffahrt zur Autobahn ein Ticket am Automaten und zeigen Sie es bei den Beamten am Schalter vor, wenn Sie abfahren möchten. Einige Schalter sind allerdings automatisch und nehmen kein Bargeld an. Achten Sie also darauf, dass Sie sich in der richtigen Schlange einordnen, wenn Sie den Mautbereich anfahren.
- In ländlichen Gegenden der Toskana gibt es oft **Schotterpisten**, *strade bianche* (weiße Straßen) genannt. Sie sind auf Straßenkarten verzeichnet und für Autos durchaus gut befahrbar.
- Benzin heißt *benzina*, Diesel *gasolio*. Tankstellen richten sich nach den üblichen Öffnungszeiten (i.d.R. 13–15.30 Uhr geschl.), viele sind sonntags geschlossen. Tankstellen an Autobahnen haben durchgängig und täglich geöffnet. Kleinere Tankstellen auf dem Land akzeptieren manchmal keine Kreditkarten. Viele Tankstellen verfügen über Tankautomaten, die rund um die Uhr in Betrieb sind und Euro-Banknoten annehmen.
- Als beste Toskana-**Karte** gilt die grüne Karte des Touring Club Italia im Maßstab von 1:200 000. Der für die Toskana relevante Kartenteil besitzt die Nr. D39. Die Karte ist erhältlich in toskanischen Buchläden oder in gut sortierten Fachhandlungen im Ausland.
- Es ist schwierig, in toskanischen Städten einen **Parkplatz** (*parcheggio*) zu finden, besonders in Siena und Florenz. **Parkscheinautomaten** (*parcometro*) sind die Regel. Parken Sie lieber in den Vororten und fahren Sie mit dem Bus in die Innenstadt oder unternehmen Sie Tagesausflüge mit der Bahn nach Florenz. Lassen Sie kein Gepäck und Wertgegenstände im Auto!
- Sollte das Auto einmal liegen bleiben, schalten Sie das Warnblinklicht ein und stellen das Warndreieck etwa 50 Meter hinter den Wagen. Beachten Sie, dass außerhalb geschlossener Ortschaften das Tragen einer Warnweste Pflicht ist, wenn man sich auf der Fahrbahn aufhält. Vom nächsten Telefon aus ruft man den **Pannendienst** (Tel. 116) und gibt den Standort sowie die Automarke und das Kennzeichen durch. Etliche Autovermietungen haben ihre eigene Vorgehensweise bei Pannen, erfragen Sie diese bei Anmietung.
- Bei einem **Unfall** stellt man ebenfalls das Warndreieck auf (Warnweste nicht vergessen, siehe oben). Die Notrufnummern sind: Notruf 113,Polizei 113 und Pannendienst 116. Sie sollten am Unfallort keine belastenden Aussa-

gen oder Schuldbekenntnisse abgeben. Bitten Sie Unfallzeugen, vor Ort zu bleiben, und tauschen Sie mit den Unfallbeteiligten Namen, Adressen und Versicherungsdetails aus. Der Polizei schildern Sie den Unfallhergang.

Mit dem Zug

Züge sind **schnelle und zuverlässige Verbindungen** zwischen vielen Städten der Toskana. Vom Bahnhof Santa Maria Novella in Florenz haben Sie gen Süden nach Arezzo und Cortona Anschluss, mit Anbindung von Arezzo nach Poppi und Stia im Herzen des Casentino. Verbindungen von Florenz nach Westen erreichen Prato, Pistoia, Lucca und Viareggio. Von Lucca aus führt eine Panoramastrecke gen Norden durch die Garfagnana nach Aulla. Eine weitere Bahnlinie von Florenz in westlicher Richtung geht nach Empoli (und Pisa) und dann gen Süden nach Siena; sie führt weiter durch die schöne Landschaft nach Buonconvento und Grosseto nahe der Küste. Italiens wichtigste Verbindung an der Westküste, von Rom nach Genua, verläuft entlang der toskanischen Küste und verbindet Pisa mit einigen kleineren Städten.

- In Italien gibt es verschiedene Zugtypen. Die schnellsten sind **Intercity** und **Eurostar**. In Letzterem sollte man freitags und sonntags reservieren (it.: *una prenotazione*). Ansonsten kann man Plätze bis kurz vor Abfahrt buchen. Beide Züge verkehren nur auf Hauptstrecken wie Florenz–Rom, Rom–Bologna oder Rom–Pisa–Genua. Langsamere Züge, die in kleineren Städten halten, heißen *espressi* (ES), *diretti* (Dir), *regionali* (Reg) oder *inter-regionali* (IR).
- **Fahrkarten** (*biglietti*) kauft man online (www.trenitalia.it), an Bahnhöfen, in Reisebüros und – für Kurzstrecken wie von Florenz nach Siena – auch an Zeitungskiosken. Man reist erster (*prima*) oder zweiter (*seconda*) Klasse. Eine einfache Fahrt heißt *andato*, Hin- und Rückfahrt *andato e ritorno*.
- Für Schnellzüge wie den Intercity (IC) oder Eurostar (siehe oben) benötigt man neben der Fahrkarte einen **Zuschlag** (*supplemento*). Lösen Sie ihn direkt zuammen mit dem Ticket, denn im Zug ist er teurer als am Schalter.
- Welchen Zug man auch nimmt, man muss die **Fahrkarte** vor der Fahrt **entwerten**. Die Entwerter sind meist gelb oder goldfarben und befinden sich auf dem Bahnsteig oder in der Bahnhofshalle. Eine Fahrt mit nicht entwertetem Ticket führt bei einer Kontrolle zu einer sofortigen **Geldstrafe**.
- Mit einer **Bahncard**-ähnlichen Karte, die es bei der italienischen Bahn gibt, können auch Touristen in den Genuss einer Fahrpreisermäßigung kommen. Allerdings lohnt sie für die kurzen Strecken innerhalb der Toskana nicht.
- Die **Fahrpläne** sind eingeteilt in *arrivi* (Ankunft) und *partenze* (Abfahrt). Erstere sind meist weiß, Letztere gelb. Sehr hilfreich kann der *pozzorario*, ein Taschenfahrplan, sein, der an jedem Zeitungskiosk erhältlich ist.

Mit dem Bus

Stadtbusse heißen ***autobus***, Überlandbusse ***pullman*** oder ***corriere***. Sie verbinden die wichtigsten Städte wie Florenz, Pisa, Lucca und Siena miteinander sowie auch kleinere Städte und entlegenere Ortschaften. Der Service ist zuverlässig und preiswert. Kleinere Orte werden allerdings relativ selten angefahren. Außerdem ist eine Zugfahrt (siehe oben) meist schneller.

- **Stadtbusse:** Die meisten toskanischen Städte lassen sich aufgrund ihrer geringen Größe gut zu Fuß erschließen. Lediglich in Florenz ist ein Stadtbus hilfreich. Die orangefarbenen Busse gehören der **ATAF** (Tel. (800) 42 45 00, tägl. 7.30–19.30 Uhr; www.ataf.net). Fahrscheine sollte man sich vor Fahrtantritt besorgen. Man bekommt sie an Kiosken, in Gaststätten, die mit einem ATAF-Symbol gekennzeichnet sind, an Fahrscheinautomaten oder im ATAF-Büro, das unweit des Osteingangs des Bahnhofs Santa Maria Novella liegt. Die Karten sind 90 Minuten nach Entwertung im Bus gültig (1,20 Euro vor Fahrtantritt, 2 Euro bei Kauf im Bus). An den gleichen Verkaufsstellen gibt es **Ein- und Dreitagestickets** (5/12 Euro), die ähnlich zu entwerten sind. Die elektronische *Carta Agile* gibt es im Wert von 10 und

20 Euro (10er oder 20er, Gültigkeit siehe oben); auf dieser können mehrere Personen mitfahren, dazu einfach die Karte entsprechend oft der Anzahl der Mitreisenden entwerten. Mit kleinen **Elektrobussen**, die vier Stadtrouten (C1, C2, C3 und D; Mo–Sa 7.30–20.30 Uhr) anbieten, kann man die Stadt sehr gut erkunden.

- **Überlandbusse** (meist blau): Die Städte verfügen selten über einen richtigen Busbahnhof (Florenz ist hier eine Ausnahme). Stattdessen halten die Busse einfach am größten Platz oder am Bahnhof eines Ortes. Erkundigen Sie sich am besten vorher bei der Touristeninformation. Tickets muss man in der Regel vor Fahrtantritt kaufen, in größeren Städten wie Siena oder Lucca gibt es extra Fahrkartenschalter. Fahrscheine sind an Kiosken, an Bahnhöfen oder in den Cafés nahe der Haltestelle erhältlich.

Touristeninformation

Arezzo ✉ Piazza della Repubblica 28 ☎ (0575) 377678; www.apt.arezzo.it 🕐 Mitte März bis Mitte Nov. tägl. 10–19 Uhr; Mitte Nov. bis Mitte März Mo–Sa 10–18 Uhr, jeden 1.Sonntag im Monat von 10–18 Uhr

Cortona ✉ Via Nazionale 42 ☎ (0575) 630352; www.comunedicortona.it 🕐 Mitte Mai bis Anfang Okt. Mo–Sa 9–13, 15–18, So 9–13 Uhr; Anfang Okt. bis Mitte Mai Mo–Fr 9–13, 15–18, Sa 9–13 Uhr

Florenz ✉ Via Cavour 1r ☎ (055) 290832/290833; www.firenzeturismo.it 🕐 Mo–Sa 8.30–18.30, So 8.30–13.30 Uhr ✉ Borgo Santa Croce 29r 🕐 (055) 234 0444 🕐 März–erste Woche im Nov. Mo–Sa 9–19, So 8.30–14 Uhr; zweite Woche im Nov.–Feb. Mo–Sa 9–17, So 9–14 Uhr; ✉ Piazza della Stazione 4a ☎ (055) 212245 🕐 Mo–Sa 8.30–19, So 8.30–14 Uhr

Lucca ✉ Porta di San Donato, Piazza San Donato, an der Piazzale Giuseppe Verdi ☎ (0583) 442944 oder (0583) 419689; www.luccaturismo.it oder www.comune.lucca.it 🕐 April–Okt. tägl. 9–19 Uhr; Nov.–März 9–17.30 Uhr

Montepulciano ✉ Piazza Don Minzoni 1 ☎ (0578) 757341; www.comune.montepulciano.si.it oder www.prolocomontepulciano.it 🕐 April–Juli, Sept.–Okt. tägl. 10–13, 15–19 Uhr; Aug. 10–19; Nov.–März 10–13, 15–18 Uhr

Pienza ✉ Corso Rossellino 30 ☎ (0758) 749796; www.comunedipienza.it 🕐 Mitte März bis Okt. Do–Di 10–13, 15–18; Nov. bis Mitte März Sa–So 10–13, 15–18 Uhr (vom 20.Dez.–6.Jan. auch Do–Di 10–13, 14–17 Uhr)

Pisa ✉ Piazza Vittorio Emanuele II, 6 ☎ (050) 42291; www.pisaturismo.it 🕐 Mo–Fr 9–19, Sa 9–13.30 Uhr ✉ Piazza Arcivescovile 8 (Campo dei Miracoli) ☎ (050) 42291; www.pisaturismo.it 🕐 tägl. 10–19 Uhr

San Gimignano ✉ Piazza del Duomo 1 ☎ (577) 940008; www.sangimignano.com 🕐 März–Okt. tägl. 9–13, 15–19; Nov.–Feb. 9–13, 14–18 Uhr

Siena ✉ Piazza del Campo 56 ☎ (577) 280551; www.terresiena.it 🕐 tägl. 9–19 Uhr

Eintrittspreise

Eintrittsgelder für Museen und Sehenswürdigkeiten werden durch folgende Preiskategorien angezeigt:
Preiswert: unter 4 Euro **Mittel:** 4–6,50 Euro **Teuer:** über 6,50 Euro

Übernachten

Toskanische Städte und Dörfer verfügen generell über eine breite Palette an Unterbringungsmöglichkeiten. In Städten wie Florenz und Siena sind sie teurer als im Rest Italiens. In den Touristenzentren ist es äußerst ratsam, lange im Voraus zu reservieren, besonders zwischen Juni und September. Auf dem Land sind Unterkünfte relativ leicht zu finden, etwa auf Bauernhöfen oder im Rahmen des agriturismo. Man sollte beachten, dass vor allem in kleineren Städten einige Hotels für die Monate Januar, Februar und August schließen.

Hotelklassifikation

- Jedes italienische Hotel (*albergo*) wird mit **einem bis fünf Sternen** bewertet. Die alte Klassifikation *pensione (locanda)* für ein kleines Hotel (manche mit Restaurant) gibt es nicht mehr. Es gibt aber noch Hotels mit einem Stern, die sich *pensione* nennen.
- Die Bewertung richtet sich nach dem **Umfang der Ausstattung** eines Hotels, weniger nach Zustand, Qualität, Service oder anderem. Hotels mit einem Stern sind immer preisgünstig. Hier muss man sich oft ein Badezimmer teilen. Zimmer in 2-Sterne-Hotels verfügen über ein eigenes Bad, die Zimmer in 3-Sterne-Hotels sind auch mit Telefon und TV-Geräten ausgestattet. Der Sprung zum 4-Sterne-Hotel ist gewaltig, was sich in den Preisen und der Ausstattung der Hotelräume niederschlägt. 5-Sterne-Hotels, von denen es einige in der Toskana gibt, brillieren mit luxuriöser Ausstattung und erstklassigem Service. Zunehmend etablieren sich Gasthäuser in der Art eines Bed-and-Breakfast.

Agriturismo

- *Agriturismo* nennt sich in Italien der **Urlaub auf dem Lande**. Diese Form des Tourismus findet immer mehr Anhänger und in der Toskana hat man mittlerweile eine breite Auswahl an dieser Art von Unterkünften. Die Urlauber sind auf Bauernhöfen, Gutshäusern oder Weingütern untergebracht, die teilweise noch in Betrieb sind. Oft liegen die renovierten bzw. umgebauten Räume oder Ferienwohnungen aber etwas abseits des bäuerlichen Betriebes. Zu den Freizeitangeboten gehört u. a. Reiten, viele Unterkünfte verfügen im Gegensatz zu den Hotels in den Städten sogar über Swimmingpools.
- Die Preise sind vergleichsweise günstig. Obwohl die Räume meist einfach sind, sind sie gepflegt und modern eingerichtet. In der Hauptsaison werden Zimmer erst ab einem **Mindestaufenthalt** von zwei Tagen vermietet. Ein längerer Aufenthalt wird aber oft mit einem Preisnachlass vergütet. Kleine Apartments eignen sich besonders für Familien.
- Umfangreiche Listen dieser Unterkünfte gibt es noch nicht, aber die meisten lokalen **Touristeninformationen** wissen über die Einrichtungen in der Umgebung Bescheid. Oft hilft auch der Zufall – häufig entdeckt man die gelben Hinweisschilder einfach unterwegs.

Lage

- Einen besonderen Reiz stellen Unterkünfte im Zentrum (centro) dar. Man wohnt in unmittelbarer Nähe zu den Sehenswürdigkeiten und vielleicht inmitten eines mittelalterlichen oder Renaissance-Stadtteils. Hotels in den Vororten (la periferia) besitzen dagegen nicht so viel bzw. moderneres Ambiente. Allerdings sollte man nicht vergessen, dass das Parken in größeren Städten wie Florenz oder Siena ein Problem werden kann. Dies ist in den Außenbereichen nicht der Fall. Manche Stadthotels verfügen über eigene Parkplätze (parcheggio privato), allerdings sind die Plätze oft begrenzt.

- In **Florenz** finden sich die meisten preiswerten Hotels in den Straßen östlich des Bahnhofs – Via Faenza, Via Nazionale und Via Fiume – und in den Straßen um die Piazza della Libertà in der nordöstlichen Ecke der Innenstadt. Um von dort in die Innenstadt zu gelangen, ist man auf Taxi oder Bus angewiesen. Die Hotels in Bahnhofsnähe liegen zwar günstiger, aber wie in den meisten Städten sind die Bahnhofsgegenden nicht sehr anheimelnd.

Lärm

- Lärm kann in toskanischen Städten auch in den besseren Hotels **zum Problem werden**. Manchmal nimmt man besser ein Zimmer mit Fenster zum Innenhof bzw. -garten, denn in heißen Sommernächten muss man – außer das Zimmer ist klimatisiert – unweigerlich bei offenen Fenstern schlafen.
- Urlauber wundern sich oft über den Lärm, der selbst in den Dörfern herrscht. Kirchenglocken, stark frequentierte Plätze oder Hauptstraßen, bellende Hunde, Hahnenkrähen, Teenager auf ihren Vespas – das und vieles mehr kann einem schon mal den Schlaf rauben. Nehmen Sie sicherheitshalber **Oropax** mit.

Preise

- Preise pro Hotelzimmer *(camera)* sind **gesetzlich festgelegt** und müssen in der Lobby eines Hotels und in den Zimmern **ausgehängt** werden. Innerhalb eines Hotels können Preise **schwanken**, daher sollten Sie sich erst verschiedene Zimmer ansehen.
- Preise beinhalten meist alle **Steuern**, aber man sollte auf **Aufpreise** achten, die z. B. für ein überteuertes **Frühstück** (*prima colazione*) anfallen können. Es ist billiger, in einer Bar zu frühstücken. Frühstücksbüfetts werden zwar immer häufiger angeboten, aber meist besteht es in einem toskanischen Hotel immer noch nur aus Brötchen mit Marmelade und Kaffee.
- In manchen Hotels werden z. B. auch **Klimaanlage** (*aria condizionata*) oder ein Garagenstellplatz zusätzlich berechnet.

Übernachtungspreise

Für ein Doppelzimmer gelten pro Nacht folgende Preise:

€ unter 125 Euro — €€ 125–200 Euro — €€€ über 200 Euro

Buchungen

- Für Übernachtungen in Florenz und Siena sollte man ganzjährig unbedingt **im Voraus** buchen. Lediglich November, Januar und Februar sind etwas ruhiger. Zu Ostern und von Juni bis September ist am meisten los.
- Auch in kleineren Städten sollte man rechtzeitig buchen, wenn der Besuch mit **Festivals** oder einem **kulturellen Fest** zusammenfällt.
- **Reservierungen** sollten telefonisch gemacht und dann per Fax oder E-Mail bestätigt werden. Man sollte auch erwägen, die Buchung ein paar Tage vor der Ankunft noch einmal zu bestätigen. Ein Doppelzimmer mit zwei Betten heißt una doppia, mit Doppelbett una matrimoniale. Ein Einzelzimmer wird una singola genannt.
- Hoteliers sind verpflichtet, ihre Gäste **polizeilich zu melden**. Man legt beim Einchecken den Pass oder Personalausweis vor, der spätestens bei der Abreise zurückgegeben wird.
- Die **Abreisezeit** liegt zwischen 10 und 12 Uhr.

Villas und Apartments

Im Folgenden finden Sie einige ausgewählte Agenturen, die Villen, Apartments und Bauernhäuser zur Vermietung in ihrem Angebot führen.

- **Toskana Holiday GmbH**. Vermittlung von Ferienwohnungen in der Toskana und Umbrien. Die Agentur hat mehr als 460 Villen im Angebot. Buchungsbüro Toskana: Tel. (0039) 0575-84 61 19; Fax (0039) 0575-84 66 35; E-Mail: toskanaholiday@inwind.it; www.toskana-holiday.de
- **Ferien-privat**. Eine Plattform der InterDomizil GmbH. Urlaubsunterkünfte (Ferienhäuser, Apartments oder Ferienwohnungen) auf Weingütern in privater Atmosphäre in der Toskana. Tel. (040) 43 09 32 70; Fax (040) 43 09 32 83, www.ferien-privat.de; E-Mail: info@ferien-privat.de
- **Klassik Tour Toscana**. Katalog unter www.toskana.com

Essen und Trinken

Essen und Trinken in der Toskana kann ebenso wie die historischen Städte und die Landschaft ein Erlebnis sein. Die Restaurants reichen von Gourmettempeln, die im Michelin verzeichnet sind, bis hin zu kleinen, rustikalen *trattorie*, wo *la mamma* noch selbst kocht. In den größeren und kleineren Städten findet man auch eine breite Auswahl an Cafés und Bars, wo man einen Cappuccino zum Frühstück, einen Snack zwischendurch oder Brot und Käse zu einem Glas Wein bekommt.

Restaurants

Die Unterschiede zwischen den verschiedenen Restauranttypen verschwimmen zunehmend. Ein *ristorante* (Restaurant) stand einst für gehobene Küche bei entsprechendem Preis. Eine *trattoria* war einfach und günstig, eine *osteria* noch etwas einfacher und eine *pizzeria* war gänzlich rustikal und leger.

- Die ***trattoria*** im alten Stil verschwindet zumindest in den Städten mehr und mehr. Stattdessen entstehen modernere Restaurants mit jungen Betreibern und sogenannter »junger« Küche, die sich dann oft ***osteria*** nennen. Als ***ristorante*** bezeichnet sich mittlerweile so ziemlich jedes Lokal, in dem man etwas zu essen bekommen kann. Eine ***pizzeria*** ist nach wie vor auf reine Sättigung der Gäste ausgerichtet, doch bekommt man dort nun auch diverse Pastagerichte, Salate und andere Hauptspeisen.
- Diese Veränderungen schlagen auch in den beliebten toskanischen Städten durch, wo der Touristenstrom viele neue Restaurants hervorgebracht hat. ***Qualität*** wird in den offensichtlichen »Touristenfallen« nicht immer groß geschrieben. Feste Touristenmenüs lohnen das Geld meist nicht. Wo auch immer man sich aufhält, sollte man nicht von dem Aussehen eines Restaurants auf die Qualität des Essens schließen. Besonders in Florenz und Siena steht ein stilvolles Ambiente noch lange nicht für gute Küche. Dagegen kann ein bescheiden aussehendes Restaurant in der Stadt oder auf dem Land exzellentes Essen zu annehmbaren Preisen bieten.
- Eine ***enoteca*** ist ein Weinlokal. Hier bestellt man eine Flasche oder einen offenen Wein und bekommt kleine Mahlzeiten oder Snacks. Ähnliche Weinlokale in etwas einfacherer Ausführung heißen auch ***fiaschetteria*** oder ***vinaio***. Sie waren einmal häufig anzutreffen, verschwinden aber auch zunehmend aus dem toskanischen Stadtbild. Das gilt allerdings nicht für die ***gelateria***, die allseits beliebte Eisdiele, die in jeder Stadt zu finden ist.

Öffnungszeiten

- **Bars** öffnen um 7 Uhr oder früher zum Frühstück (*colazione* oder *prima colazione*), das meist aus Kaffee (Cappuccino oder *caffelatte*) und einem Croissant besteht (*brioche*).
- Mittagessen (*pranzo*) beginnt um 12.30 und endet um 14 Uhr. Die meisten Restaurants sind aber noch etwas länger geöffnet.
- **Abendessen** (*cena*) startet gegen 20 Uhr, aber viele Restaurants öffnen frü-

her, um Touristen zu bedienen, die nicht so spät essen möchten. Die Bars, die tagsüber geöffnet haben, schließen häufig gegen 20 oder 21 Uhr. In den großen Städten gibt es oft Bars für Nachtschwärmer. Eine *enoteca* hat ähnliche Öffnungszeiten wie eine Bar, manche schließen am Nachmittag.

Mahlzeiten

- Italienische Mahlzeiten beginnen mit einer Vorspeise, den **Antipasti** (wörtlich: vor der Mahlzeit), gefolgt von einem **ersten Gang** (*il primo*) mit Pasta, Suppe oder Reis.
- Der Haupt- bzw. **zweite Gang** (*il secondo*) besteht aus Fleisch (*carne*) oder Fisch (*pesce*) mit Gemüsebeilage (*contorni*) oder Salat (*insalata*). Beides wird meist getrennt voneinander serviert.
- **Desserts** heißen *dolci* und werden mit oder anstelle von Früchten (*frutta*) und Käse (*formaggio*) serviert. Statt eines Desserts kann man sich auch ein Eis (*gelato*) aus der nächsten *gelateria* holen, denn außer in Nobelrestaurants sind die Desserts meist kaum bemerkenswert.
- **Zu den Mahlzeiten** wird Brot (*pane*) und Mineralwasser (*acqua minerale*) gereicht, das mit auf der Rechnung auftaucht. Mineralwasser gibt es mit Kohlensäure (*gassata*) oder als stilles Wasser (*non gassata*).
- **Nach dem Essen** trinkt man einen Grappa, einen bitteren Digestif, z. B. einen *amaro*, einen Espresso oder einen Kräutertee. Übrigens: Italiener bestellen nach dem Essen nie einen Cappuccino.
- Man muss nicht jedes Mal alle Gänge essen. Als Mittagessen und in allen Restaurants, ausgenommen die Nobelrestaurants, ist es völlig akzeptabel, nur **Pasta und Salat** zu bestellen. In teuren und beliebten Restaurants wird dies jedoch besonders am Abend nicht gerne gesehen.

Cafés und Snacks

- In Cafés und Bars ist es billiger, **an der Theke** zu stehen, als am Tisch zu sitzen. Man bezahlt zuerst an einer separaten Kasse (*cassa*), nimmt dann den Bon (*scontrino*) an die Bar mit und wiederholt dort die Bestellung. An der Bar selbst kann man nicht bezahlen.
- Wenn man sich **an einen Tisch setzt**, nimmt ein Kellner die Bestellung auf. Wer versucht, erst an der *cassa* zu bezahlen und sich dann einen Tisch sucht, wird schnell von einem herbeieilenden Kellner vertrieben. Dafür kann man für den Aufpreis an einem Tisch aber so lange sitzen, wie man möchte.
- In Cafés und Bars bekommt man exzellente **Sandwiches** (*tramezzini*), belegte Brötchen *(panini)* und manchmal kleine Mahlzeiten. Kleine Läden und Bäckereien verkaufen auch oft **Pizza stückweise** (*pizza al taglio*).

Menüs

- Restaurants, die ein sogenanntes **menù turistico** (Touristenmenü) anbieten, sollte man meiden. Das Menü mag preiswert erscheinen, aber die Portionen sind oft klein, der Wein (falls im Preis inbegriffen) farblos, die Qualität der Speisen gering und die Küche eher phantasielos. Meist läuft es auf Nudeln mit Tomatensauce, Brathähnchen mit Salat und eine Beilage hinaus.
- In teuren Restaurants bietet **un menù degustazione** oder **menù gastronomico** einen gehaltvollen Querschnitt durch die Küche des Hauses. Eine gute Wahl, wenn man sich angesichts der vielseitigen Karte nicht entscheiden kann.

Bezahlen und Trinkgeld

- Die **Rechnung** (*il conto*) sollte die einzelnen Posten aufweisen. Die Restaurants sind per Gesetz verpflichtet, eine Quittung auszustellen (*ricevuta*).
- Die meisten Restaurants berechnen *pane e coperto* (**Gedeckkosten**); dies soll zwar abgeschafft werden, muss aber, wenn aufgeführt, bezahlt werden.

Etikette und Rauchen

- Manche Touristen tragen legere Kleidung, doch die Italiener legen durchaus Wert auf eine angemessene Garderobe. **»Lässig elegant«** lautet die Faustregel. In Toprestaurants wird aber ein Jackett und Krawatte erwartet.
- Rauchen ist in Italien zwar noch weitverbreitet, dennoch herrscht inzwischen **Rauchverbot** in öffentlichen Gebäuden, Bars und Restaurants.

Restaurantpreise

Die Preise gelten pro Person für ein Drei-Gänge-Menü mit Wein:
€ unter 26 Euro   €€ 26–52 Euro   €€€ über 52 Euro

Einkaufen

Die Toskana bietet jede Menge Einkaufsmöglichkeiten. In der ganzen Region findet man eine breite Palette an Geschäften mit Spezialitäten, Wein oder Kunsthandwerk. In Florenz und Pisa gibt es viele Luxusgeschäfte, die Designermode, edle Schuhe und Lederwaren, Schmuck, Stoffe, Keramik und Gemälde, Drucke und Antiquitäten verkaufen.

Florenz

Wenn man aufs Einkaufen aus ist, ist Florenz der richtige Ort. Entsprechend dem Reichtum der Stadt findet man hier Luxusgüter, v. a. Lederwaren sowie Schuhe und Kleidung von hoher Qualität. Dasselbe lässt sich auch über andere toskanische Städte sagen, besonders Lucca und Pisa. Allerdings bietet Florenz die größte Auswahl.

- Die wichtigsten **Designerläden** liegen im Westen der Stadt an der Via de' Tornabuoni und den umliegenden Straßen wie der Via della Vigna Nuova.
- **Lederwaren** gibt es in der ganzen Stadt, die besten sind jedoch im Stadtteil Santa Croce zu finden.
- **Schmuckgeschäfte** liegen auf dem Ponte Vecchio, wo sie traditionellerweise seit dem 16. Jahrhundert angesiedelt sind. Aber auch in anderen großen Straßen finden sich Juweliere.
- **Kunsthandwerkstätten** und Läden, die deren Ware verkaufen – von Möbeln bis zu marmoriertem Papier – findet man in der ganzen Stadt. Zahlreiche solcher Läden sind in Oltrarno angesiedelt, besonders auf und nahe der Via Maggio und in der Via delle Porcellana im Westen der Stadt.
- Die Via Maggio und die umliegenden Straßen beherbergen zahlreiche **Antiquitätenläden** und kommerzielle **Kunstgalerien**. Weitere sind in der ganzen Stadt verteilt.
- In der Innenstadt findet man viele Buchläden sowie Geschäfte mit Küchen- und Haushaltwaren im herausragenden italienischen Design. Von den dort befindlichen **Kaufhäusern** ist das COIN das beste (➤ 83).

Toskana

Lebensmittel und Wein gibt es in der ganzen Region zu kaufen. Man sollte **Importbestimmungen** beachten, wenn man Fleisch und ähnliche Produkte mit nach Hause nehmen will. Wein, Pasta, Olivenöl oder Käse sind kein Problem.

- **Spezialitäten** der Region sind die Weine aus dem Chianti, Montalcino und Montepulciano, Speiseöle aus Lucca, Schafskäse aus Pienza *(pecorino)*, Honig aus Montalcino oder der Gewürzkuchen panforte aus Siena.
- **Kunsthandwerk**: Beachtenswert sind v. a. Alabastergefäße aus Volterra, Glaswaren aus Colle di Val d'Elsa oder Marmorgegenstände aus Carrara.

Märkte
In den Läden und Supermärkten (*alimentari*) sind gute Lebensmittel erhältlich. Die beste Auswahl an Feinschmeckerkost, anderer Qualitätsware und eine ordentliche Portion Lokalkolorit bieten jedoch die Märkte der jeweiligen Stadt.

- Der schönste Markt in **Florenz** ist der Mercato Centrale nahe San Lorenzo (➤ 71f). Der normale Markt auf den Straßen nahe San Lorenzo bietet außerdem allerlei Dinge wie z. B. preiswerte Kleidung, Taschen und Souvenirs. Zu den weniger bekannten Märkten gehört Sant'Ambrogio nordöstlich von Santa Croce sowie der kleine Flohmarkt (Mercato dei Pulci) auf der Piazza dei Ciompi.
- Die kleineren Städte haben in der Regel **Wochenmärkte**, die neben Lebensmitteln auch andere Dinge anbieten. Der größte Wochenmarkt in Florenz findet jeden Dienstag (8–13 Uhr) am Parco della Cascine nahe dem Arno westlich von der Innenstadt statt. Nur wenige Besucher verirren sich hierher, dabei sind die Preise für alle Produkte sehr günstig.

Öffnungszeiten
- Meistens haben Geschäfte in kleineren Städten dienstags bis samstags ab 8 oder 9 bis 13 Uhr geöffnet. Dann wieder ab 15.30 oder 16 bis 20 Uhr. Montagmorgen oder einen anderen halben Tag in der Woche sind viele Läden geschlossen.
- Immer mehr Geschäfte in Florenz haben **ganztägig geöffnet** (*orario continuato*). Das bedeutet montags oder dienstags bis samstags von 9 oder 10 bis 19.30 oder 20 Uhr. Manche Läden, v. a. Kaufhäuser, öffnen auch sonntags.

Kreditkarten
Die meisten größeren Geschäfte akzeptieren Kreditkarten, aber Bargeld ist in Italien besonders in den kleineren Läden immer noch das bevorzugte Zahlungsmittel. Man sollte sich daher erkundigen, bevor man etwas Größeres kauft. Käufer aus Nicht-EU-Ländern können etliche Waren steuerfrei bekommen. Achten Sie auf die Zeichen für **steuerfreies Einkaufen** in den Läden.

Ausgehen

Die Toskana bietet ein breites Unterhaltungsrepertoire: zum einen die Musik- und Kulturfestivals in Florenz und anderen großen Städten, zum anderen eine Fülle von Festumzügen und ländlichen Festivitäten (*festa* oder *sagra*) in Städten und Dörfern der ganzen Region anlässlich von Heiligenfesten oder historischen Ereignissen. Ein Nachtleben mit Clubs, Bars und Livemusik ist vornehmlich auf Florenz beschränkt, wobei auch andere größere Städte wie Pisa, Lucca und Siena etwas in dieser Richtung zu bieten haben. Touristen können problemlos am kulturellen Leben teilhaben. Kino- und Theaterbesuch lohnen sich allerdings nur mit Kenntnissen der italienischen Sprache.

Information
Erste Anlaufstelle für Informationen zu Kulturveranstaltungen sollten das Internet (➤ 188) oder die lokalen Touristeninformationen sein.

- Touristeninformationen in größeren Städten wie Florenz und Siena (➤ 41) liefern generell auch Informationen zu großen **Festivals** etc. in der umliegenden Region. Dort erhalten Sie in der Regel Programme und Informationen zum Kartenverkauf. Hier erfährt man auch etwas über kleinere, unbekanntere Veranstaltungen. Die meisten *feste* oder *sagre* werden auf **Plakaten** angekündigt, die in den betreffenden Dörfern ausgehängt werden.

- Besucherinformationen bieten auch Hinweise zum **lokalen Nachtleben**. So erfährt man, wo ein neuer Club eröffnet, ein anderer schon wieder schließt oder nicht mehr angesagt ist.
- Alternativ kann man auch den **Programmteil im Feuilleton** der Tageszeitung *La Nazione* (auch online www.lanazione.it), der wichtigsten Zeitung in Florenz und der Toskana, studieren. In den verschiedenen Ankündigungen zu den jeweiligen Regionen findet sich eine Vielzahl von Veranstaltungen und Festivals. In Florenz erscheint monatlich der *Firenze Spettacolo* (auf www.firenzespettacolo.it einsehbar), eine Art Stadtmagazin. Selbst wenn man des Italienischen nicht mächtig ist, kann man aufgrund seiner übersichtlichen Struktur das Wesentliche leicht entnehmen; außerdem enthält es einen Teil in englischer Sprache. Das Magazin ist an fast allen Kiosken sowie in Buchläden wie dem Feltrinelli (► 82) erhältlich.
- Auf www.florencenewspaper.it gibt es auch nützliche Informationen in englischer Sprache.

Tickets

Karten für Veranstaltungen in Florenz bekommt man an den jeweiligen Veranstaltungsorten oder bei **Box Office**, der zentralen Vorverkaufsstelle der Stadt in der Via Alamanni 39 (Tel. (055) 21 08 04; www.boxoffice toscana.it oder www.boxol.it); Mo–Fr 10–19.30, Sa 9–14 Uhr.

Festivals

Die wichtigsten Festivals in Florenz und der Toskana werden unten detailliert aufgeführt. Es gibt allerdings noch zahlreiche kleinere und speziellere Veranstaltungen zu religiösen Feiertagen, Kunst und gastronomischen Spezialitäten. Informationen dazu erhalten Sie in den Besucherzentren.

- Der **Scoppio del Carro**, die »Explosion des Leiterwagens«, beendet die Ostersonntagszeremonie in Florenz. Ein Leiterwagen mit Blumen und Feuerwerk wird mittags durch eine mechanische »Taube« entzündet, die an einer Schnur hängend vom Altar der Kathedrale auf die Piazza davor »fliegt«.
- Beim angesehenen **Maggio-Musicale-Festival** für Kunst und Musik finden im Mai und Juni in Florenz Orchester-, Tanz- und Theateraufführungen statt.
- Die wichtigsten Sommerveranstaltungen in **Pisa** sind die Regatta di San Ranieri mit einer farbenfrohen Prozession (16.–17. Juni) und das Gioco del Ponte, ein Schaukampf in Kostümen am letzten Sonntag im Juni.
- Die wichtigste Veranstaltung in **Arezzo** ist Giostro del Saracino Mitte Juni und am ersten Sonntag in September. Dieses Turnier wird schon seit dem Mittelalter ausgetragen und erinnert an die erfolgreichen Schlachten der Kreuzritter gegen die Mauren.
- Das lebhafteste Stadtfest von Florenz ist das **Calcio Storico**, bestehend aus drei wilden Fußballspielen, die in mittelalterlichen Kostümen ausgetragen werden. Das erste findet am Tag nach dem Tag des hl. Johannes (24. Juni) statt, die Termine für die anderen beiden werden am Ostersonntag ausgelost. Gespielt wird auf der Piazza Santa Croce oder der Piazza della Signoria.
- Die berühmteste Veranstaltung in der Toskana ist das Pferderennen **Palio** in Siena, das zweimal im Jahr stattfindet, am 2. Juli und 16. August (► 18f).
- **Lucca** veranstaltet historische Festivitäten am 11./12. Juli (Festa di San Paolino) und am 14. September (Festa della Croce), wenn die Reliquie Volto Santo bei Fackellicht durch die Straßen getragen wird.
- **Montepulciano** lädt am vorletzten Samstag im August zu einem Weinfest anlässlich der Weinlese für den dort angebauten Vino Nobile.

Florenz

Erste Orientierung 50
In zwei Tagen 52
Nicht verpassen! 54
Nach Lust und Laune! 71
Wohin zum ... 76

Erste Orientierung

Florenz ist eine der größten Kunststädte Europas; es ist Sinnbild der Renaissance, eine der wichtigsten Epochen schöpferischen Strebens der Geschichte, und Heimstatt prächtiger Gemälde, Skulpturen und Architektur aus fast einem ganzen Jahrtausend. Über Florenz informiert Sie ausführlich auch der NATIONAL GEOGRAPHIC Spirallo Band »Florenz«.

Der Gedanke, die Höhepunkte der toskanischen Hauptstadt in nur zwei Tagen zu besichtigen, klingt unglaublich, aber es ist möglich. Am besten übernachten Sie in der Stadt; bedenken Sie dabei, Ihre Unterkunft im Zeitraum zwischen April und Oktober im Voraus zu buchen. Parkplätze sind Mangelware, am bequemsten ist daher die Anreise mit dem Zug. Die meisten der toskanischen Hauptreiseziele sind mit Zugverbindungen an Florenz angeschlossen (➤ 40).

Florenz ist eine Stadt der Kunst und Architektur. Einige der hervorragendsten Bauten finden Sie auf der Piazza del Duomo, einem der beiden Hauptplätze: Hier steht der Dom, das Baptisterium und der Campanile (Glockenturm). Nahebei finden sich zwei der größten Museen der Stadt,

★ Nicht verpassen!

1. Galleria dell'Accademia ➤ 54
2. Cappelle Medicee ➤ 55
3. Santa Maria Novella ➤ 57
4. Piazza del Duomo ➤ 59
5. Museo Nazionale del Bargello ➤ 62
6. Piazza della Signoria ➤ 64
7. Santa Croce ➤ 66
8. Galleria degli Uffizi ➤ 68

Seite 49: Der berühmte Dom von Florenz

Rechts: Der Arno und seine Brücken, darunter der berühmte Ponte Vecchio

Nach Lust und Laune!

- 9 Museo di San Marco ➤ 71
- 10 Palazzo Medici-Riccardi ➤ 71
- 11 Mercato Centrale ➤ 71
- 12 Museo dell'Opera del Duomo ➤ 72
- 13 Museo di Firenze com'era ➤ 72
- 14 Orsanmichele ➤ 72
- 15 Palazzo Davanzati ➤ 73
- 16 Santa Trinita ➤ 73
- 17 Ponte Vecchio ➤ 74
- 18 Cappella Brancacci ➤ 74
- 19 Giardino di Boboli ➤ 74
- 20 Palazzo Pitti ➤ 75
- 21 San Miniato al Monte ➤ 75

das Museo dell'Opera del Duomo und das Museo Nazionale del Bargello.

Nur ein paar Schritte entfernt liegt der zweite große Platz von Florenz, die Piazza della Signoria, die vom Palazzo Vecchio, dem Sitz der Stadtverwaltung, beherrscht wird. Ganz in der Nähe sind die Uffizien (Galleria degli Uffizi), Heimat vieler der bedeutendsten Renaissancegemälde der Welt. Östlich der Piazza della Signoria steht Santa Croce, die eindrucksvollste der vielen Kirchen von Florenz. Fast genauso schön ist Santa Maria Novella im Westen mit ihren vielen Fresken.

Über den berühmten Ponte Vecchio erreicht man die Gegend um Oltrarno mit den Gemälden und Fresken des Palazzo Pitti und der Cappella Brancacci. Nördlich des Flusses sind zwei Höhepunkte aus Michelangelos Schaffen zu bewundern: seine Davidsstatue in der Galleria dell'Accademia und eine Reihe von Skulpturen in den Cappelle Medicee. Florenz bietet sich auch bestens zum Einkaufen an, von Designermode bis zu bunten Märkten (➤ 82ff), außerdem gibt es tolle Bars, Cafés, Restaurants sowie Parks, die zum Spaziergang einladen.

In zwei Tagen

Wenn Sie sich nicht sicher sind, wo Sie Ihre Reise beginnen möchten, empfiehlt diese Route einen praktischen zweitägigen Besuch von Florenz mit den wichtigsten Sehenswürdigkeiten. Sie können dazu die Karte auf der vorangegangenen Seite verwenden. Weitere Informationen finden Sie unter den Haupteinträgen (➤ 54ff).

Erster Tag

Vormittags
Wenn Sie nicht online gebucht haben, dann besorgen Sie sich Eintrittskarten für die Uffizien für den nächsten Tag, bevor Sie das 9 **Museo di San Marco** (➤ 71, u. a. Bilder von Fra Angelico, oben) besuchen. Spazieren Sie dann zur nahe gelegenen 1 **Galleria dell'Accademia** (➤ 54), um Michelangelos berühmten *David* zu sehen. Besichtigen Sie im Anschluss die meisterhaften Fresken von Benozzo Gozzoli im 10 **Palazzo Medici-Riccardi** (➤ 71). Liegen Sie gut in der Zeit, können Sie bis 13.50 Uhr auch noch die 2 **Cappelle Medicee** (➤ 55f) erkunden (letzter Einlaß 13.20 Uhr).

Mittags
Auf dem Weg zum Mercato Centrale lädt das **Zà-Zà** (➤ 80) zu einer Stärkung ein.

Nachmittags
Entdecken Sie den 11 **Mercato Centrale** (➤ 71), bevor Sie die Gegend um San Lorenzo (➤ 56) erlaufen. Beschließen Sie den Tag mit einem Besuch in der Kirche 3 **Santa Maria Novella** (➤ 57f).

Zweiter Tag

Vormittags

Nun führt Ihr Weg auf die **4 Piazza del Duomo** (➤ 59ff), wo Sie auf den Campanile oder die Domkuppel steigen sollten – beide bieten einen einzigartigen Ausblick. Danach können Sie den Dom besichtigen, der später als der Campanile und die Domkuppel geöffnet wird. Die Taufkapelle ist morgens geschlossen, kommen Sie einfach später wieder. Weiter geht es zum **12 Museo dell'Opera del Duomo** (➤ 72) und dem **5 Museo Nazionale del Bargello** (➤ 62f).

Mittags

An der **6 Piazza della Signoria** (➤ 64f) kann man gut zu Mittag essen (unten) – im teuren Rivoire (➤ 81) oder in der günstigeren Cantinetta del Verrazzano (➤ 78f).

Nachmittags

Widmen Sie den Nachmittag vor allem den **8 Uffizien** (➤ 68ff). Planen Sie dennoch etwas Zeit für die Kirche **7 Santa Croce** (➤ 66f) und die Cappella dei Pazzi ein, und genießen Sie anschließend ein Eis bei Vivoli (➤ 81): Baldovino (➤ 78) oder Cibrèo (➤ 79) sind empfehlenswert, um in der Nähe von Santa Croce zu Abend zu essen (Reservierung in beiden Fällen nötig).

1 Galleria dell'Accademia

Etwas abseits der Touristenpfade, versteckt im nördlichen Teil der Stadt, liegt die Galleria dell'Accademia oder einfach nur Accademia, wie sie in Florenz genannt wird. Dennoch ist der Besuch ein Muss. Hier erwartet Sie ein besonderer Kunstschatz – Michelangelos berühmter *David*.

Sobald Sie die Accademia betreten, werden Sie von Italiens berühmtester Skulptur willkommen geheißen – Michelangelos **David**. Sie wurde 1501 in Auftrag gegeben. Viele Künstler, darunter Leonardo da Vinci, hatten bereits versucht, diesen Marmorblock zu bearbeiten. Angeblich war das zerbrechliche Stück Stein aus den Apuanischen Bergen, nördlich von Pisa, für die Bildhauerei ungeeignet.

Der damals 26-jährige Michelangelo verwandelte zur großen Verblüffung seiner Zeitgenossen den Stein in gerade einmal drei Jahren in ein Meisterwerk. Nach Monaten zäher Auseinandersetzungen entschloss man sich, das Standbild auf der Piazza della Signoria aufzustellen. Dort blieb sie, bis man die Skulptur 1873 an ihren heutigen Standort versetzte. Die Statue war ursprünglich für eine Aufstellung unter freiem Himmel gedacht, sodass die Proportionen absichtlich verzerrt scheinen: Die überlangen Arme und die übergroße Ausführung von Kopf und Händen sollten ihr gewaltiges Erscheinungsbild unterstrei-chen. Nicht versäumen sollte man außerdem Michelangelos Statuen des *Hl. Matthäus* (1505–06) und die unvollendeten *Vier Sklaven* (oder *Gefangene*), die ebenfalls in der Accademia stehen. Weitere Werke stammen von Filippino Lippi and Fra Bartolomeo.

KLEINE PAUSE

Das **Gran Caffè San Marco** an der Piazza San Marco (Tel. (055) 21 58 33) liegt nur wenige Gehminuten weiter nördlich.

---

203 E5 ✉ Via Ricasoli 60 ☎ (055)238 8609, www.polomuseale.firenze.it (Kartenvorbestellung) 🕐 Di–So 8.15–18.50 Uhr (letzter Einlass 18.05 Uhr) teuer 🚌 14, 23, 71 sowie alle Busse zur Piazza San Marco. E-Bus: C1 in der Nähe

Michelangelos *David* heißt die Besucher in der Accademia willkommen

2 Cappelle Medicee

In den Cappelle Medicee (Medici-Kapellen) befinden sich die Familiengrabstätten der Medici. Viele dieser mehrere Dutzend Gräber sind entweder völlig belanglos oder allzu schwülstig gestaltet. Drei davon verdienen jedoch ob ihrer Verzierung mit einem Skulpturentrio von Michelangelo besondere Beachtung.

Buonarrotis *Madonna mit Kind*

Die Kapellen teilen sich in drei Bereiche auf; als Erstes betritt man eine niedrige, düstere Gruft, letzte Ruhestätte einiger unbedeutender Medici. Von hier aus führen Stufen zur **Cappella dei Principi**, einer mit buntem Marmor verkleideten Halle. Sie beherbergt die sechs Gräber der letzten regierenden Großherzöge der 1743 ausgestorbenen Medici-Dynastie. Die Arbeiten an diesem Bauwerk wurden 1604 begonnen; es sollte sich als das kostspieligste Unterfangen der Familie herausstellen. Als Gian Gastone, der letzte Großherzog, starb, war der Bau immer noch nicht abgeschlossen.

Der Höhepunkt ist zweifellos die von Michelangelo entworfene **Sagrestia Nuova** (Neue Sakristei): Drei Skulpturengruppen des Meisters befinden sich hier. Die Sakristei wurde 1520 von Papst Leo X., selbst ein Medici, als Grabstätte für Lorenzo den Prächtigen und seinen Bruder Giuliano in Auftrag gegeben. Paradoxerweise wurden ihre Gräber nie vollendet; so wurden sie zu Füßen von Michelangelos ebenfalls unvollendeter *Madonna mit Kind* (1521) beigesetzt. Es entbehrt nicht einer gewissen Ironie, dass die einzigen vollendeten Grabmäler gerade die der unfähigsten Medici-Herrscher sind: Lorenzo de' Medici (1533),

DIE MEDICI

Die Medici beherrschten das Leben in der Toskana fast vier Jahrhunderte lang. Giovanni de Bicci de' Medici (1360 bis 1429) gründete die Bankdynastie, indem er sich die Rechte an den lukrativen päpstlichen Konten sicherte. Sein Sohn Cosimo der Ältere (1389–1464) festigte die Stellung der Familie und wurde wie sein Enkel Lorenzo der Prächtige (1449–92) ein Kunstmäzen. Auch stellte die Familie zwei Päpste. Der Florentiner Zweig der Medici wurde zu Großherzogen der Toskana geadelt, starb 1743 aber aus.

In der Cappella dei Principi befinden sich die Gräber von sechs Großherzögen der Medici

Enkel von Lorenzo dem Prächtigen, und Giuliano de' Medici, des dritten Sohnes von Lorenzo dem Prächtigen. Lorenzo wird als Denker dargestellt, Giuliano als Mann der Tat. Allegorische Figuren von Michelangelo schmücken ihre Grabmäler.

KLEINE PAUSE

Am nahe gelegenen **Mercato Centrale** gibt es viele kleine Bars (➤ 71f), im südlichen Teil ist das **Caffè Gilli** an der Piazza della Repubblica am besten. Ebenso empfehlenswert sind das **Zanobini** oder das **Casa del Vino** (➤ 81) ganz in der Nähe.

---

202 C4
Piazza Madonna degli Aldobrandini 6
(055) 238 86 02; www.polomuseale.firenze.it tägl. 8.15 bis 13.50 Uhr; geschl. 1. 3. und 5. Mo und 2. und 4. So des Monats; Letzter Einlass 30 Min. vor Schließung 14, 22, 23, 31, 71 in der Nähe. E-Bus: C1 mittel

CAPPELLE MEDICEE: INSIDER-INFO

Top-Tipps: Die Medici-Kapellen sind sehr gefragt, kommen Sie also so früh wie möglich. Oder bestellen Sie eine **Eintrittskarte im Voraus** (Tel. (055) 29 48 83 oder online auf www.polomuseale.firenze.it).

- Achten Sie beim Besuch des Markts auf **Taschendiebe**, die in den Straßen um San Lorenzo und in den Cappelle Medicee ihr Unwesen treiben.

Außerdem: Die Cappelle Medicee sind ein Teil der **Kirche San Lorenzo** aus dem 4. Jahrhundert. Sie war die frühere Pfarrkirche der Medici und ist eines der ältesten Gebäude der Stadt. Die jetzige Kirche wurde im 15. Jahrhundert von Brunelleschi entworfen, Teile der zwei Bronzekanzeln stammen von Donatello.

3 Santa Maria Novella

Die zwei großen Kirchen von Florenz sitzen sich wie zwei Wächter zu beiden Seiten der Stadt gegenüber: Santa Croce (► 66f) im Osten und Santa Maria Novella im Westen. Santa Maria verfügt zwar nicht über so viele geweihte Gräber wie Santa Croce, sucht dafür aber in Größe, wundervollen Fresken oder anderen sehenswerten Kunstwerken ihresgleichen.

Mit dem Bau der Kirche wurde 1246 begonnen, 1360 war sie beinahe fertiggestellt. Nur die Fassade blieb unvollendet, bis 1456 ein Textilhändler namens Giovanni Ruccellaia den Künstler Leon Battisti Alberti damit beauftragte. Der Name des Förderers und sein Wappen, ein auf hoher See geblähtes Segel, ist an der Fassade zu erkennen. Die Sonne im Giebel ist das Symbol der Dominikaner.

Perspektivische Täuschung

Der gewaltige Innenraum wirkt durch einen **perspektivischen Trick** wesentlich größer, als er tatsächlich ist: Die Pfeiler des Mittelschiffs stehen in Richtung des Hochaltars zunehmend enger beieinander. Dem geschickten Umgang mit räumlicher Perspektive ist auch die Wirkung des bekanntesten Gemäldes der Kirche, Masaccios *Trinità* (1427), an der linken (Nord-) Wand zwischen den zweiten und dritten Pfeilern, zuzuschreiben. Es ist eines der ersten Renaissancegemälde, in dem die Technik der Perspektive künstlerisch und formal gelang.

Weitere Kunstwerke

Weniger bekannt, aber ebenso eindrucksvoll sind die Gemälde

Die reich verzierte Fassade der Santa Maria Novella aus dem 15. Jh.

Ausschnitt aus Ghirlandaios *Vertreibung Joachims aus dem Tempel*

in den Kapellen zu beiden Seiten der Hauptchorkappelle. In der **Cappella Filippo Strozzi**, rechts vom Hochaltar, ist ein Freskenzyklus von Filippino Lippi zu bewundern, der das *Leben des hl. Philipp des Apostels* darstellt (1489–1502). Das Grab (1491 bis 95) von **Filippo Strozzi**, dem reichen Bankier, der die Fresken in Auftrag gab, ist eine ausgezeichnete Arbeit von Benedetto da Maiano.

Die Hauptchorkapelle schmücken beeindruckende **Fresken** (1485–90) von Domenico Ghirlandaio. Die zweite Kapelle von links ist die **Cappella Strozzi di Mantova** mit Fresken (1350–57) von Nardo di Cione. Er ließ sich von Dantes (➤ 6) *Paradiso* (links) und *Inferno* (rechts) inspirieren.

KLEINE PAUSE

Für ein leichtes Mittagessen empfiehlt sich das **Belle Donne** (➤ 78) oder das **Caffè Amerini** (➤ 80).

Santa Maria Novella
202 C4 Piazza Santa Maria Novella (055) 21 92 57
Mo–Do und Sa 9–17, Fr und So 13–17 Uhr
Alle Busse zum Hauptbahnhof. E-Bus: C2, D preiswert

Museo di Santa Maria Novella
202 C4 Piazza Santa Maria Novella (055) 28 21 87
Mo–Do und Sa 9–17 Uhr. Letzter Einlass 16.30 Uhr
siehe bei Santa Maria Novella (oben) preiswert

SANTA MARIA NOVELLA: INSIDER-INFO

Top-Tipp: Santa Maria liegt in der Nähe des **Hauptbahnhofs.** Gehen Sie also zu Beginn oder am Ende Ihrer Reise dorthin, falls Sie mit dem Zug reisen.

Außerdem Linker Hand, wenn man vor Santa Maria steht, befindet sich der Eingang zum **Museo e Chiostri Monumentali di Santa Maria Novella**. Zu seinen Höhepunkten zählen ein Kreuzgang mit verblassten Fresken von Paolo Uccello sowie die Cappellone degli Spagnoli, die mit überwältigenden Fresken in gewaltigen Ausmaßen (1367–69) von dem ansonsten wenig bekannten Andrea da Firenze ausgemalt wurde.

4 Piazza del Duomo

Die Piazza del Duomo bietet eine herrliche Kulisse für den Dom (Duomo), das Baptisterium und den Campanile, den Glockenturm des Doms. An der Ostseite der Piazza ist das Museo dell'Opera del Duomo beheimatet, ein Museum mit imposanten Gemälden und Skulpturen, die über Jahrhunderte hinweg aus den Hauptgebäuden der Piazza zusammengetragen wurden.

Der Dom Santa Maria del Fiore (Duomo)

Die Bauarbeiten zum majestätischen und farbenprächtigen Dom begannen 1296 an der Stelle der Kirche Santa Reparata aus dem 7. Jahrhundert. Die Errichtung des Duomo erstreckte sich über einen langen Zeitraum: Filippo Brunelleschis **Kuppel**, ein Wundserwerk mittelalterlicher Baukunst, wurde erst in den späten Sechzigerjahren des 15. Jahrhunderts vollendet. Die reich verzierte Fassade wurde vor nicht allzu langer Zeit, im Jahre 1887, hinzugefügt.

Der Höhepunkt eines jeden Besuchs ist die Domkuppel, deren Zugang über einen gesonderten Eingang, auf der rechten (südlichen) Seite des Mittelschiffs, erfolgt. Eng und bedrückend gestaltet sich der Aufstieg über die mehr als 400

Die aufwendig gestaltete Außenfassade ist ebenso eindrucksvoll wie die Kuppel selbst

Stufen, dafür wird man mit einem atemberaubenden Ausblick auf Florenz belohnt. Das **Innere** des Doms wirkt zunächst nüchtern, doch im Halbdunkel verbergen sich außergewöhnliche Gemälde und Kunstwerke wie z. B. die Fresken *Sir John Hawkwood* von Paolo Uccello (1436) und *Niccolò da Tolentino* von Andrea del Castagno (1456).

Das Baptisterium San Giovanni

Die zweitgrößte Sehenswürdigkeit auf der Piazza del Duomo ist das **Baptisterium** (*battisterio*), das älteste noch erhaltene Gebäude in Florenz. Wann die Kapelle genau gebaut wurde, ist heute unbekannt; frühere Chronisten hielten sie für einen römischen Marstempel aus dem 1. Jahrhundert. Wahrscheinlich stammt das Baptisterium aus dem 8. oder 9. Jahrhundert, seine markante Marmorfassade wurde zwischen 1059 und 1128 hinzugefügt. Die Höhepunkte der **Fassade** bilden drei Bronzeportale. Das große, südliche Bronzeportal (1330–36) schuf der aus Pisa stammende Bildhauer Andrea Pisano; das nördliche Bronzeportal (1403–24) und die sogenannte Paradiestür (1426–52) gestaltete der Florentiner Lorenzo Ghiberti.

Auch der **Innenraum** der Taufkapelle nimmt Besucher sofort gefangen. Wenn man den Blick entlang der recht kargen Wände – umringt von Granitsäulen, die vom antiken römischen Kapitol Florenz' herbeigeschafft wurden – nach oben schweifen lässt, enthüllt sich ein prächtiges Mosaik aus dem 13. Jahrhundert, das Motive aus dem Leben Christi, Josefs und Johannes des Täufers zeigt. Rechts von der charakteristischen Apsis (scarsella), an der Nordwand, liegt die **Grabstätte von Baldassare Cossa**, ein Gemeinschaftswerk Donatellos und seines Schülers Michelozzo. Cossa war der Gegenpapst Johannes XXIII. und ein Freund der Medici-Familie; er starb 1419 in Florenz.

Eindrucksvolle Mosaikbilder von Christus wachen über den Innenraum des Baptisteriums

Ein Aufstieg lohnt sich: tolle Ausblicke vom Campanile auf die Stadt

Der Campanile

Nur wenige Besucher sind in der körperlichen Verfassung, sowohl die Domkuppel als auch den 85 Meter hohen Campanile (1334–59) zu besteigen. Dennoch ist der **Ausblick** am Ende der 414 Stufen mindestens genauso gut, wenn nicht sogar besser als die Aussicht von der Domkuppel – und wenn auch nur, weil man vom Campanile die Domkuppel und das achteckige Baptisterium bewundern kann. Der Glockenturm ist ein Entwurf von Giotto.

KLEINE PAUSE

Eine gute Wahl abseits der überfüllten Piazza: **Cantinetta del Verrazzano** (➤ 78f).

Duomo

203 D4 Piazza del Duomo (055) 230 28 85; www.duomofirenze.it Mo–Mi, Fr 10–17, Do 10 bis 15.30, Sa 10–16.45 Uhr (letzter Sa im Monat 10–15.30), So 13.30–16.45 23, 71. E-Bus: C1, C2 frei

Domkuppel

203 D4 Piazza del Duomo (055) 230 28 85 Mo–Fr 8.30–19 Uhr (letzter Einlass 18.20 Uhr), Sa 8.30–17.40 Uhr; geschl. So sowie 1. und 6. Jan., Ostern, 24. Juni, 15. Aug., 8. Sept., 1. Nov., 25.–26. Dez. 23, 71. E-Bus: C1, C2 teuer

Baptisterium

203 D4 Piazza del Duomo–Piazza di San Giovanni (055) 230 28 85 Mo–Sa 12–19, So 8.30–14 Uhr (1.Sa im Monat 8.30–14 Uhr) 23, 71. E-Bus: C1, C2 preiswert

Campanile

203 D4 Piazza del Duomo (055) 230 28 85 tägl. 8.30–19.30 Uhr (letzter Einlass 18.40 Uhr) 23, 71. E-Bus: C1, C2 mittel

PIAZZA DEL DUOMO: INSIDER-INFO

Top-Tipps: Die **Menschenschlangen** vermeiden Sie, indem Sie die Domkuppel und den Campanile möglichst zu einer frühen Uhrzeit besichtigen.

- Das **Baptisterium** ist nur am Sonntag vor der Mittagszeit geöffnet. An diesem Tag ist der Einlass bereits um 8.30 Uhr.
- **Campanile and Domkuppel** öffnen bereits vor dem Dom selbst. Sparen Sie Zeit, indem Sie sie vor dem Dombesuch ersteigen.

Außerdem: Das Museo dell'Opera del Duomo (➤ 72) beherbergt, nach dem Museo Nazionale del Bargello (➤ 62f), die beste Sammlung von **Skulpturen aus dem Mittelalter und der Renaissance.**

5 Museo Nazionale del Bargello

Das Museo Nazionale del Bargello, einst ein Palast und Gefängnis, nennt heute die beste Sammlung italienischer Renaissanceskulpturen sein Eigen, mit herausragenden Werken von Donatello, Michelangelo und anderer Künstler. Außerdem befindet sich hier eine schöne, wenngleich kaum bekannte Sammlung von sehenswertem Kunsthandwerk.

Das Museumsgebäude ist der Palazzo del Bargello, ein prächtiger mittelalterlicher Palast, der 1255 als Sitz des *podestà*, des obersten Stadtbeamten, errichtet wurde. Seinen heutigen Namen erhielt das Gebäude 1574, als die Medici das Amt des podestà abschafften und der bargello, der Polizeihauptmann, den Palazzo bezog. Das Museum wurde 1865 eröffnet.

Die Highlights des Museums

Gleich hinter der Kasse betritt man einen einzelnen Raum mit Skulpturen, der so manches Museum vor Neid erblassen lassen würde. Herausragend sind v. a. die Arbeiten Michelangelos, die auffallendste Skulptur unter ihnen sicherlich der ***Trunkene Bacchus*** (1496 bis 97), die der Künstler im Alter von 22 Jahren schuf. Andere Arbeiten des Meisters sind das ***Tondo Pitti*** (1504), ein zierliches Flachrelief, das die Madonna mit Kind zeigt; eine Figur von ***David*** oder ***Apoll*** (1503–32) – Kritiker können die Identität der Figur nicht genau zuordnen

Ein idealer Platz für eine Pause: der Innenhof des Bargello

Einzigartige Skulpturen in der Logia des Bargello

– und der *Brutus* (1539–40), die einzige Porträtbüste, die Michelangelo je vollendet hat. Auf keinen Fall sollte man im selben Raum die Arbeiten aus dem 16. Jahrhundert von Benvenuto Cellini, einem bemerkenswerten Bildhauer und Goldschmied, und von Giambologna, insbesondere dessen geschmeidiger Figur des *Merkur* (1564–65), verpassen.

Von diesem Raum gelangt man in den **Innenhof** des Bargello, der früher als Hinrichtungsplatz diente. Die Treppen des Innenhofs führen in eine *Loggia*, in der eine Menagerie von Bronzetieren des aus Frankreich stammenden Bildhauers Giambologna ausgestellt ist. Rechts der Loggia führt ein Weg zum **Salone del Consiglio Maggiore**, der die Höhepunkte früher florentinischer Renaissanceskulpturen beherbergt. Zu den bedeutendsten Werken gehören die Meisterwerke Donatellos. Davon seien hier eine androgyne Bronzestatue des David (1430–40), der ältere *Marmordavid* (1408), ein heldenhafter *Hl. Georg* (1416–17), die dem Cupido verwandte Figur des *Amor-Atys* (1430–40) und eine Porträtbüste des Soldaten Niccolò da Uzzano erwähnt.(➤ 60). Das Museum zeigt auch Kunsthandwerk und islamische Kunst.

KLEINE PAUSE

Gehen Sie südlich zur Piazza San Firenze und dann östlich entlang der Via Condotta zur Bar **La Canova di Gustavino** (➤ 81).

---

203 D3 · Via del Proconsolo 4 · (055) 238 86 06; Kartenvorbestellung (055) 294 883; www.polomuseale.firenze.it · tägl. 8.15–17 Uhr; geschl. 1., 3., 5. So, 2. und 4. Mo des Monats · 23, 71. E-Bus: C1, C2 · teuer

MUSEO NAZIONALE DEL BARGELLO: INSIDER-INFO

Top-Tipp: Die **kunsthandwerklichen** Exponate verdienen mindestens ebenso viel Beachtung wie die Skulpturen.

Außerdem: Die **Abtei Badia Fiorentina** aus dem 10. Jahrhundert liegt genau gegenüber dem Bargello. Trotz unregelmäßiger Öffnungszeiten lohnt sich der Besuch: das Gemälde Die *Jungfrau Maria erscheint dem hl. Bernhard* (1485) von Filippino Lippi, Skulpturen aus dem 15. Jahrhundert von Mino da Fiesole und ein anonymer Freskenzyklus über das **Leben des hl. Benedikt** im Kreuzgang der Abtei (zu dem man über eine Tür rechts vom Hochaltar gelangt) sind zu sehen.

6 Piazza della Signoria

Neben der Piazza del Duomo ist die Piazza della Signora der zweitwichtigste Platz in Florenz. Sie hatte lange Zeit auch eine politische Bedeutung. Hier befinden sich der beeindruckende Palazzo Vecchio, über 700 Jahre lang Sitz der Stadtregierung, und einige Brunnen und Monumente, die von den florentinischen Herrschern in Auftrag gegeben wurden.

Die Piazza della Signoria gibt es seit dem 13. Jahrhundert, als die Stadt den Baugrund zur Errichtung des Palazzo dei Priori (1299 bis 1315) zuwies. Aus dem Ratsgebäude entstand der heutige Palazzo Vecchio. Die Piazza wurde im Lauf der Jahrhunderte mehrfach vergrößert und verändert, daher auch die unregelmäßige Form des Platzes. Die größten Umbauarbeiten fanden im 14. Jahrhundert statt, um Raum für die Loggia dei Lanzi (auch: Loggia dei Signori) auf der Südseite zu schaffen, und 1560, als Cosimo I. de' Medici ein Verwaltungsgebäude erbauen ließ, in dem später die Kunstsammlung untergebracht wurde (it. *ufficio* bedeutet Büro, Verwaltung). 1497 befahl der Anführer des Aufstands von Florenz, Fra Girolamo Savonarola, die Verbrennung aller »unzüchtigen und heidnischen« Gegenstände auf dem Platz. Dazu zählten auch Renaissance-Kunstwerke und andere mondäne Dinge wie Spiegel und Schachspiele.

Statuen und Brunnen

Die **Statuen und Brunnen** befinden sich auf der Ostseite des Platzes. Von links nach rechts sehen Sie das Rei-terstandbild von *Cosimo I. de' Medici* (1594–98) von Giambologna und die *Fontana del Nettuno* (1563–75) von Bartolomeo Ammanati, dessen zentrale Figur ebenfalls eine idealisierte Darstellung von Cosimo I. de' Medici zeigt. Danach folgen die Kopien zweier Arbeiten von Donatello: *Il Marzocco* (1418–20), eine Darstellung des Marzocco (Löwe), des Wappentiers von Florenz, und *Judith und Holofernes* (1456 bis 60). Die Originale der beiden Werke befinden sich im Palazzo Vecchio. Die beiden letzten Statuen sind Kopien von Michelangelos *David* (➤ 54) und die Figuren von *Herkules und Cacus* (1534)

Giambolognas Cosimo I. de' Medici auf der Piazza della Signoria

Detail von Ammanatis Fontana del Nettuno (Neptunbrunnen)

von Baccio Bandinelli, die als Ergänzung zum *David* gestaltet wurden.

Setzen Sie Ihren Weg nun nach rechts fort, und schlendern Sie über die **Loggia dei Lanzi**, einen luftigen überdachten Platz, der 1376 errichtet wurde, um die Würdenträger der Stadt während Prozessionen und Feierlichkeiten vor Wind und Wetter zu schützen. Die schönsten der dort aufgestellten Statuen sind die Bronzearbeit *Perseus* (1545) von Benvenuto Cellini, und Giambolognas Marmorgruppe *Raub der Sabinerinnen* (1583).

Palazzo Vecchio

Der Bau des Palazzo Vecchio wurde 1295 unter dem Architekten Arnolfo di Cambio begonnen, den herrlichen **Innenhof** gestaltete später (1553–74) Giorgio Vasari. Im ersten Stock befinden sich der **Salone dei Cinquecento**, einst das wichtigste Ratszimmer, das *Studiolo di Francesco I.* (1570 bis 75), ein Arbeitszimmer für den Sohn von Cosimo I., und das Werk ***Sieg*** (1525) von Michelangelo. Die monumentalen Schlachtszenen, die die Wände schmücken, stammen von Vasari und seiner Schule. Weitere Höhepunkte sind die mit **Fresken** ausgestatteten Cappella di Eleonora, Sala dell'Udenzia und die Sala dei Gigli.

KLEINE PAUSE

Das **Rivoire** ist ein berühmtes altes Café mit Sitzgelegenheiten im Freien auf der Piazza della Signoria (➤ 81) – teuer für einen Kaffee, aber die Umgebung lohnt.

Palazzo Vecchio
203 D3 ✉ Piazza della Signoria
☎ (055) 276 82 24; www.museicivicifiorentini.it; Reservierungen für Führungen im Kindermuseum ☎ (055) 276 82 24; www.museoragazzi.it
Palazzo Vecchio und Kindermuseum: Mi–Mo 9–19, Do 9–14 Uhr (letzter Einlass 30 Min. vor Schließung). 23, 71. E-Bus: C1, C2 in der Nähe.
mittel; Kombiticket mit Cappella Brancacci: teuer

PIAZZA DELLA SIGNORIA: INSIDER-INFO

Top-Tipps: Besuchen Sie die **Kirche von Orsanmichele** (➤ 72f), die zwischen der Piazza del Duomo und der Piazza della Signoria an der Via dei Calzaiuoli liegt.

- Achten Sie auf eine kleine runde Marmor-Kupferplatte im Pflaster der Piazza della Signoria. Das ist die Stelle, an der Girolamo Savonarola von den Bewohnern der Stadt hingerichtet wurde, als sie seiner Herrschaft 1498 überdrüssig wurden.

Außerdem: Die Sala degli Gigli ist nach ihren Lilienverzierungen *(gigli)* benannt. In diesem Saal sind vor allem die geschnitzte Decke (1472–76) von Giuliano und Benedetto da Maiano und ein Freskenzyklus von Ghirlandaio sehenswert. Später hinzugefügte Attraktionen im Palazzo Vecchio umfassen einen Multimediabereich und ein **Kindermuseum**.

7 Santa Croce

Man kann zu Recht sagen, dass Santa Croce die bedeutendste Kirche in Florenz ist. Sie ist für ihre außergewöhnlichen Kunstschätze – wie den bemerkenswerten Freskenzyklen von Giotto und anderen mittelalterlichen Meistern – aber auch als Grabstätte vieler prominenter Persönlichkeiten der Stadt, u. a. Michelangelo, Galileo und Machiavelli, bekannt. Die Franziskanerkirche war als Gegenpol zu Santa Maria Novella gedacht, der Kirche des rivalisierenden Dominikanerordens.

Santa Croce wurde wahrscheinlich 1294 von Arnolfo di Cambio entworfen, dem Architekten, der auch den Dom und den Palazzo Vecchio gestaltete. Die vielen Gräber und sorgfältig ausgestalteten Kapellen wurden von reichen Florentinern, vornehmlich Leuten aus dem Bankgeschäft, finanziert: Sie waren sehr darauf bedacht, neben den bescheidenen Franziskanermönchen begraben zu werden, um das Stigma sündiger Wuchergeschäfte oder des Zinsverleihs auszugleichen.

Berühmte Grabstätten

Hier fanden jedoch nicht nur Banker ihre letzte Ruhe: Die erste Grabstätte an der rechten (südlichen) Wand ist das Grab **Michelangelos**. Er ist auf eigenen Wunsch nahe am Eingang begraben worden, damit er bei seiner Auferstehung am Jüngsten Tag als Erstes Brunelleschis Domkuppel erblicken könne. Beinahe direkt daneben liegt ein Gedenkstein für **Dante**, den florentinischen Dichter, der in Ravenna an der Adriaküste

Ausschnitt der letzten Ruhestätte Michelangelos

SANTA CROCE: INSIDER-INFO

Top-Tipp: Verweilen Sie direkt nach Betreten von Santa Croce kurz, um ihre gesamte Größe sowie die eindrucksvolle Holzdecke auf sich wirken zu lassen.

Außerdem: Rechts von Santa Croce (wenn Sie vor der Fassade stehen) befindet sich der Eingang zum **Museo dell'Opera di Santa Croce** (Kirchenmuseum) und der Cappella dei Pazzi (1429–70), dem früheren Domkapitel der Kirche. Das Museum besitzt Arbeiten von Donatello und Cimabue; die Kapelle stellt eine der besten architektonischen und kunsthandwerklichen Gesamtkunstwerke der frühen Renaissance dar. Sie wurde von Brunelleschi entworfen und von Luca della Robbia, Desiderio da Settignano und anderen Künstlern ausgestaltet.

starb und auch dort begraben liegt. Nur wenige Meter weiter befindet sich das Grab **Machiavellis**. Das Grab des Wissenschaftlers **Galileio** liegt an der Wand gegenüber, ebenfalls in der Nähe des Kircheneingangs.

Fresken und Gräber

Die Hauptkunstwerke stellen zwei **Freskenzyklen von Giotto** dar. Sie befinden sich in den zwei Kapellen rechts des Hauptaltars: der Capella Bardi, die mit *Szenen aus dem Leben des hl. Franziskus* (1315–20) verziert ist, und der Capella Peruzzi, die mit *Szenen aus dem Leben des hl. Johannes und Johannes des Täufers* (1326–1330) ausgeschmückt ist. Weitere bedeutende **Zyklen aus dem 14. Jahrhundert** von Taddeo und Agnolo Gaddi, zwei Anhängern Giottos, bereichern die Cappella Castellani und die Cappella Baroncelli, zwei angrenzende Kappellen im südlichen Querschiff. Ebenfalls sehenswert sind weitere **Fresken aus dem 14. Jahrhundert** rund um den Altarraum und in den Räumen des rechten Querschiffs. Unbedingt anschauen sollten Sie zwei **Grabmäler**, die großen Einfluss auf die Kunst der Renaissance hatten – das von Bernardo Rossellino gestaltete Grab des Humanisten Leonardo Bruni (1445–50) und das von Desiderio da Settignano geschaffene Monument (1453), wo Carlo Marsuppini begraben liegt. Sie befinden sich im linken bzw. rechten Seitenschiff.

KLEINE PAUSE

Die Piazza Santa Croce bietet viele **Cafés**, das **Baldovino** (➤ 78) besitzt aber mehr Flair und bietet Pizzen und leichte Speisen. In der Nähe von Santa Croce sollten Sie sich unbedingt ein Eis von der berühmten **Gelateria Vivoli** gönnen, das viele immer noch für das »beste Eis Italiens« halten (➤ 81).

Santa Croce
203 E3 · Piazza Santa Croce · (055) 246 61 05; www.santacroce.firenze.it · Mo–Sa 9.30–17.30, So 13–17.30 Uhr, (8–13 Uhr nur für Gebet) · 23, 71. E-Bus: C3 · mittel (inkl. Museo dell'Opera di Santa Croce)

Museo dell'Opera di Santa Croce–Cappella dei Pazzi
203 E3/F3 · Piazza Santa Croce 16 · (055) 246 61 05 · Öffnungszeiten wie Santa Croce · 23, 71. E-Bus: C3 · mittel (inkl. Kirche Santa Croce)

8 Galleria degli Uffizi

Die Galleria degli Uffizi, überall als Uffizien bekannt, besitzt nicht nur eine der weltweit größten Sammlungen italienischer Renaissancekunst, sondern auch außergewöhnliche Gemälde aus anderen Epochen und anderen europäischen Ländern.

Paolo Uccellos *Die Schlacht von San Romano* (ca. 1456)

Der riesige Palast, der die Kunstgalerie der Uffizien beherbergt, wurde 1560 von Giorgio Vasari als Bürotrakt (it. *ufficio*: Amt) für Cosimo I. de' Medici errichtet. Die Gemälde stellen den größten Teil der **Privatsammlung der Medici** dar, die sie über viele Jahrhunderte erworben hatten, aber der Stadt Florenz unter der Bedingung, dass sie niemals die Stadt verließ, übergaben.

Die Ausstellung

Die Ausstellungsfläche umfasst 45 Räume mit mehr als 2000 Gemälden. Seien Sie auf ein großes Gedränge gefasst, besonders vor den Werken Botticellis in den Räumen 10–14. Sie sollten jedoch die vorhergehenden Meisterwerke nicht auslassen: z. B. die drei Bilder in Raum 2, die die *Maestà* oder auch *Thronende Muttergottes* darstellen. Sie stammen von drei der großartigsten Maler des 13. Jahrhunderts: Duccio, aus Siena, und Giotto und Cimabue, die beide in Florenz arbeiteten. In den Räumen 3–6 befinden sich weitere Highlights von Künstlern aus Siena, allen voran die glanzvolle ***Verkündigung*** (1333) von Simone Martini sowie Arbeiten von Pietro und

Ambrogio Lorenzetti. Diese zwei Maler wurden vom Schwarzen Tod, der Pest, die 1348 in der Toskana wütete, dahingerafft. Achten Sie auf die Details und Farbenpracht in den Gemälden Die ***Anbetung der Könige*** von Gentile da Fabriano (1423) und ***Krönung Mariä*** (1413) von Lorenzo Monaco.

In Raum 7 sind Werke früher Renaissancekünstler ausge- stellt; darunter Gemälde von Piero della Francesca, Masaccio und Paolo Uccello, dessen ***Schlacht von San Romano*** (ca. 1456) perspektivisch unnachahmlich gelungen ist. Dieser Raum wird jedoch von den Botticellis in den Räumen 10–14 übertroffen. Hier sehen sie die Bilder ***Primavera*** (1478) und ***Die Geburt der Venus*** (1485), die sich in ihrer Bildersprache und Themenwahl an klassischen Mythen und nicht an der Religion orientieren. In Raum 15 finden Sie Leonardo da Vincis ***Anbetung der Könige*** und ***Die Verkündigung***. Letzteres stammt aus der Werkstatt Verrocchios; da Vinci, der aus dem kleinen Dorf Vinci in der Hügellandschaft westlich von Florenz stammte, hat daran mitgearbeitet (➤ 172).

Auch in den anderen Räumen finden Sie viele Meisterwerke. Halten Sie besonders nach folgenden Kunstwerken Ausschau: die *Medici Venus* (Raum 18), einem der erotischsten Bilder des 3. Jahrhunderts; dem ***Heiligen Gleichnis*** des Venezianers Giovanni Bellini (von 1490, Raum 21); ***Tondo Doni*** (1505, Raum 25), dem einzigen Gemälde von Michelangelo im Besitz der Uffizien; den Arbeiten von Raffael im Raum 26; der ***Venus von Urbino*** (1538, Raum 28), ein berüchtigter Akt von Tizian; und den Gemälden von Van Dyck, Caravaggio, Rubens, Rembrandt und anderen Künstlern in den letzten sechs Räumen.

KLEINE PAUSE

Das Kunstmuseum hat eine gute **Café-Bar**, Sie können aber auch ins nahe gelegene **Rivoire** auf der Piazza della Signora und dort bei einer Tasse Kaffee entspannen (➤ 81).

Buchen Sie eine Eintrittskarte für die Uffizien im Voraus, um nicht zu lange anzustehen

203 D3 · Loggiata degli Uffizi 6, bei der Piazza della Signoria · (055) 238 86 51; www.polomuseale.firenze.it · Di–So 8.15–18.50 (letzter Einlass 18.05 Uhr); geschl. Mo; Corridoio-Vasariano-Führungen: unterschiedlich; Buchung notwendig (Tel. (055) 265 43 21) · 23, 71. E-Bus: C1, C2 in der Nähe · mittel; Corridoio: mittel

Die atemberaubende Architektur der Uffizien ist fast so beeindruckend wie die ausgestellten Kunstwerke

GALLERIA DEGLI UFFIZI: INSIDER-INFO

Top-Tipps: Mit langen Warteschlangen müssen Sie zu jeder Jahreszeit und an jedem Tag rechnen. Vermeiden können Sie diese nur, wenn Sie Ihre **Eintrittskarte und die Besuchszeit im Voraus buchen** (Tel. (055) 29 48 83, Mo–Fr 8–18.30 Uhr, Sa 8.30–12.30 Uhr; oder unter www.polomuseale.firenze.it oder www.firenzemusei.it). Sie erhalten dann eine Reservierungsnummer für den genauen Tag und die Uhrzeit. Die Eintrittskarten können gegen eine kleine Vorverkaufsgebühr am Treffpunkt für Vorbestellungen links vom Haupteingang abgeholt werden.

- Beim oben genannten Vorbestellungsservice (Telefon und Internet) für Eintrittskarten kann man Tickets für die **staatlichen Museen in Florenz** reservieren. Dazu zählen die Cappelle Medicee, Galleria dell'Accademia, der Palazzo Pitti (Galleria Palatina), das Museo Nazionale del Bargello sowie das Museo di San Marco.
- Falls es die Zeit erlaubt, besuchen Sie die Uffizien **zweimal**: einmal, um die italienischen Gemälde in den Räumen 1–15 zu sehen, und ein zweites Mal, um die übrigen Gemälde anzuschauen.

Außerdem: Sie können den **Corridoio Vasariano**, einen außergewöhnlichen, mit Gemälden bestückten Flur, besichtigen. Er wurde im 16. Jahrhundert von Giorgio Vasari erbaut, um die Uffizien mit dem Palazzo Pitti zu verbinden (➤ 75).

Nach Lust und Laune!

9 Museo di San Marco

Das Museum liegt nördlich der großen Sehenswürdigkei-ten von Florenz, von den »kleinen« Attraktionen ist es aber zweifellos das Sehenswerteste. Fast alle Ausstellungsstücke des früheren Dominikanerklosters sind Gemälde von Fra Angelico, einem Mönch und früheren Prior des Klosters und einem der vorzüglichsten Maler der Frührenaissance. Die Höhepunkte der Hauptabteilung des alten Klosters, dem Ospizio dei Pellegrini, sind das Altargemälde von San Marco (1440) und die *Madonna dei Linaiuoli* (1433). Das *Letzte Abendmahl* von Domenico Ghirlandaio (1480) im Refettorio Piccolo (kleiner Speisesaal) sollten Sie nicht verpassen. Im ersten Stock begrüßt Sie Angelicos *Verkündigung* als Einstimmung auf eine Reihe kleiner Mönchszellen, die alle mit einem Bild Angelicos oder seiner Schüler bedacht sind. Die Bibliothek wurde von Cosimo de' Medici gestiftet.

203 E5 · Piazza San Marco 1 · (055) 238 86 08; www.polomuseale.firenze.it · Di–Fr und 1., 3. und 5. Mo im Monat 8.15–13.50 Uhr (letzter Einlass 13.20 Uhr), Sa, 2. und 4. So im Monat 8.15–18.50 Uhr · Alle Busse zur Piazza San Marco; wie z.B. 1, 6, 7, 10, 11, 14, 17, 23, 25, 33. E-Bus: C1 · mittel

10 Palazzo Medici-Riccardi

Dieser Palast gehörte den Medici auf dem Höhepunkt ihrer Macht. Für Cosimo den Älteren 1462 fertiggestellt, sollte er bis 1540 der Wohnsitz der Familie bleiben; dann zog Cosimo I. de' Medici in den Palazzo Vecchio und der Palast wurde an die Familie Riccardi verkauft.

Während das bedrohlich wirkende Äußere erhalten blieb, überlebte im Innern nur ein kleiner Teil des einstigen Glanzes – die kleine Cappella dei Magi mit Fresken von Benozzo Gozzoli aus dem Jahre 1459–60. Diese drei lebhaften Bilder zeigen die Prozession der drei Weisen. Aber Gozzoli hat auch Szenen aus dem Florenz des 15. Jahrhunderts in seine Werke aufgenommen und ermöglicht uns so einen Einblick in das Leben dieser Zeit. An der östlichen Wand wird Magi Casper von einer mittelalterlichen Entourage begleitet. Darunter mehrere Mitglieder des Medici-Clans und ihre Freunde.

203 D4 · Via Cavour 3 · Reservierung Eintrittskarten (055) 276 03 40; www.palazzo-medici.it · Mo, Di und Do–So 9–19 Uhr (letzter Einlass 18.30 Uhr). Der Einlass in die Capella dei Magi ist begrenzt auf 8 Personen alle 7 Minuten. · 14, 22, 23, 31, 71 in der Nähe. E-Bus: C1 · teuer

11 Mercato Centrale

Dieser riesige Lebensmittelmarkt ist der größte seiner Art in Europa. Er wurde 1874 eröffnet und hat seitdem Touristen und Einheimische gleichermaßen mit seinem Aufgebot an kulinarischen Köstlichkeiten betört. An den Verkaufsständen kann man sich hervorragend für ein Pickick eindecken oder Geschenke einkaufen; oder Sie genießen einfach nur die vielen Düfte und Eindrücke. Ein Besuch lässt sich ideal mit der Besichtigung von San Lorenzo (➤ 84) oder den Cappelle Medicee verbinden (➤ 55f).

Blick durch die Arkaden des Palazzo Medici-Riccardi

✚ 202 C5 ✉ Piazza del Mercato Centrale ◷ Mo–Sa 7–14 Uhr (im Winter auch Sa 16–20 Uhr) 🚌 1, 10, 31, 67 in der Nähe ✋ frei

12 Museo dell'Opera del Duomo

Die Opera del Duomo wurde 1296 als Körperschaft zur Erhaltung des Doms, des Baptisteriums und des Campanile gegründet (► 59ff). Seit 1891 beherbergt ihr Hauptgebäude östlich des Doms das heutige Museum. Es versammelt Kunstwerke aus 700 Jahren, die entweder gestiftet oder aus Sicherheitsgründen aus Gebäuden rund um die Piazza verlagert werden mussten. Höhepunkte sind hauptsächlich Skulpturen aus dem Mittelalter oder der Renaissance, außerdem sind hier Schätze an Gemälden, Gold- und Silbergegenständen, illustrierte Handschriften und andere Kunsterzeugnisse versammelt. Als wertvollster Schatz gilt die *Pietà* (1550–53) von Michelangelo. Andere sehenswerte Arbeiten sind u. a. Donatellos *Maria Magdalena* (1453–55), Lorenzo Ghibertis restaurierte Bronzetäfelungen der Paradiestür des Baptisteriums sowie beinahe alle Flachreliefs von Andrea Pisano und della Robbia vom Campanile. Wenn Sie den Reichtum der Kunstschätze im Museum bewundert haben, lohnt sich auch ein Besuch der Galerien zur Konstruktion des Duomo. Die riesige Kuppel war zur Zeit ihrer Erbauung ein architektonischer Durchbruch. Sie können die hölzernen Modelle bewundern, die Brunelleschi verwendete, um die Eigenschaften und die Ästhetik der doppelten Gewölbe zu studieren. Auch eine Reihe von Werkzeugen zum Bau der Struktur im frühen 16. Jahrhundert ist Teil der Ausstellung.

✚ 203 D4 ✉ Piazza del Duomo 9 ☎ (055) 230 28 85; ww.operaduomofirenze.it ◷ Mo bis Sa 9–19.30, So 9–13.40 Uhr 🚌 23, 71. E-Bus: C1, C2 ✋ mittel

13 Museo di Firenze com'era

Das »Museum von Florenz, wie es einst war« ist ein wenig besuchtes Kleinod, nur einige Gehminuten vom Museo dell'Opera del Duomo entfernt. Das Museum kann man in kürzester Zeit besichtigen. In der Ausstellung befinden sich zwölf der schönsten Gemälde (1555) in ganz Florenz. Sie stammen vom flämischen Künstler Justus Utens (gest. 1609) und zeigen die Villen der Medici. Beachtung verdient auch die Pianta della Catena, die Kopie eines Kupferstichs von Florenz im Jahr 1470 aus der Vogelperspektive.

✚ 203 E4 ✉ Via dell'Oriuolo 24 ☎ (055) 261 65 45; www.museicivicifiorentini.it ◷ Juni–Sept. Mo und Di 9–14, Sa 9–19 Uhr; Okt.–Mai Mo–Mi 9–14, Sa 9–19 Uhr 🚌 23, 71. E-Bus: C1, C2 ✋ preiswert

14 Orsanmichele

Die Kirche von Orsanmichele bietet sich für einen Besuch an, wenn man von der Piazza del Duomo (► 59ff) über die Via dei Calzaiuoli zur Piazza della Signoria (► 64f) geht. Das Gebäude wurde verschiedenartig genutzt: als Oratorium (seit dem 7. Jh) oder Getreidespeicher (ab 1280). Die heutige Kirche wurde 1380 erbaut und verdankt ihre künstlerische Bedeutung den Statuen aus dem frühen 15. Jahrhundert, die in 14 Außennischen stehen. Diese wurden von den mittelalterlichen Zünften von Florenz in Auftrag gegeben und zeigen deren Zunftpatrone. Man kann sie gewiss als einige der wichtigsten Standbilder dieser Epoche bezeichnen. Geschaffen

Relief der Chorempore – zu sehen im Museo dell'Opera del Duomo

wurden sie von den bedeutendsten Künstlern ihrer Zeit – Donatello, Ghiberti, Michelozzo, Brunelleschi und Verrocchio. Heute sind viele der ausgestellten Stücke Kopien, die Originale wurden aus Sicherheitsgründen in Museen, wie zum Beispiel den Bargello, gebracht (► 62f). Die Innenwände der Kirche sind mit ausgeblichenen Fresken der Zunftheiligen ausgeschmückt. Das Hauptschiff wird von dem kostbaren Tabernakel (1355–59) von Orcagna bestimmt, in dem ein Gemälde der *Madonna delle Grazie* (1347) von Bernardo Daddi zu sehen ist.

203 D3 Via dei Calzaiuoli Via dell'Arte della Lana (055) 28 49 44 Di–So 10–17 Uhr E-Bus: C1, C2 frei

15 Palazzo Davanzati

Einen Einblick in das Leben in Florenz des 14. Jahrhunderts erhalten Sie in diesem Herrenhaus, das 1330 für die Familie Davizzi erbaut wurde. Es wurde dann allerdings an die Familie Davanzati verkauft, die dort vom Ende des 14. Jahrhunderts bis 1838 lebte. Das Haus hatte seine eigene Wasserversorgung – einen Brunnen im Hof – was zur damaligen Zeit als Luxus galt. Die monumentale Originaltreppe ist die einzige erhaltene Holztreppe der Stadt. Besuchen Sie den Sala die Pappagalli und den Sala Pavoni im ersten Stock, und schauen Sie sich die exklusiven Fresken an. Die Küche liegt im Obergeschoss (dadurch wurde das Risiko von Schäden bei einem Hausbrand reduziert).

Die Geschäfte in den Arkaden des Ponte Vecchio spiegeln sich im Arno

202 C3 Via Porta Rossa 13 (055) 238 8610; www.polomuseale.firenze.it tägl. 8.15–13.50 Uhr. Geschl. jeden 1., 3. und 5. Mo im Monat und jeden 2. und 4. So im Monat Keine Direktverbindungen preiswert

16 Santa Trinita

Die Kirche Santa Trinita aus dem 11. Jahrhundert wirkt von außen bescheiden. Die Fassade aus dem späten 16. Jahrhundert verbirgt eine hauptsächlich gotische Innenausstattung, die zwischen 1300 und 1330 umgestaltet wurde. Sehenswert sind v. a. ihre Seitenkapellen, in denen sich einige überwältigende Kunstwerke befinden. In der Cappella Sassetti, der zweiten Kapelle rechts vom Hochaltar, befindet sich der Freskenzyklus *Szenen aus dem Leben des hl. Franziskus* (1483–86) von Ghirlandaio. Derselbe Künstler ist auch für das Altarbild der Kapelle verantwortlich, die *Anbetung durch die Hirten* (1485), eine vollendete Verschmelzung von heidnischer und christlicher Bilderwelt aus der Renaissance. Die vierte Kapelle auf der rechten Seite der Kirche besitzt einen Freskenzyklus von Lorenzo Monaco – die *Szenen aus dem Marienleben* (1420–25).

202 C3 Piazza Santa Trinita (055) 21 69 12 Mo–Sa 8–12, 16–18, So 16–18 Uhr 6, 36, 37, 68 in der Nähe. E-Bus: C3 in der Nähe frei

17 Ponte Vecchio

Die berühmteste Brücke von Florenz nimmt ihren Platz seit ungefähr 1345 ein, unweit der schmalsten Stelle des Arno in der Stadt. Vor ihr befanden sich hier u. a. eine römische und zwei hölzerne mittelalterliche Brücken, die während des Hochwassers von 1117 und 1333 weggespült wurden. Dem gleichen Schicksal entging die heutige Brücke nur knapp während der großen Flut von 1966. Sie war 1944 die einzige Brücke der Stadt, die von der deutschen Wehrmacht nicht in die Luft gesprengt wurde, um so die US-Armee aufzuhalten.

Schon seit den Anfangstagen der Brücke »hängen« malerische Läden und Werkstätten an ihren Seiten, die früher von Metzgern und Fischhändlern besetzt waren. Später residierten hier insbesondere Gerber, die im Arno ihre Felle einweichten, und danach kamen die Schmuckhändler und Goldschmiede. Einige Nachkommen dieser Geschäftsleute besitzen noch heute einen Laden auf der Brücke.

202 C3 Via Por Santa Maria–Lungarno degli Acciaiuoli tägl. E-Bus: C3, D frei

18 Cappella Brancacci

Florenz besitzt unzählige Freskenzyklen, aber zwei davon üben eine besondere Anziehungskraft aus. Im nördlichen Florenz sind es die Fresken von Gozzoli im Palazzo Medici-Riccardi, sie fallen besonders durch ihren erzählerischen Elan auf (➤ 71). Im Oltrarno-Viertel gehören die Fresken der Cappella Brancacci dazu, deren innovative Technik bahnbrechend für die florentinische Kunst der Renaissance war. Die Fresken befinden sich in einem Teil der ansonsten unscheinbaren Kirche Santa Maria del Carmine. Sie wurden 1424 von Felice Brancacci, einem wohlhabenden Diplomaten und Seidenhändler, in Auftrag gegeben. Anfangs arbeiteten Masolino da Panicale (1383–1447) und sein Schüler Masaccio (1401–28) zusammen daran. Zwei Jahre nach Beginn des Unterfangens wurde Masolino als offizieller Hofmaler des ungarischen Herrscherhauses nach Budapest gerufen. In seiner Abwesenheit erblühte Masaccios Schöpferkraft. Masolino kehrte 1427 zurück, folgte aber ein Jahr später einem Ruf nach Rom. Masaccio verstarb und der Auftraggeber Brancacci wurde 1436 von den Medici verbannt. Erst 1480 wurden die Arbeiten von Filippino Lippi wieder aufgenommen. Er vervollständigte den Freskenzyklus so eng am Stil seiner Vorgänger, dass sein Beitrag erst 1838 entdeckt wurde. Die erzählerische Kraft, die perspektivische und realitätsnahe Darstellung waren bis dahin in Florenz ohne Beispiel.

202 A3 Piazza del Carmine (055) 238 21 95 oder 276 82 24; Vorbestellung Eintrittskarten (055) 29 48 83; www.museicivicifiorentini.it Mo und Mi–Sa 10–17, So 13–17 Uhr 37, 38, 68 in der Nähe. E-Bus: D mittel; mit Palazzo Vecchio: teuer

Blick über die Giardino di Boboli

19 Giardino di Boboli

Der Giardino di Boboli ist der größte Park der Innenstadt von Florenz und der einzige grüne Ort, wo man den Straßen entfliehen kann. Er wurde 1549 hinter dem Palazzo Pitti angelegt, als Cosimo I. de' Medici den Palast bezog. 1776 wurde er der Öffentlichkeit zugänglich gemacht. Im Hochsommer wirkt er oft ausgedörrt, in den übrigen Jahreszeiten sind seine schattigen Wege, Gärten, Brunnen, Grotten und Statuen eine Wohltat.

Der Garten besitzt ein Café, lädt aber auch zu einem Picknick ein.

202 B1 Eingänge an der Via Palazzo Pitti oder Via San Leonardo (055) 238 87 86; www.polomuseale.firenze.it; Buchungen unter www.firenzemusei.it April–Mai und Sept.–Okt. Di–So 8.15–18.30 Uhr; März 8.15–17.30; Juni–Aug. 8.15–19.30 Uhr (letzter Einlass 18.30); Nov.–Feb. 8.15–16.30 Uhr; auch am 2. und 3. Mo im Monat 37, 38, 68. E-Bus: C3, D teuer (Kombiticket mit den Museen des Palazzo Pitti)

20 Palazzo Pitti

Die längst vergessene Familie Pitti ließ diesen riesigen Palast wohl um 1458 erbauen, aber nachdem Cosimo I. de' Medici ihn 1549 gekauft hatte, war er für viele Jahre der florentinische Hauptwohnsitz der Medici. Das letzte Mitglied der Medici-Dynastie, Anna Maria Luisa de Medici, starb 1743. Im ersten Jahrzehnt des 19. Jahrhunderts wurde der Palast während der Besetzung von Florenz von Napoleon genutzt. Für kurze Zeit war er nach der Vereinigung des Landes 1860 und der Erklärung von Florenz zur Hauptstadt zudem die offizielle Residenz des Königs von Italien. 1919 stiftete König Emmanuel III. den Palast dem italienischen Volk. Heute beherbergt er einige Museen, zwei davon sind erwähnenswert. Im Museo degli Argenti gibt es v. a. Silberwaren (*argento*) zu sehen, aber auch viele andere wertvolle Sammlerstücke der Medici. Die Galleria Palatina besitzt Hunderte unbezahlbarer Gemälde der Medici und stellt somit nach den Uffizien das zweitgrößte Kunstmuseum dar (➤ 68ff). Die wertvollsten Schätze sind Arbeiten von Raphael und Titian, aber es werden auch Werke von Caravaggio, Filippino Lippi und anderen großen Künstlern ganz wie zu Zeiten der Medici gemeinsam ausgestellt.

202 C2 Piazza de' Pitti (055) 238 86 11; www.polomuseale.firenze.it Galleria Palatina: Di–So 8.15–18.50 Uhr (letzter Einlass 18.05 Uhr). Geschl. im Jan. 37, 38, 68. E-Bus: C3, D teuer (Kombiticket mit dem Giardino di Boboli)

21 San Miniato al Monte

Die Kirche von San Miniato liegt außerhalb des Zentrums, aber der Weg lohnt, denn sie zählt zu den schönsten Gotteshäusern. Nehmen Sie den Bus oder den Weg, der Sie nahe dem Ponte Vecchio bergauf führt und mit einigen unvergesslichen Ausblicken aufwartet. San Miniato ist eines der schönsten romanischen Bauwerke der Toskana. Sie wurde 1090 an Stelle einer früheren Kapelle für den hl. Minias errichtet. Die Fassade stammt von 1207 – beachten Sie die Statue eines Adlers, der ein Bündel Stoff in seinen Klauen hält, ein Zeichen für die Stoffhändlerzunft. Der Marmorfußboden im Kircheninneren stammt von 1207, ebenso die Kanzel und das Mosaik der Chorschranken und der Altarnische.

203 F1 Via del Monte alle Croci– Viale Galileo Galilei (055) 234 27 31 April bis Okt. tägl. 8–19 Uhr; Nov.–März Mo–Sa 8–12, 15–18, So 3–18 Uhr; während Gottesdiensten geschl. 12 frei

Die Apsis-Mosaiken aus dem 13. Jahrhundert gehören zu den zahlreichen Meisterwerken in San Miniato al Monte

Wohin zum … Übernachten?

Preise
Für ein Doppelzimmer pro Nacht gelten folgende Preise:
€ unter 125 Euro €€ 125–200 Euro €€€ über 200 Euro

Brunelleschi €€–€€€

Das 4-Sterne-Hotel Brunelleschi zeichnet sich durch seine gute Lage in einer ruhigen Nebenstraße zwischen dem Duomo und der Piazza della Signoria aus. Der italienische Toparchitekt Italo Gamberini hat das Hotels in einem Gebäude untergebracht, das er um eine byzantinische Kapelle und den Torre della Pagliazza, einen der ältesten Bauten der Stadt aus dem 5. Jahrhundert, herumbauen ließ. Ein kleines Museum im Hotel stellt die dabei gefundenen archäologischen Schätze aus. Die Gestaltung des Hotels verbindet moderne Architektur und Originalgebäude sehr stimmig.
203 D4 Via dei Calzaiuoli–Piazza Santa Elisabetta 3 (055) 27 370; www.hotelbrunelleschi.it E-Bus: C2, C3

Casci €–€€

Aufgrund seiner Lage (nördlich des Piazza del Duomo), der freundlichen und mehrsprachigen Bediensteten dieses Familienbetriebs, des guten Frühstücksbüfetts, der angemessenen Preise und der sauberen und angenehmen Zimmer kann sich das Casci rühmen, eines der besten 2-Sterne-Hotels von Florenz zu sein.
203 D5 Via Cavour 13
(055) 211686; www.hotelcasci.com
10, 11, 25, 31, 82. E-Bus: C1

Gallery Hotel Art €€–€€€

Dieses stilvolle 4-Sterne-Hotel ist in seiner Art einzigartig in Florenz. Es besticht durch seine klare und minimalistische Optik – dunkles Holz, neutrale Farbgebung und moderne Kunst sind die vorherrschenden Elemente des Empfangs und der Zimmer. Das Hotel liegt an einem ruhigen Platz beim Ponte Vecchio.
202 C3 Vicolo dell'Oro 5
(055) 27 263; www.lungarnohotels.com
Keine Direktverbindungen

Helvetia & Bristol €€€

Das aus dem 18. Jahrhundert stammende Helvetia & Bristol hat sicher viele Konkurrenten im Wettstreit um die Auszeichnung »Bestes Hotel in Florenz« – aber keines kann sich mit der Klasse dieses 5-Sterne-Hotels messen. Es liegt im Westen des Stadtzentrums, zwischen der Via de' Tornabuoni und der Piazza Strozzi. Zu den Hotelgästen gehörten schon Pirandello, Strawinsky, De Chirico und Bertrand Russell. Die Ausgestaltung erinnert mit ihren prächtigen Stoffen und Gemälden an alte europäische Eleganz. Service und Einrichtung ist jedoch topmodern.
202 C4 Via de' Pescioni 2
(055) 26651; www.royaldemeure.com
E-Bus: C1, C2 in der Nähe

Hotel Davanzati €€

Dieses gut gelegene kleine Hotel befindet sich ganz in der Nähe der Piazza della Signoria. Das Haus ist eine traditionelle mittelalterliche Villa, die renoviert und mit der modernsten Technik ausgestattet wurde, darunter auch Internetzugang in jedem Zimmer. Wenn überhaupt, fehlt den Zimmern der historische Touch, den man in einem so alten Gebäude erwarten würde. Das Dekor ist klassisch, aber nicht überladen und der Preis ist in dieser Lage kaum zu schlagen.
202 C3 Via Porta Rossa 5
(055) 286666; www.hoteldavanzati.it
Keine Direktverbindungen

Hotel Europa €€
Dieses 2-Sterne-Hotel am unteren Ende der Preisspanne hat das Flair eines Privathauses. Die Zimmer sind entweder individuell mit antiken Möbeln eingerichtete Deluxe-Zimmer oder einfacher gestaltete Superior-Zimmer. Alle Zimmer sind geräumig und komfortabel und die Piazza del Duomo im Herzen der Stadt liegt ganz in der Nähe.

203 D5 ✉ Via Cavour 14
☎ (055) 239 6715; www.webhoteleuropa.com
10, 11, 25, 31, 82. E-Bus: C1

Hotel Hermitage €€–€€€
Nur Frühbucher haben eine Chance, eines der Zimmer dieses reizenden 3-Sterne-Hotels zu ergattern. Seinen guten Ruf verdankt es dem freundlichen Service, den komfortablen sanitären Anlagen (einige Badezimmer mit Jacuzzis) und der bestechenden Lage beinahe direkt am Ponte Vecchio. Nicht alle Zimmer haben Ausblick auf den Fluss oder die Brücke, dafür können diese recht laut sein, trotz der doppelverglasten Fenster. Im Sommer lädt die schöne Dachterrasse zum Frühstück ein.

202 C3 ✉ Vicolo Marzio 1–Piazza del Pesce
☎ (055) 287216; www.hermitagehotel.com
E-Bus: C3, D in der Nähe

Hotel Il Guelfo Bianco €€
Ein hübsches Boutique-Hotel im Herzen der Stadt, nördlich vom Duomo. Das ganze Gebäude ist von architektonischen Schätzen durchzogen und die Zimmer sind im toskanischen Stil mit viel dunklem Holz und Eisen eingerichtet. Im Kontrast dazu sind alle Wände mit modernen Gemälden von international bekannten Künstlern dekoriert, die von den Eigentümern gesammelt werden. Genießen Sie Frühstück oder einen Espresso am Nachmittag im ruhigen Innenhof. Auch ein gemütlicher Leseraum und eine Bar stehen zur Verfügung.

203 D5 ✉ Via Cavour 29 ☎ (055) 288330; www.ilguelfobianco.it 10, 11, 25, 31, 82. E-Bus: C1

Hotel Maxim €
Das freundliche und gut geführte Maxim ist ein 2-Sterne-Hotel, erwarten Sie also nicht so viele Extras. Die Lage unweit des Duomo ist dafür kaum zu übertreffen. In den Gemeinschaftsbereichen wurde der Charakter der Epoche bewahrt, die Zimmer dagegen sind modern gestaltet. Zwar sind sie nicht besonders individuell eingerichtet, dafür aber ziemlich geräumig und sauber. Das Hotel befindet sich im dritten und vierten Stock eines Gebäudes aus dem 19. Jahrhundert, ist aber über einen Fahrstuhl erreichbar. Versuchen Sie eines der ruhigeren Zimmer mit Blick auf den Hof zu bekommen.

203 D4 ✉ Via dei Calzaiuoli 11 (mit Lift) und Via de' Medici 4 (Treppe)
☎ (055) 217474; www.hotelmaximfirenze.it
E-Bus: C1, C2

Hotel Morandi alla Crocetta €–€€
Diesem 3-Sterne-Kleinod merkt man den Geschmack seiner britischen Besitzerin Kathleen Doyle an. Die Räume sind alle reichlich mit Antiquitäten, Drucken und Holzfußböden versehen; im schönsten Zimmer findet sich sogar ein Freskenfragment des einst hier untergebrachten Klosters. Reservierung notwendig.

203 E5 ✉ Via Laura 50
☎ (055) 234 4747; www.hotelmorandi.it
6, 14, 23, 71 in der Nähe

La Scaletta €
Das Hotel ist in einem Palast aus dem 16. Jh. zwischen Ponte Vecchio und Palazzo Pitti untergebracht. Zwar wurde das Gebäude modernen Standards angepasst, die individuell eingerichteten Zimmer sind aber im Stil der Epoche erhalten geblieben. Die meisten sind ruhig, von den drei besten Zimmern blicken Sie auf den Giardino di Boboli. Die Zimmer mit Blick auf die zeitweilen laute Via Guicciardini sind mit guter Doppelverglasung ausgestattet. Die drei Dachterrassen sind ein zusätzlicher Bonus: Von hier haben Sie eine herrliche Aussicht und im Sommer servieren eine Bar und ein Restaurant Getränke und Speisen.

202 C2 ✉ Via de' Guicciardini 13
☎ (055) 283028; www.hotellascaletta.it
E-Bus: C3, D

Wohin zum ... Essen und Trinken?

Preise
Die Preise gelten pro Person für ein Drei-Gänge-Menü mit Wein:
€ unter 26 Euro €€ 26–52 Euro €€€ über 52 Euro

RESTAURANTS

Angiolino €–€€
Das Angiolino ist eine traditionelle Trattoria in Oltrarno mit einer der schönsten Inneneinrichtungen der Stadt, wenn auch der mit gewölbter Backsteindecke ausgestatte Speiseraum durch diverse Umgestaltungen während der letzten Jahre etwas an rustikalem Charme eingebüßt hat. Rot karierte Tischdecken und Korbflaschen vervollständigen das Bild. Auf der Speisekarte stehen toskanische Standardgerichte wie ein großes *bisteca alla fiorentina*.

202 B3 Via di Santo Spirito 36r (055) 239 8976 tägl. 12.30–14.15, 19.30–22.30 Uhr 6, 36, 37, 68 in der Nähe. E-Bus: C3, D in der Nähe

Baldovino €–€€
Wenn Sie unschlüssig sind, wo Sie in der Nähe der Kirche Santa Croce essen wollen, gehen Sie einfach ins Baldovino. Das Restaurant ist eine lockere Mischung aus modernen und traditionellen Elementen und eines der erfolgreichsten in Florenz. Das liegt vielleicht auch am freundlichen Empfang durch den Besitzer, den Schotten David Gardner. Obwohl kein Italiener, hat er es verstanden, seine Kunden durch die Verbindung von gutem Essen – klassische toskanische Küche und neapolitanische Pizzen, dazu phantasievoll angerichtete Salate und andere nicht italienische Kreationen – und einer heiteren Einrichtung sowie gastlichen Atmosphäre für sich einzunehmen. Eine Reservierung ist empfehlenswert.

203 F3 Via San Giuseppe 22r (055) 241773; www.baldovino.com tägl. 11.30–14.30, 19–23.30 Uhr. Geschl. Mo Nov.–März 23, 71 in der Nähe. E-Bus: C3 in der Nähe

Belle Donne €
Gleich nach Betreten des Belle Donne fallen einem die riesigen, skulpturenartigen Arrangements aus Früchten, Gemüse und Blumen auf. Das Lokal ist rustikal eingerichtet und die Atmosphäre sehr leger – man sitzt mit anderen Gästen an großen Holztischen mit Papiertischdecken. Die Speisekarte besteht aus täglich variierenden florentinischen Spezialitäten, die auf einer Tafel angeschrieben sind.

202 C4 Via delle Belle Donne 16r (055) 238 2609 tägl. 12–15, 19–23 Uhr. Geschl. zeitweise im Aug.
6, 22, 36, 37, 68 in der Nähe. E-Bus: C1

Benvenuto €–€€
Wenn Sie sich vom Benvenuto nicht allzu viel versprechen, werden Sie sicherlich auch nicht enttäuscht. Diese einfache *trattoria* ist schlicht gestaltet und serviert bodenständige Gerichte. Hier werden schon ewig toskanische Gerichte serviert und das Restaurant ist bei jedermann beliebt.

203 D3 Via della Mosca 16r, Ecke Via dei Neri (055) 214833
Mo–Sa 12–14.30, 19–22.30 Uhr
Keine Direktverbindungen

Cantinetta del Verrazzano €
Ein ausgezeichneter Ort für einen kleinen Snack oder ein leichtes Essen, der günstigerweise auch noch ganz zentral, nur wenige Schritte von der Via dei Calzaiuoli entfernt, liegt. Allerlei Arten Sandwiches und andere Köstlichkeiten präsentieren sich hinter einer großen verglasten Theke.

Sie können Ihr Essen mitnehmen oder sich in die Weinbar setzen. Das Lokal gehört dem Weingut Castello di Verrazzano, die einen der beliebtesten Chianti produzieren – eine Kostprobe empfiehlt sich also.
203 C3 ✉ Via dei Tavolini 18–20r ☎ (055) 268590 🕐 Mo–Sa 8–21 Uhr 🚌 E-Bus: C1, C2 in der Nähe

Cibrèo €€€

Das Cibrèo halten viele für das beste Restaurant von Florenz, dank seiner einfallsreichen Versionen traditioneller florentinischer »Bauerngerichte«. Der Speiseraum ist einfach gestaltet – Tische im ländlichen Stil und einfarbige Wände –, der Service und die Atmosphäre sind zwanglos. Die Preise sind für jeden einzelnen Gang festgelegt (inkl. Bedienung). Lassen Sie auf jeden Fall Platz für eines der köstlichen Desserts. In der angrenzenden Trattoria Vineria Cibreino kann man etwas günstiger essen, die Atmosphäre ist allerdings eher gedämpft. Einen Besuch wert sind auch die anderen Teile des Cibrèo-»Imperiums« wie das gleichnamige Café (➤ 80f). Für das Restaurant sollten Sie im Voraus reservieren.
203 F3 ✉ Via Andrea del Verrocchio 8r ☎ (055) 2341100; www.cibreo.com 🕐 Di–Sa 12.50–14.30, 19.30–23.15 Uhr. Geschl.im Aug 🚌 E-Bus: C1, C2 in der Nähe

Enoteca Pinchiorri €€€

Eine *enoteca* ist eigentlich ein preiswertes Weinlokal. Das ist hier nicht der Fall. In dem ausgezeichneten Weinkeller des Lokals lagern etwa 80 000 Flaschen erlesener Tropfen aus Italien, Frankreich und anderen Ländern, darunter befinden sich einige der edelsten Weine der Welt. Von Annie Féolde und Giorgio Pinchiorri geführt ist es in der Tat das beste und teuerste Restaurant von Florenz und bekam drei Michelin-Sterne verliehen. Die Preise für die erlesenen italienischen und internationalen Speisen sind äußerst stolz, Atmosphäre und Bedienung förmlich (Anzug und Krawatte obligatorisch).
203 E3 ✉ Via Ghibellina 87 ☎ (055) 242777; www.enotecapinchiorri.com 🕐 Mittags: Do–Sa 12.30–14 Uhr. Abends: Di–Sa 12.30–14, 19.30–22 Uhr. Geschl. im Aug. 🚌 14, 23, 71 in der Nähe. E-Bus: C2, C3

Gustavino €€

Toskanische Küche mit modernem Touch und eine zeitgemäße florentinische Dekoration machen dieses Restaurant zu einem interessanten Kontrast zu den zahlreichen rustikalen Trattorien der Stadt. Auf der Speisekarte stehen hauptsächlich lokale Gerichte aus marktfrischen Zutaten. Genießen Sie hervorragendes Perlhuhn, frische Pasta mit Seeigel oder köstlichen Salat mit Balsamico-Essig. Das Restaurant bietet auch glutenfreie Gerichte an. Auf der Weinkarte stehen 800 verschiedene Weine, was auf den ersten Blick etwas einschüchternd wirkt. Das Personal ist aber sachkundig und hilfsbereit. Wenn Sie ein informelleres Essen vorziehen, versuchen Sie es mit der Weinbar La Canova di Gustavino nebenan (➤ 81).
203 D3 ✉ Via della Condotta 37r ☎ (055) 239 9806; www.gustavino.it 🕐 Mo–Fr 19–23.30, Sa–So 12.30–15, 19.30–23 Uhr 🚌 E-Bus: C1, C2

Mario €

Das Mario ist eine florentinische Institution. Wer eine preiswerte, bodenständige, aber qualitativ hochwertige toskanische Küche zu schätzen weiß, ist hier richtig. Das einfache Lokal (nur Mittagessen) liegt nördlich des Mercato Centrale und zählt hauptsächlich Studenten und Markthändler zu seinen Kunden. Kutteln gibt es montags, Fisch donnerstags, cantuccini con vino santo (Biskuits mit Dessertwein) als einziges Dessert. Wenn Sie ein eher stilvolles Ambiente suchen, dann empfiehlt sich das nahe gelegenen Zà-Zà (➤ 80).
203 D5 ✉ Via Rosina 2r–Piazza del Mercato Centrale ☎ (055) 218550; www.trattoria-mario.com 🕐 Mo–Sa 12–15 Uhr. Geschl. im Aug. 🚌 E-Bus: C1 in der Nähe

Osteria dei Benci €€

Dieses Lokal steht für einen neuen Typus florentinischer Restaurants, hell und leger; es zeichnet sich

durch einen einzigen ansprechenden Speiseraum aus, der in warmen Farben gehalten ist und von einer mittelalterlichen Ziegeldecke überwölbt wird. Das jugendliche Personal ist charmant, das toskanische Essen phantasievoll und gut zubereitet. Die Speisekarte wechselt regelmäßig, um saisonale Unterschiede zu integrieren.
203 E3 ✉ Via de' Benci 13r ☎ (055) 234 4923 Mo–Sa 13–14.45, 19.30–22.45 Uhr; geschl. zeitweise im Aug. 23, 71. E-Bus: C3

Osteria del Caffè Italiano €€

Diese traditionelle Osteria liegt in einem alten *palazzo*. Die rustikalen Speiseräume sind mit Holzverkleidung, Glasvitrinen und Terrakottafliesen typisch italienisch. Die Kombination aus Weinbar, *trattoria* und *ristorante* bietet den ganzen Tag über und in den Abendstunden Getränke, Snacks und ganze Mahlzeiten an. Der Barbereich ist eher ungezwungen. Hier wird luftgetrockneter Schinken direkt aus einer riesigen Schulter geschnitten. Der kleine, formellere Speisebereich präsentiert sich mit weißen Tischtüchern und Silberbesteck.
203 E3 ✉ Via Isole delle Stinche 11–13r ☎ (055) 289368; www.caffeitaliano.it Di–So 12–1 Uhr 23, 71 in der Nähe. E-Bus: C1, C2 in der Nähe

Osteria del Cinghiale Bianco €–€€

Das Speiseangebot dieser beliebten familiären *osteria* konzentriert sich auf toskanische Spezialitäten wie *ribollita* (Bohnensuppe) – dieses Gericht ist einer der Gründe dafür, dass den Toskanern von ihren Landsleuten der Spitzname *magiafagioli* (Bohnenesser) verliehen wurde. Auch langsam gegartes *cinghiale* (Wildschwein) gehört zum Angebot. Die Tiere lebten früher in großer Zahl in den umliegenden Hügeln und gaben dem Restaurant seinen Namen.
202 C3 ✉ Borgo San Jacopo 43r ☎ (055) 215706; www.cinghialebianco.it Mo–Di, Do–Fr 18.30–22.30, Sa–So 12–15, 18.30–22.30 Uhr E-Bus: C3, D

Zà-Zà €

Bis vor kurzem kannten nur wenige Leute das Zà-Zà, ein eher unauffälliges Lokal in der Nähe des Mercato Centrale. Unverhoffte Popularität erhielt das Zà-Zà durch den Besuch internationaler Prominenz: König Juan Carlos von Spanien, der amerikanische Schauspieler Bill Cosby und die Supermodels Naomi Campbell und Linda Evangelista. Niedrige Preise sowie gute und bodenständige Gerichte in rustikal-charmantem Ambiente lohnen einen Besuch. Probieren Sie insbesondere die warmen Antipasti oder die *crostini* (Toasts) mit Käse aus Taleggio, Öl, Pfeffer und Weinessig.
203 D5 ✉ Piazza del Mercato Centrale 26r ☎ (055) 215411; www.trattoriazaza.it tägl. 11–23 Uhr Keine Direktverbindungen

CAFÉS UND BARS

Caffè Amerini €

Das Caffè Amerini unterscheidet sich ein wenig von den meisten florentinischen Restaurants. Wie viele Bars und Restaurants der Stadt besitzt es eine gewölbte Ziegeldecke – die bemalten Wände und das ausgefallene Mobiliar geben dem Lokal einen leicht exzentrischen Anstrich. Hier verkehrt alles von Shoppern über Studenten bis zu vornehmen älteren Damen. Man kann sich bei schlechtem Wetter bequem mit einem Buch zurückziehen, aber auch gut frühstücken oder zu Mittag essen – suchen Sie sich am Eingang einfach ein Sandwich, einen Salat oder eine andere Kleinigkeit aus dem verglasten Büfett aus. Gegen einen kleinen Aufpreis wird Ihnen das Gewünschte an den Tisch.
202 C3 ✉ Via della Vigna Nuova 61r ☎ (055) 284941 Mo–Sa 8–20 Uhr 6. E-Bus: C3 in der Nähe

Caffè Cibrèo €

Es gibt kaum ein bezauberndere Café in Florenz als das Caffè Cibrèo, das v. a. durch den Charme seiner altertümlichen Holzvertäfelung be-sticht. Obwohl es ein Stück vom Stadzentrum entfernt ist, liegt es recht günstig, wenn

man den Markt oder die Kirche von Sant' Ambrogio besucht. Die Snacks und Kuchen (darunter die berühmte Schokoladentorte mit bitterer Orangencreme) stammen übrigens aus den berühmten Küchen des nahe gelegenen Cibrèo, das demselben Besitzer gehört (➤ 79).
203 F3 Via Andrea del Verrocchio 5r (055) 234 5853; www.cibreo.com Di bis Sa 8–1 Uhr E-Bus: C1, C2 in der Nähe

Caffè Pitti €
Die Piazza Pitti vor dem Palazzo Pitti wird von mehreren Cafés gesäumt. Das Caffè Pitti, an der südlichen Seite des Platzes, zählt mit seinem hübschen und ein wenig altmodischem Interieur zu den Besten.
202 C2 Piazza de' Pitti 9r (055) 239 9863; www.caffepitti.it tägl. 11–2 Uhr. Im Winter teilweise Mo geschl. E-Bus: C3, D

La Canova di Gustavino €
Diese Weinbar ist der informelle Nachbar des Gustavino (➤ 79). Sie bietet Gemeinschaftstische und eine entspannte Atmosphäre. Hier können Sie eine Auswahl an Weinen und hervorragende toskanische Gerichte genießen – von einer Tasse Suppe oder einer Wurstplatte bis zu mehrgängigen Mahlzeiten. Jeden Freitag von 16 bis 19 Uhr finden Chianti-Weinproben statt.
203 D3 Via della Condotta 37r (055) 239 9806; www.gustavino.it Mo–Fr 19–23.30, Sa–So 12.30–15, 19.30–23.30 Uhr E-Bus: C1, C2

Casa del Vino €
Es überrascht wohl kaum, dass man im »Haus des Weines« Wein trinken oder kaufen kann. Wegen der Nähe zum Mercato Centrale oft von Einheimischen gut besucht. Wer mag, isst zum Glas Wein an der Bar *crostini* (Toasts) oder *panini* (Sandwiches).
202 C5 Via dell'Ariento 16r (055) 215 609; www.casadelvino.it Mo–Fr 9.30–19.30, Sa 10–15 Uhr Keine Direktverbindungen

Hemingway €
Das Hemingway, das in einer Seitenstraße der Piazza del Carmine liegt, ist dank seiner Spezialitäten mit keinem anderen Lokal in Florenz zu vergleichen. Man kann zwischen einer Vielzahl von Teesorten wählen oder eine der 20 Kaffeesorten kosten. Versuchen Sie einen Cocktail, der aus Tee gemacht wird, oder probieren Sie einen der preisgekrönten Kuchen oder Schokoladenspezialitäten.
202 A3 Piazza Piattellina 9r (055) 284781; www.hemingway.fi.it Mo–Do 16.30–1, Fr–Sa 16.30–2, So 15.30–1 Uhr E-Bus: D

Rivoire €
Es fällt einem nicht schwer, länger an einem der Tische vor dem Rivoire zu verweilen, und wenn auch nur wegen der schönen Aussicht auf die Piazza della Signoria. Seit der Eröffnung 1872 ist heiße Schokolade hier die Spezialität, heute bekommt man auch Kaffee, Tee und andere Drinks. Das Essen ist durchschnittlich, die Preise sehr hoch – ein Mal sollte man sich diese Ausblick aber gönnen.
203 D3 Piazza della Signoria 5r (055) 214412; www.rivoire.it Di–So 8–24 Uhr E-Bus: C1, C2 in der Nähe

Vivoli €
Seit drei Generationen ist die florentinische Institution in Familienhand. Früher inoffiziell als »beste Eiscreme Italiens« gerühmt, muss man in der Tat lange nach Eis- und Sorbetspezialitäten in dieser Topqualität suchen. In einer Seitenstraße von Santa Croce zu finden.
203 F3 Via Isole delle Stinche 7r (055) 292334 Di–So 9–1 Uhr 23, 71 in der Nähe. E-Bus: C1, C2 in der Nähe

Le Volpi e L'Uva €
Ein erstklassiges Weinlokal an einem kleinen Platz auf der anderen Seite des Ponte Vecchio. Auf der Karte stehen circa 50 offene Weine, darunter einige seltene Jahrgänge. Die Weinkarte wechselt alle paar Tage. Außerdem sind gute Snacks im Angebot.
203 D2 Piazza dei Rossi 1r, nahe Piazza di Santa Felicita (055) 239 8132; www.levolpieluva.com Mo–Sa 11–21 Uhr E-Bus: C3, D

Wohin zum ... Einkaufen?

BÜCHER

Feltrinelli
Feltrinelli gehört zu einer italienweiten Ladenkette. Das Geschäft ist viel besucht; in den Regalen findet man italienische und fremdsprachige Titel – an Letzteren hat das Pendantgeschäft Feltrinelli Internazionale in der Via Cavour 12–20r mehr zu bieten. In diesem Laden westlich vom Duomo gibt es dafür gute Reiseführer und Karten auf Englisch und Italienisch sowie eine große Auswahl an Musik-CDs und internationalen DVDs.

203 D4
Via de' Cerretani 30r
(055) 238 2652; www.lafeltrinelli.it
6, 22. E-Bus: C2

KLEIDUNG UND ACCESSOIRES

Armani
Das Hauptgeschäft von Giorgio Armani in Florenz mit der aktuellen, hochwertigen Prêt-à-porter-Kollektion liegt auf der Via de Tornabuoni. Das günstigere Emporio Armani Outlet mit Damen- und Herrenmode für Leute zwischen 20 und 30 Jahren liegt an der Piazza degli Strozzi. Wenn Ihnen die Preise im Hauptgeschäft also zu hoch sind, können Sie sich hier umschauen.

202 C3 Via de' Tornabuoni 48r
(055) 219 041; www.armani.com
6, 36, 37, 68. E-Bus: C1 in der Nähe

202 C3 Piazza degli Strozzi 14–17r
(055) 284315 6, 22 in der Nähe.
E-Bus: C1 in der Nähe

Gucci
In diesem Haus wurde das berühmte Gucci-Label gegründet und noch heute gibt es hier einen prestigeträchtigen Laden mit Kleidung, Schuhen und Accessoires. Die Preise sind hoch, dafür ist Qualität und topaktueller Stil garantiert. Wenn Sie das berühmte Gucci-Logo mit dem doppelten G sehen, sind Sie den Einheimischen in Florenz einen Schritt näher gekommen.

202 C3
Via de' Tornabuoni 73r
(055) 264011
6, 36, 37, 68. E-Bus: C1 in der Nähe

Prada
Prada mag zwar ursprünglich aus Mailand stammen, aber die Florentiner haben das Geschäft, in dem zurzeit die beste Designermode verkauft wird, mit Begeisterung angenommen.

202 C3
Via de' Tornabuoni 51–53r und 67r
(055) 283439; www.prada.it
6, 36, 37, 68. E-Bus: C1 in der Nähe

Pucci
Der Aristokrat Marchese Emilio Pucci hat sich in den 1950er- und 1960er-Jahren mit seiner glänzenden und charakteristischen Seidenmode einen Namen gemacht. Sein Stern war am Verblassen, bis in den 1990er-Jahren dieselbe Seidenmode wieder topaktuell wurde. Heute ist Pucci der Grandseigneur der florentinischen Designer und wird in den Modezirkeln der Stadt gefeiert. Ein weitere Laden befindet sich in der Via dei Pucci 6, nördlich des Duomo.

202 C3 Via de' Tornabuoni 20–22r
(055) 265 8182; www.emiliopucci.com
6, 36, 37, 68. E-Bus: C1

Raspini
Raspini führt eine breite Spanne an Designern, aber auch andere Marken und preiswertere Nebenkollektionen von namhaften Designern. Die Hauptfiliale ist in der Via Roma und besitzt auch ein Weingeschäft.

203 D4 Via Roma 25r
(055) 213077; www.raspini.com
E-Bus: C1, C2

KAUFHÄUSER

COIN

Im COIN bekommt man einfach alles: In dem zentral gelegenen Kaufhaus sind Kleidung, Wäsche und andere Haushaltwaren von ausgezeichneter Qualität. Im Angebot befindet sich eine hauseigene Kleidermarke, aber auch Designerware. Man findet klassische italienische Mode für Damen und Herren; für jüngere, modernere Mode geht man in eine eigene Abteilung im Erdgeschoss. Küchenartikel gibt es im Untergeschoss. Das Kaufhaus ist auch am Sonntag geöffnet.

203 D4 Via dei Calzaiuoli 56r
(055) 280531; www.coin.it
E-Bus: C1, C2

LEBENSMITTEL UND WEIN

Fonte dei Dolci

Seit 1954 verwöhnt die »Quelle des Naschwerks«, gleich westlich vom Mercato Centrale, die Einwohner Florenz' mit ihrem reichen Angebot an Süßigkeiten. Ob Kuchen, Schokolade oder Nougat, ob für eine Dinnerparty oder Erstkommunion, hier finden Sie Naschereien für jedwede Gelegenheit. Der Anblick der verlockenden Schaufensterauslagen lässt einem das Wasser im Munde zusammenlaufen. Viele der süßen Erzeugnisse werden in der hauseigenen Küche hergestellt. Neben Süßem gibt es aber auch Olivenöle, Weine, Pastasaucen und andere schmackhafte Produkte. In diesem Geschäft finden Sie bestimmt ein Mitbringsel!

202 C5
Via Nazionale 120–122r
(055) 294180; www.fontedeidolci.com
1, 10, 31

Pegna

Diesen Delikatessentempel, der südlich des Duomo liegt, gibt es bereits seit 1860. Hier finden sich Köstlichkeiten wie Käse, Salami, Kaffee, Tee, Olivenöl, Wein und Schokolade aus Italien und dem Rest der Welt. Das Unternehmen bietet auch eine Auswahl verpackter Produkte an, die sich hervorragend als Geschenke oder Souvenirs eignen. Außerdem kann man hier wunderbar die Zutaten für ein schönes Picknick erwerben.

203 D4 Via dello Studio 8
(055) 282701/2; www.pegna.it
E-Bus: C1, C2 in der Nähe

HAUSHALTSWAREN

Bartolini

Im Jahre 1921 gegründet, ist Bartolini mittlerweile zu einer festen Größe geworden. Das zeigt sich auch daran, dass Einheimische die Straße, an der es liegt, nur *»angolo Bartolini«* (Bartolinikreuzung) nennen. Bartolini bietet alle erdenklichen Küchengeräte an – von authentischen Parmesanreiben bis zu Spaghettiportionierern. Hier können Sie sich mit edlem Porzellan und Glaswaren eindecken.

203 D4 Via dei Servi 30r
(055) 289223; www.dinobartolini.it
14, 23, 71 in der Nähe. E-Bus: C1 in der Nähe

SCHMUCK

Lapini

Dieses historische Schmuckgeschäft zählt zu den wirklich exquisiten seiner Art in Florenz. Der Schmuck ist von allerhöchster Güte und besitzt häufig ein ungewöhnliches Design.

202 A3 Borgo San Frediano 50r
(055) 213276 E-Bus: D

Torrini

Man kann schwerlich über den Ruf oder die Qualität eines Juweliers streiten, der bereits 1369 sein Warenzeichen – ein halbes Kleeblatt – eintragen ließ. Torrini ist immer noch einer der besten Läden für Schmuck, besonders wenn es Gold sein soll.

203 D4 Piazza del Duomo 10r
(055) 2302401; www.torrini.it
14, 23, 71 in der Nähe. E-Bus: C1, C2

MÄRKTE

Mercato Centrale

Die riesigen Markthallen sind ein wunderbarer Ort, um für ein Pick-

nick einzukaufen oder nach Geschenken und Souvenirs zu stöbern (➤ 71).
202 C5 ✉ Piazza del Mercato Centrale
1, 10, 31 in der Nähe

San Lorenzo
Der Markt beherrscht den Platz vor der Kirche von San Lorenzo und ebenso die kleineren Seitenstraßen in der direkten Nähe. An vielen Ständen werden ähnliche Produkte angeboten – Lederjacken, Schuhe, Handtaschen und T-Shirts. Die Qualität der Lederwaren, v. a. der Mäntel und Jacken ist oft gut, aber für einen Markt eigentlich zu teuer. Sie können versuchen zu handeln, seien Sie aber auf hartgesottene Verkäufer gefasst.
203 D4 ✉ Via dell'Ariento–Piazza di San Lorenzo-Via del Canto de' Nelli
14, 23, 71 in der Nähe. E-Bus: C1

PAPIER UND SCHREIBWAREN

Pineider
Pineider ist wohl der edelste Schreibwarenhändler Italiens. Zum Angebot zählen eine Auswahl schön gestalteten farbigen Papiers, Tinte, Notizbücher und Schreibtisch-Accessoires. Es besteht seit 1774 und konnte sich über die Jahrhunderte über solch illustre Kunden wie Napoléon, Stendhal, Puccini, Lord Byron, Shelley und Maria Callas freuen. Sie alle waren von der erlesenen Auswahl an Stiften, Taschenkalendern u.v.m. begeistert.
203 D3 ✉ Piazza della Signoria 13r
☎ (055) 284655; www.pineider.com
E-Bus: C1, C2

PARFUMS UND TOILETTENARTIKEL

Antica Officina del Farmacista Dr Vranjes
Dieses hübsche Geschäft in der Nähe der Piazza Santa Croce bietet eine Auswahl von Düften, Essenzen und Aromatherapie-Produkten an. Alle werden aus natürlichen Inhaltsstoffen von Hand hergestellt. Probieren Sie Düfte wie »Tuscan Garden« oder »Fiori di Sicilia«. Außerdem können Sie die Werkstatt von Dr Vranjes (mit kleinem Verkaufsbereich) auf der Via San Gallo 69r besuchen.
203, bei F4 ✉ Borgo La Croce 44r
☎ (055) 241748; www.drvranjes.it
Keine Direktverbindungen

Farmacia di Santa Maria Novella
Die Farmacia di Santa Maria Novella gehört zu den berühmtesten Apotheken Italiens. Das wunderbare alte Geschäft sitzt in einer Kapelle aus dem 13. Jh. im Komplex der Santa Maria Novella, mit Fresken, alter Apothekerausstattung und Holzschränken. Sie wurde 1612 von Dominikanern gegründet, um Elixiere, Salben und andere Produkte aus ihren Werkstätten und Heilkräutergärten zu verkaufen. Die meisten Artikel werden bis heute nach alter Tradition und in höchster Qualität hergestellt, auch die Potpourris aus Blumen der florentinischen Hügel und das beruhigende Aqua di Santa Maria Novella. Alle Produkte sind liebevoll verpackt und eignen sich als Geschenk.
202 B4 ✉ Via della Scala 16 ☎ (055) 216276; www.smnovella.it 37, 68

DRUCKE UND STICHE

Giovanni Baccani
Drucke und Stiche gibt es überall in Florenz, doch kein Geschäft lockt so verführerisch wie das Baccani, das bereits 1903 gegründet wurde. Für jedes Budget ist etwas dabei.
202 C3 ✉ Via della Vigna Nuova 75r
☎ (055) 214467
6. E-Bus: C3 in der Nähe

SCHUHE

Ferragamo
Der berühmte Salvatore Ferragamo machte sich mit den Schuhen, die er für Hollywoodstars anfertigte, einen Namen. Seine Nachfahren führen heute den Betrieb und bieten eine Topauswahl an Kleidung, Accessoires und die aktuellsten Schuhe.
202 C3 ✉ Via de' Tornabuoni 16r
☎ (055) 292123; www.ferragamo.com
6, 36, 37, 68. E-Bus: C1

Wohin zum ... Ausgehen?

TICKETS

Eintrittskarten für viele Konzerte und andere Veranstaltungen in Florenz gibt es an verschiedenen Kartenverkaufsstellen in der Stadt oder beim **Box Office**, einem Vorverkaufsbüro in der Via Alamanni 39 (Tel. (055) 21 08 04; www.boxofficetoscana.it oder www.boxol.it).

INFORMATION

Für genaue Angaben zu Veranstaltungen und den vielfältigen Ausgehmöglichkeiten in Florenz siehe ➤ 48.

KLASSISCHE MUSIK

Das **Teatro Comunale** (Corso Italia 16; Tel. (055) 277 9254) ist die größte Bühne in Florenz und bietet Eigenproduktionen sowie Gastspiele von Orchestern. Die Hauptspielzeit für Konzerte, Oper und Ballette währt von Januar bis April und September bis Dezember. Das Teatro ist auch Kulisse für Aufführungen des jährlichen Musikfestivals Maggio Musicale. Karten und Informationen erhalten Sie an der Kasse (Di–Fr 10 bis 16.30, Sa 10–13 Uhr, Tel. (055) 277 9350; www.maggiofiorentino.com). Karten bekommt man auch bei Box Office (siehe oben).

Das Regionalorchester der Toskana, das **Orchestra della Toscana** (Via Monferrato 2, Tel. (055) 234 07 10; www.orcafi.it), spielt in der Regel von Dez. bis Mai im nahe gelegenen **Teatro Verdi** (Via Ghibellina 91r; Tel. (055) 21 23 20; www.teatroverdifirenze.it). Karten gibt es an der Kasse des Teatro Verdi oder bei Box Office. Das Stadtorchester von Florenz, die **Filarmonica di Firenze »Giacchino Rossini«** (Via Villamagna 41, Tel. (055) 653 30 48), tritt von Januar bis Februar an verschiedenen Spielstätten auf. Im Sommer gibt das Orchester auch einige Freiluftkonzerte auf der Piazza della Signoria. Auskünfte erhalten Sie beim Besucherzentrum (➤ 41).

Das **Orchestra da Camera Fiorentina** (Via Monferrato 2; Tel.(055) 78 33 74; www.orcafi.it) gibt Konzerte in der Kirche von Orsanmichele (➤ 72f): Karten und Informationen erhalten Sie unter der o. g. Telefonnummer, bei Box Office oder eine Stunde vor jeder Vorstellung in Orsanmichele. Die Organisation der **Amici della Musica** (Via Pier Capponi 41, Tel. (055) 60 84 20 oder (055) 60 74 40; www.amicimusicafi.it) organisiert Konzerte im wunderschönen Teatro della Pergola, nordöstlich des Duomo (Via della Pergola 18; Tel. (055) 226 43 53; www.teatrodellapergola.com). Das Theater wurde 1656 erbaut und ist angeblich Italiens ältestes erhaltenes Theatergebäude. In Kirchen wie San Lorenzo oder dem Duomo finden ab und an Konzerte statt; Näheres erfährt man beim Besucherzentrum oder auf Plakaten an den Veranstaltungsorten.

LIVEMUSIK

Im legeren **Jazz Club** (Via Nuova de' Cacciani 3, Tel. (055) 247 97 00; www.jazzclubfirenze.com; Di–Sa 9–spät; Mo und Juni–Sept. geschl.), der in einem mittelalterlichen Keller untergebracht ist, wird fast jeden Abends Livejazz geboten. Er liegt in einer Seitenstraße, einen Häuserblock südlich der Via degli Alfani an der Ecke Borgo Pinti. Sie müssen formal Mitgliedwerden, wenn Sie in den Club möchten. Das nördlich vom Duomo gelegene **Be Bop** (Via dei Servi 28r, Tel. (055) 21 87 99; tägl. 20–2 Uhr) hingegen ist bekannt für seine Liveacts verschiedener Musikgenres und bietet Tribute-Bands und kleineren Künstlern eine Plattform. Gelegentlich aber heißt es auch: »Bühne frei!« für neue aufstrebende Künstler.

NACHTCLUBS

Meccanò (Viale degli Olmi 1; Tel. (055) 33 13 71; Mi, Fr–Sa 23.30 bis 6 Uhr) im Cascine-Park ist die berühmteste Disko der Stadt. Die Besucher kommen aus allen Teilen der Toskana, sodass sie meist gut besucht ist. Im Sommer spielt sich das Geschehen im Freien ab. Man hört Popmusik und legt Wert auf gepflegte Kleidung.

Im Westen der Stadt liegt die riesige Mainstream-Diskothek **Space Electronic** (Via Palazzuolo 37, Tel. (055) 29 30 82; www.spaceelectronic.net; Mo, Mi–Sa 21–4 Uhr oder länger), angeblich die größte in Europa. Im **Yab** (Via Sassetti 5r, Tel. (055) 21 5160; www.yab.it; tägl. 21–4 Uhr, Juni–Juli/Aug. evtl. geschl.) ist die Musikauswahl etwas ausgefallener als bei der Konkurrenz. Es betreibt jedoch ein gemeines »Karten«-System, das zwar freien Eintritt gewährt, aber einen Mindestverzehr (der auf der Karte vermerkt ist) beeinhaltet: Wer zu wenig trinkt, muss am Ende draufzahlen.

Roberto Cavalli, einer der bekanntesten Modedesigner Italiens, hat sich jetzt auch dem Nachtleben zugewandt und den **Cavalli Club** (Piazza del Carmine 8r, Tel. (055) 211650; www.cavalliclub.com) eröffnet. Der exklusive Club ist auch bei Prominenten beliebt, machen Sie sich also schick. Das **Tenax** (Via Pratese 46r, Quartiere di Peretola; Tel. (055) 632958; www.tenax.org) ist der Super-Club von Florenz. Hierher kommen Gast-DJs wie Fat Boy Slim. Leider liegt der Club außerhalb der Stadt in der Nähe des Flughafens. Von den kulturellen Attraktionen aus ist er aber mit dem Taxi günstig zu erreichen.

BARS

Die angesagteste Bar bzw. Club ist das **Angels** (Via del Proconsolo 29–31; Tel. (055) 239 87 62; www.ristoranteangels.it; tägl. 12 bis 23.30 Uhr (Bar bis 1 Uhr, geschl. zwei Wochen im August). Machen Sie sich schick, hier geht es ziemlich stylish zu.

Auf der anderen Seite der Stadt befindet sich das stets beliebte **Rex Café** (Via Fiesolana 23r; Tel. (055) 24 83 31; www.rexcafe.it; tägl. 18.30–3 Uhr, Mitte Mai bis Mitte Sept.); es zählt zu den besten Bars im Osten von Florenz. Die Einrichtung wirkt zwar zunächst etwas befremdend – viele Spiegel und seltsame Lampen –, aber die Atmosphäre und die Besucher sind locker und entspannt.

Ganz anders ist die Bar auf der Piazza di Santa Maria Novella, die v. a. bei jungen Leuten sehr beliebt ist: das **Fiddler's Elbow** (Piazza di Santa Maria Novella 7r; Tel. (055) 21 50 56; www.thefiddlerselbow.com; tägl. 12–2 Uhr), ein quirliger, kleiner »Irish Pub«.

Ein beliebter Treffpunkt für Nachtschwärmer ist das **Dolce Vita** (Piazza del Carmine 6; Tel. (055) 28 45 95; www.dolcevitaflorence.com; So–Do 19.30–24 Uhr, Fr–Sa 19.30–2 Uhr) in Oltrarno. Das unkonventionellere **Cabiria** (Piazza Santo Spirito 4r; Tel. (055) 21 57 32; tägl. 8–1.30 Uhr, im Winter Di geschl.) zieht eine »alternativ« angehauchte Kundschaft an. Am Abend ist die Atmosphäre hier am schönsten. Im selben Viertel, nur ein Stück östlich des Museo Bardini lockt das bereits in den 1970ern in Betrieb genommene **Il Rifrullo** nicht nur mit Musik – gelegentlich auch Live –, sondern auch mit leichten Speisen, die man im Sommer wunderbar auf der Terrasse genießen kann (Via San Niccolò 53 bis 57r; Tel. (055) 234 26 21; www.ilrifrullo.com; tägl. 7.30–1 Uhr; Küche bis 23.30 Uhr). Liebhaber von brasilianischen, kubanischen und anderen lateinamerikanischen Klängen sind im berühmten **Girasol** (Via del Romito 1, Tel. (055) 47 49 48; www.girasol.it; Di–Do 19 bis 2, Fr–Sa 19–3 Uhr) bestens aufgehoben; nehmen Sie ein Taxi, die Bar ist etwas außerhalb vom Zentrum nördlich der Fortezza da Basso.

Zentrale Toskana

Erste Orientierung	88
In vier Tagen	90
Nicht verpassen!	92
Nach Lust und Laune!	114
Wohin zum ...	118

Erste Orientierung

Mit Siena kann sich allenfalls Florenz messen, dabei ist Siena nicht so groß, aber schöner als ihre Rivalin. Man sollte sich in der mittelalterlich geprägten Stadt mindestens zwei oder drei Tage gönnen, um die vielen Sehenswürdigkeiten – einen spektakulären Marktplatz, eine reich verzierte Kathedrale, ein erlesenes Kunstmuseum und verschiedene andere große Museen – zu sehen. Daneben sollte man unbedingt den Charme der Gässchen, die kleinen Läden, Cafés und Restaurants genießen. Der Reiz der restlichen zentralen Toskana liegt hauptsächlich in ihrer lieblichen Landschaft begründet.

Abgesehen von den eigenen Sehenswürdigkeiten, ist Siena ein guter Ausgangspunkt für Ausflüge in die zentrale Toskana. Allerdings gibt es nur begrenzte Unterkunftsmöglichkeiten, und die fast nur für Fußgänger zugängliche Innenstadt macht das Reisen mit dem Auto nicht gerade einfach. Auf jeden Fall liegt Siena ideal für Ausflüge in die Chianti-Region im Norden mit ihren Weinbergen, Landhäusern und ihrer bezaubernden Landschaft. Machen Sie einen Abstecher dorthin, falls Sie von Florenz nach Siena unterwegs sind. In der zentralen Toskana kann man fast überall eine herrliche Aussicht genießen, fast immer führen die Straßen zu einem reizvollen Städtchen oder Dorf. Ein Muss ist San Gimignano. Das bekannteste Dorf der Toskana ist für seine alten Türme, seine kleinen, aber faszinierenden Museen, Kirchen und seine tolle Lage berühmt. Da der Ort oft von Tagesausflüglern überlaufen ist, wäre eine Übernachtung anzuraten, damit Sie genügend Zeit für einen Besuch der benachbarten mittelalterlichen Orte Monteriggioni und Colle di Val d'Elsa finden.

Andere besuchenswerte Städte der Region sind Arezzo und Cortona, die jedoch etwas abseits der üblichen Routen liegen. Ein Umweg lohnt sich dennoch – das auf einem Hügel gelegene Cortona seiner Aussicht und Arezzo seines berühmten Freskenzyklus' aus der Renaissance wegen. Beide besitzen eine gut erhaltene mittelalterliche Bausubstanz und sind von Siena aus auf gut ausgebauten Straßen problemlos zu erreichen. Der Besuch der beiden Städte lässt sich gut mit

★ Nicht verpassen!

1 Piazza del Campo, Siena ➤ 92
2 Piazza del Duomo, Siena ➤ 95
3 Kirchen und Galerien, Siena ➤ 99
4 San Gimignano ➤ 102
5 Arezzo ➤ 108
6 Cortona ➤ 111

Nach Lust und Laune!

7 Monteriggioni ➤ 114
8 Colle di Val d'Elsa ➤ 114
9 Volterra ➤ 115
10 Certaldo ➤ 117
11 Fiesole ➤ 117

Seite 87: Einwohner Sienas gehen auf der mittelalterlichen Piazza del Campo ihren täglichen Beschäftigungen nach

Oben: Blick aus der Ferne auf San Gimignano

einem Ausflug ins Chianti oder in die südliche Toskana, nach einem Abstecher nach Montepulciano (➤ 135ff), verbinden. Sollten Sie in Arezzo oder Cortona übernachten, entscheiden Sie sich für Cortona, dort gibt es die besseren Hotels.

In vier Tagen

Wenn Sie sich nicht sicher sind, wo Sie Ihre Reise beginnen möchten, empfiehlt diese Route einen praktischen viertägigen Besuch der zentralen Toskana mit den wichtigsten Sehenswürdigkeiten. Sie können dazu die Karte auf der vorangegangenen Seite verwenden. Weitere Informationen finden Sie unter den Haupteinträgen (➤ 92ff).

Erster Tag

Vormittags

Siena ist die besterhaltene mittelalterliche Stadt der Toskana. Ausgangspunkt ist die **1 Piazza del Campo** (➤ 92, rechts), Italiens majestätischster mittelalterlicher Platz, dann folgt ein Besuch im Museo Civico (➤ 93f). Den übrigen Vormittag verlockt die Via di Città zum Shoppen.

Mittags

Die Antica Trattoria Papei an der Piazza del Mercato ist ideal fürs Mittagessen.

Nachmittags

Gehen Sie zur **2 Piazza del Duomo** (➤ 95ff), um die Kathedrale, das Baptisteterium, das Ospedale und das Museo dell' Opera del Duomo zu besichtigen.

Zweiter Tag

Vormittags

Nehmen Sie sich am Morgen Zeit für die **3 Pinacoteca Nazionale** (➤ 99f) mit ihrer Sammlung sienesischer Meisterwerke. Zum Mittagessen können Sie das Al Marsili (➤ 123) probieren.

Nachmittags

Nehmen Sie sich Zeit für einige der weniger bekannten **3 Kirchen**, v. a. die Santa Maria dei Servi (➤ 101), und das mittelalterliche Gassengewirr.

Dritter Tag

Vormittags
Von Siena oder Chianti aus sollten Sie nach **4 San Gimignano** (➤ 102ff, links), fahren. Falls möglich, planen Sie ein oder zwei Stunden für einen Zwischenstopp in **7 Monteriggioni** (➤ 114), das über eine komplette Festungsanlage verfügt, und in **8 Colle di Val d'Elsa** (➤ 114f).

Mittags
Essen Sie im Dulcisinfundo (➤ 122).

Nachmittags
Den Rest des Tages verbringen Sie in San Gimignano, wo Sie auch übernachten sollten (➤ 119). Genießen Sie die religiöse Kunst des Collegiata, und spazieren Sie anschließend durch die stimmungsvollen Straßen und Gassen.

Vierter Tag

Vormittags
Fahren Sie die 85 Kilometer in östlicher Richtung nach **5 Arezzo** (➤ 108), wo man in ca. zwei Stunden den Freskenzyklus Piero della Francescas und das bezaubernde mittelalterliche Stadtzentrum besichtigen kann.

Mittags
Die Trattoria Il Saraceno (➤ 121) ist eine gute Adresse.

Nachmittags
In südlicher Richtung lockt **6 Cortona** (➤ 111) mit seinem alten Stadtzentrum und den Museen (Fra Angelicos *Verkündigung*, rechts, im Museo Diocesano). Übernachten Sie hier oder setzen Sie ihre Toskanafahrt nach **Montalcino** (➤ 138) fort.

0 Piazza del Campo, Siena

Siena liegt auf drei Hügeln, die jeweils ungefähr einem *terzo* oder »Drittel« entsprechen, einem von drei Bezirken, in die man die mittelalterliche Stadt einst eingeteilt hatte. Nahe der Stelle, an der sich die drei Hügel treffen, liegt Sienas atemberaubend schöne Piazza del Campo (»Campo«) Europas größter mittelalterlicher Platz und das soziale Herzstück der Stadt.

Die Lage des Campo war einerseits geografisch vorgegeben, andererseits wurde sie von den Stadtoberen mit Bedacht ausgewählt, denn die *terzi* gliedern sich bis heute in mehrere Stadtviertel (*contrade*) auf. Diese mittelalterlichen Pfarrbezirke können sich auch heute noch über ein starkes Zusammengehörigkeitsgefühl ihrer Bewohner freuen. Um Auseinandersetzungen zu vermeiden, wählten die mittelalterlichen Herrscher einen Stadtmittelpunkt, der zu keiner einzigen *contrada* gehörte. Außerdem eignete sich der Platz vortrefflich als Arena für den Palio (➤ 18f).

Der Campo besitzt die charakteristische Muschelform eines antiken Theaters und wird von **mittelalterlichen Palästen** gesäumt. Setzen Sie sich in eines der zahlreichen Cafés und genießen Sie die Aussicht, die für die teuren Preise entschädigt. Besuchen Sie danach den riesigen Palazzo Pubblico, die Hauptsehenswürdigkeit des Campo.

Mittelalterliche Gebäude umgeben die ovale Piazza del Campo

Der Torre del Mangia ist ebenso beeindruckend wie seine Aussicht

Palazzo Pubblico

Dieser Palast diente Siena viele Jahrhunderte lang als Rathaus. Zum Palazzo gehören der **Torre del Mangia** (1325–48), der 102 Meter hohe Turm an der Ostseite, und das **Museo Civico**, das die oberen Räume des Palastes einnimmt. Bis zum überwältigenden Ausblick von der Turmspitze aus, muss man 360 Stufen bewältigen. Es ist ratsam, erst das Museum zu besuchen, um noch genügend Kraft für dessen Attraktionen aufzubringen.

Man betritt das Museum auf der rechten Seite eines kleinen Innenhofs – der Turmeingang befindet sich auf der linken Seite – und passiert dabei die gotische **Cappella di Piazza** (1352 bis 1468), eine Art »Vorbau« zu Füßen des Turms. Mit dem Bau der Kapelle wurde 1352 begonnen, um an die Erlösung von der Pestepidemie von 1348 zu erinnern.

Die ersten Räume des Museums sind von untergeordneter Bedeutung, während die darauf folgenden Räume quasi vor Kunstwerken bersten. Im schönsten Saal, der **Sala del Mappamondo**, befinden sich zwei großartige Gemälde: links (wenn man mit dem Rücken zum Eingang steht) die *Maestà* (1315), oder *Thronende Madonna*, von Simone Martini, einem der bedeutendsten Maler der Schule von Siena; an der gegenüberliegenden Wand hängt das Porträt von *Guidoriccio da Fogliano in*

Das Porträt von Guidoriccio da Fogliano im Museo Civico

Reiterpose, das man viele Jahre lang ebenfalls Martini zuschrieb. Heute wird eine kontroverse Debatte geführt, wer das Werk tatsächlich gemalt hat. In der **Sala della Pace**, dem nächsten Raum, ist einer der besten frühmittelalterlichen Freskenzyklen Europas zu besichtigen: Ambrogio Lorenzettis *Allegorien einer guten und schlechten Herrschaft* (1338). Die Arbeit beschreibt die Folgen einer guten und einer schlechten Bürgerherrschaft in einer Stadt, die offensichtlich Siena darstellen soll.

KLEINE PAUSE

An der Piazza del Campo reihen sich **Cafés** und **Bars** aneinander. Den schönsten Blick auf den Campo bietet die **Bar-Gelateria La Costarella** (nicht beschildert) in der Via di Città 33, an der Kreuzung Costa dei Barbieri und Via di Fontebranda.

---

204 C4

Museo Civico

Piazza del Campo (0577) 22 62 30; www.comune.siena.it/museocivico tägl. Mitte März–Okt. 10–19 Uhr; Nov.–Mitte März 10–18 Uhr teuer; Kombiticket mit Torre del Mangia erhältlich

Torre del Mangia

Piazza del Campo (0577) 22 62 30 tägl. März–Mitte Okt. 10–19 Uhr; Mitte Okt.–Feb. 10–16 Uhr mittel

PIAZZA DEL CAMPO: INSIDER-INFO

Top-Tipps: Die **Parkplatzsuche** in der Innenstadt von Siena gestaltet sich schwierig, da die meisten Straßen für den Verkehr gesperrt sind. Benutzen Sie am besten ein Parkhaus am Rande der Stadt und gehen Sie zu Fuß.

- Sienas **historisches Zentrum** ist nicht besonders groß und lässt sich leicht erlaufen. Busse oder Taxis sind nur nötig, falls Sie mit dem Zug nach Siena kommen. Der Bahnhof ist ungefähr zwei Kilometer vom Campo entfernt. In die Stadt führt der Weg bergauf, doch die Busse in die Innenstadt fahren von der entgegengesetzten Seite des Bahnhofsvorplatzes ab. Tickets sind im Bahnhof erhältlich.
- Die unebenen mittelalterlichen Straßen erfordern **bequemes Schuhwerk.**

2 Piazza del Duomo, Siena

Die Piazza del Duomo ist nicht so groß und spektakulär wie der Campo, doch mit dem Dom, dem Museo dell'Opera del Duomo und dem Komplex des Ospedale di Santa Maria della Scala verfügt der Platz über drei der schönsten und eindrucksvollsten Gebäude der Stadt – und über viele Kunstschätze.

Siena ging aus einer etruskischen Siedlung hervor und wurde später unter dem Namen Saena Julia römische Kolonie. Von der römischen Stadt ist nur wenig übrig geblieben, wobei die Lage des Doms, am höchsten Punkt der Stadt, fast mit Sicherheit den Standort eines römischen Minervatempels markiert.

Nicht ungewöhnlich: eine lange Schlange vorm Duomo

Der Duomo

Mit den Bauarbeiten zum Dom wurde um 1179 begonnen. 1296 war er weitgehend fertiggestellt. 1339 beschloss die wohlhabende Stadt, ein neues Kirchenschiff zu bauen; es sollte das größte Europas werden. Doch die Pest des Jahres 1348 und der damit verbundene ökonomische Niedergang der Stadt beendete abrupt dieses gewaltige Vorhaben. Man kann heute noch Elemente des »neuen« Baus rechts (östlich) des Doms sehen.

Die wunderschöne **Domfassade** wurde weitgehend vom Bildhauer Giovanni Pisano gestaltet und ist selbst in dieser Region, wo doch in Florenz, Pisa und Lucca herrliche Kirchenbauten stehen, außerwöhnlich. Auch das **Innere des Doms** ist kostbar ausgestaltet, der Fußboden besteht aus 56 *graffiti*, Marmorintarsien, die 40 der besten Künstler aus Siena zwischen 1369 und 1547 anfertigten. Die Büsten rund um das Hauptschiff stellen 172 Päpste und 36 Kaiser des Heiligen Römischen Reiches dar.

Im oberen Bereich der linken (nördlichen) Seite des Hauptkirchenschiffs liegt der Eingang zur **Libreria Piccolomini** (Bibliothek), die mit herrlichen Fresken, *Motive aus dem Leben von Papst Pius II.* (1502–09), des umbrischen Künstlers Pinturicchio geschmückt ist. Pius war auch als Enea Silvio Piccolomini bekannt und stammte aus Pienza (➤ 132ff). Links vom Bibliothekseingang wachen die Statuen ***Altre Piccolomini*** (1501–4), von denen vier von Michelangelo stammen.

Außerhalb der Bibliothek, auf derselben Kirchenseite, erhebt sich die wunderbar geschnitzte **Kanzel** (1266–68), eine Arbeit von Nicola Pisano und eines der großartigsten Werke italienischer mittelalterlicher Bildhauerkunst. In der linken Ecke des nördlichen Querschiffs finden sich in der **Cappella di San Giovanni Battista** weitere Fresken (1504) von Pinturicchio sowie eine Statue von Johannes dem Täufer (1457) von Donatello. Weitere seiner Werke sind am Ende der Kathedrale im halb versteckten **Battistero di San Giovanni** (Baptisterium) zu besichtigen: Das Taufbecken (1417–30) zeigt fünf Bronzetafeln von Donatello, Lorenzo Ghiberti (beide aus Florenz) und dem damals führenden Bildhauer Sienas, Jacopo della Quercia.

Die *Drei Grazien* der Libreria Piccolomini – eine römische Kopie nach griechischem Vorbild

Ospedale di Santa Maria della Scala

Das unscheinbar wirkende Gebäude gegenüber der Kathe drale diente fast ein Jahrtausend lang als Zentralhospital (*Ospedale*) von Siena – erst in den 1990er-Jahren wurde es geschlossen. Heute ist das mittelalterliche Innere des Hau-

Fresken und Bronzetafeln am Taufbecken des Doms

ses, mit Freskenzyklen aus dem 15. Jahrhundert und anderen Kunstwerken, für die Öffentlichkeit zugänglich. Das Hospital wurde im 11. Jahrhundert ursprünglich als Unterkunft für Pilger gegründet, fungierte später aber auch als Waisenhaus. Geldspenden machten es möglich, Kunstwerke in Auftrag zu geben.

Am beeindruckendsten davon sind die Arbeiten in der **Sala del Pellegrinaio**, die mit einer Freskenreihe (1440) von Vecchietta, Domenico di Bartolo und anderen Künstlern aus Siena geschmückt ist. Die Szenen zeigen Motive aus der Geschichte des Hospitals. Auch die Sagrestia Vecchia verfügt über einen Freskenzyklus von Vecchietta, der das *Glaubensbekenntnis* (1446 bis 49) zeigt, und ein Altarbild der *Madonna della Misericordia* (1444) von Domenico di Bartolo.

Museo dell'Opera del Duomo

In der **Sala delle Statue** des Museums stehen von der Fassade des Doms entfernte Skulpturen (1284–96), die von Giovanni Pisano stammen. Eines der Meisterwerke, das Relief der *Madonna und Kind* (1456–59), in diesem Raum stammt von Donatello. Ein zweites Relief, *Madonna und Kind mit dem hl. Giralmo* (ca. 1430–35), ist ein Werk von Jacopo della Quercia. Die Sala di Duccio im ersten Stockwerk wird von Duccios riesiger ***Maestà*** (1308–11) beherrscht, einem der großartigsten italienischen Gemälde des Mittelalters.

PIAZZA DEL DUOMO: INSIDER-INFO

Top-Tipps: Sparen Sie Geld und kaufen Sie sich eines der **drei Kombitickets**, die zwischen zwei bis sieben Tagen gültig sind und für mehrere Sehenswürdigkeiten in der Stadt gelten wie z. B. Libreria Piccolomini, Baptisterium, Museo dell'Opera del Duomo, Oratorio di San Bernardino, Museo Diocesano und die Kirche Sant' Agostino.

Nicht verpassen! Genießen Sie die **wunderschöne Aussicht** auf Siena und die umliegende Landschaft von der Außenterrasse des Museo dell'Opera del Duomo.

56 eindrucksvolle Marmormosaike zieren den Boden im Duomo

KLEINE PAUSE

Le Logge (➤ 123), nahe des Campo, lädt zum Mittagessen ein.

Duomo
204 B4 Piazza del Duomo (0577) 23 80 48; www.operaduomo.siena.it März–Mai u. Sept.–1.Nov. Mo–Sa. 10.30–19.30, So 13.30–17.30 Uhr; Juni–Aug. Mo–Sa 10.30–20, So 13.30–18 Uhr; 2. Nov.–Feb. Mo–Sa 10.30–18.30, So 13.30–17.30 Uhr preiswert (inkl. Libreria Piccolomini); Ende Aug.–Ende Okt. mittel

Libreria Piccolomini
204 B4 Piazza del Duomo (0577) 23 80 48 wie Duomo frei (Eintritt in Ticket zum Duomo enthalten)

Battistero di San Giovanni
204 B4 Piazza San Giovanni (0577) 23 80 48 März–Mai, Sept. bis 1.Nov. tägl. 9.30–19 Uhr; Juni–Aug. 9–20 Uhr; Nov.–Feb. 10–17 Uhr preiswert

Ospedale di Santa Maria della Scala
204 B3 Piazza del Duomo 2 (0577) 22 48 11 tägl. Mitte März bis Okt. 10.30–18.30 Uhr; Nov.–Mitte März 10.30–16.30 Uhr mittel

Museo dell'Opera del Duomo
204 B4 Piazza del Duomo 8 (0577) 28 30 48 März–Mai, Sept. bis Okt. tägl. 9.30–19 Uhr; Juni–Aug. 9.30–20 Uhr; Nov.–Feb. 10–17 Uhr mittel

3 Siena: Kirchen und Galerien

Wer das Museo Civico (➤ 93f), den Dom (➤ 95ff), das Ospedale (➤ 96f) und das Museo dell'Opera (➤ 97) besucht hat, hat schon einige atemberaubende Gemälde bewundert. Doch die beste Sammlung von Sieneser Kunst findet sich in der Pinacoteca Nazionale, der bedeutendsten Galerie der Stadt. Hier lässt sich die Entwicklung der Sieneser Schule, zu deren Vertretern unter anderem Sassetta und Vecchietta zählen, nachvollziehen.

Pinacoteca Nazionale

Die frühe Malerei in Siena war stark von der byzantinischen Kunst beeinflusst, die sich durch die verschwenderische Verwendung von vergoldeten Bildhintergründen und der stilisierten Darstellung der Madonna mit Kind auszeichnete. Frühe Meister dieser Tradition in Siena, deren Werke heute in der Pinacoteca zu sehen sind, waren Guido da Siena, Duccio, Simone Martini sowie die Brüder Pietro und Ambrogio Lorenzetti, die während der Pestepidemie von 1348 starben. Die ersten Künstler des 15. Jahrhunderts, die einer neuen Stilrichtung folgten, waren Sassetta und Vecchietta; doch viele andere, v. a. Sano di Pietro, Giovanni di Paolo und Matteo di Giovanni, blieben weiter dem alten Stil treu. Im 16. Jahrhundert war die Blütezeit der alten Malkunst in Siena weitgehend

Wunderschöne Gemälde und Figuren in der Kirche San Domonico an der Piazza San Domenico

Sodomas *Kreuzabnahme* befindet sich in der Kirche San Francesco

vorüber. Eine Ausnahme waren die Arbeiten des Manieristen Domenico Beccafumi und von Sodoma, der für seine Fresken in Monte Oliveto Maggiore (➤ 130) berühmt ist.

Kirchen

Viele der Kirchen Sienas können zusammen mit den wichtigsten Sehenswürdigkeiten der Stadt, die alle im Zentrum liegen, besichtigt werden – doch auch Santa Maria dei Servi und San Francesco sind nur einige Gehminuten von der Innenstadt (➤ 178ff) entfernt. Der gewaltige Backsteinbau der gotischen Kirche **San Domenico** aus dem 13. Jahrhundert an der Piazza San Domenico bestimmt das nördliche Stadtbild. In der Kirche ist die Cappella di Santa Caterina (1347–80) der hl. Katharina geweiht, der Schutzheiligen der Stadt. In einem Reliquienschrein dieser Kapelle wird ihr Kopf aufbewahrt und die Wandfresken (1526) von Sodoma stellen Szenen aus ihrem Leben dar.

Die etwas unscheinbare Kirche **San Francesco** (Piazza San Francesco) besitzt Fresken von Sassetta sowie Pietro

Die Kirche San Domenico im Norden von Siena

und Ambrogio Lorenzetti. Besuchenswert ist die Kirche jedoch wegen des Oratorio di San Bernardino. In seinem Innern befinden sich Fresken von Sodoma und Beccafumi *Leben der Jungfrau* (1496–1518).

Die Kirche **Santa Maria dei Servi** (Via dei Servi) ist nur zehn Minuten vom Campo entfernt und verfügt über zahlreiche Kunstschätze und eine wunderbare Aussicht auf die Stadt. Den ersten Altar im rechten Gang schmückt ein Madonnengemälde von dem Florentiner Coppo da Marcovaldo (geb. 1225), der bei einer Schlacht gegen Siena in Gefangenschaft geriet und sich mit der Anfertigung dieses Gemäldes freikaufte. Außerdem sehen Sie zwei drastische Darstellungen der Ermordung der Unschuldigen Kinder: Die eine ist von Matteo di Giovanni (1491), die andere entstand 150 Jahre früher und ist ein Werk von Pietro Lorenzetti.

Pinacoteca Nazionale
204 B3 · Palazzo Buonsignori, Via San Pietro 29 · (0577) 281161 · Di–Sa 10–18, So–Mo 9–13 Uhr · mittel

Oratorio di San Bernardino
204 C6 · Piazza San Francesco 10 · (0577) 283048 · Mitte März bis Okt. Mo–Sa 10.30–13.30, 15–17.30 Uhr; geschl. Nov. bis Mitte März · preiswert

SIENAS KIRCHEN UND GALERIEN: INSIDER-INFO

Top-Tipps: Denken Sie daran, dass die **meisten Kirchen** zwei oder drei Stunden lang, meist um die Mittagszeit, geschlossen sind.

- Zuweilen dürfen kleinere Kirchen und Museen der einzelnen *contrade* in Siena besichtigt werden. Weitere Auskünfte erteilt die Touristeninformation (➤ 41).
- Der **»Siena Renaissance Trail«** (sieben Tage gültig, mittel) gestattet Eintritt ins Museo Civico, Museo dell'Opera del Duomo, das Baptisterium, das Ospedale di Santa Maria della Scala, die Sant'Agostino, das Oratorio di San Bernadino, die Libreria Piccolomini und den Palazzo delle Papesse (moderne Kunstgalerie). Erhältlich an allen Sehenswürdigkeiten.

Außerdem: Den **Palazzo Piccolomini** (Banchi di Sotto 52, Tel. (0577) 24 71 45, Führungen Mo–Fr 9.30, 10.30, 11.30 Uhr; frei) ist wegen des Stadtarchivs einen Besuch wert. Das älteste Dokument stammt aus dem Jahre 736 n. Chr. Beeindruckend sind die Tavolette di Biccherna, bemalte Holztafeln, die einst als Decktitel für Dokumente verwendet wurden. Gehen Sie die Stufen vom Innenhof des Palastes zum obersten Stockwerk hoch, wo Sie ein Führer erwartet.

4 San Gimignano

San Gimignano wirkt mit seinen zahlreichen alten Türmen – der Ort gleicht einem »mittelalterlichen Manhattan« – unberührten Straßen und der schönen Lage am Berg einem italienischen Dorf aus dem Bilderbuch. San Gimignano hat zudem ein ausgezeichnetes Kunstmuseum, tolle Aussichtspunkte und zwei reizvolle, freskengeschmückte Kirchen zu bieten.

Die großen Plätze

Das Dorf erkundet man am besten vom südlichen Stadttor, der **Porta San Giovanni**, aus. Von dort geht man die Via San Giovanni, die Hauptstraße, entlang zu den zwei miteinander verbundenen großen Plätzen der Stadt, der Piazza della Cisterna und der Piazza del Duomo. Das Dorf ist winzig und misst von

einem zum anderen Ende gerade 750 Meter. Alle Sehenswürdigkeiten lassen sich fußläufig bequem erreichen. Geht man die Via San Giovanni bergauf, liegt rechts **San Francesco**, eine ehemalige Kirche aus dem 13. Jahrhundert, in der heute ein Wein- und Lebensmittelgeschäft untergebracht ist. Von der rückwärtigen Terrasse hat man einen schönen Blick auf die Umgebung.

Am oberen Ende der Via San Giovanni steht der **Arco dei Becci**, ein mittelalterlicher Torbogen, der noch in den ursprünglichen Maueranlagen steht – ein zweiter Wall mit der **Porta San Giovanni** wurde im 13. Jahrhundert hinzugefügt, als das Dorf über seine alten Grenzen hinauswuchs. Der Torbogen führt zur Piazza della Cisterna, die ihren Namen dem mittelalterlichen Brunnen (*cisterna*) in ihrer Mitte verdankt. Hier gibt es gute Cafés, *gelaterie* (Eisdielen) Hotels (➤ 119).

Im Norden grenzt der Platz an die **Piazza del Duomo**, wo sich die schönsten Attraktionen des Dorfes befinden: An der Westseite erhebt sich die **Collegiata**, einst eine Kathedrale, bis das Dorf seinen Bischofssitz verlor. Links davon ragt der **Palazzo del Popolo** (1288) empor, der die Touristeninformation und das Museo Civico (➤ 105) beherbergt.

Die alten Türme von San Gimignano bescherten dem Dorf den Spitznamen »Manhattan des Mittelalters«

Collegiata

Die Collegiata entstand wahrscheinlich im Jahre 1056, wurde jedoch 1239 umgebaut und in den Jahren 1460–1468 von dem Architekten und Bildhauer Giuliano da Maiano neu gestaltet. Die schlichte Fassade täuscht: Das Innere ist fast vollständig mit herrlichen Fresken geschmückt, die in drei übereinanderliegenden Zyklen angeordnet sind. Die rückwärtige Wand wird von Taddeo di Bartolos ***Jüngstem Gericht*** (1410) eingenommen, flankiert von ***Hölle*** und ***Paradies***, die auf Mauervorsprüngen aufgemalt wurden. Dazwischen befindet sich ein Fresko von Benozzo Gozzoli vom hl. Sebastian (1465), der oft bei Pestepidemien angefleht wurde. Eine der Pestseuchen hatte San Gimignano ein Jahr, bevor das Gemälde in Auftrag gegeben wurde, heimgesucht.

Der zweite Zyklus (ca. 1333) an der Südwand wird Lippo Memmi oder Barna da Siena, die beide aus Siena stammten, zugeschrieben. Die drei Gemäldereihen, teils beschädigt, zeigen Motive aus dem *Neuen Testament*. Der **Zyklus** (1356–67) auf der gegenüberliegenden Mauer stammt von Bartolo di Fredi, auch aus Siena. Diese Szenen aus dem *Alten Testament* in den Lünetten über der Hauptwand zeigen u. a. Motive der Schöpfung.

Die Kirche birgt noch weitere Schätze: In der **Cappella di San Gimignano** (links vom Hochaltar) steht ein wunderbar geschnitzter Altar von Benedetto da Maiano. Im rechten (südlichen) Seitenschiff befindet sich die **Cappella di Santa Fina**, u.a. mit einem bezaubernden Altar, einem Marmorschrein und Flachreliefs (1475) desselben Künstlers sowie zwei Fresken von Domenico Ghirlandaio aus Florenz über das Leben von Santa Fina, einer Heiligen des 13. Jahrhunderts.

Vom Torre Grossa hat man einen guten Ausblick auf San Gimignano und die herrliche Umgebung

Freskenzyklen in der Collegiata

Museo Civico

Nach dem Besuch der Collegiata sollten Sie das Museo Civico besichtigen, dessen Turm, der **Torre Grossa** (begonnen 1300), als einziger in San Gimignano besteigbar ist. Die Türme dienten der Verteidigung und waren gleichzeitig Statussymbole der Adligen. In den meisten italienischen Städten und Dörfern gab es einst ähnliche Türme; dass in San Gimignano noch so viele stehen, liegt an der Pest von 1348, die das Dorf so schwer traf, dass es seine Unabhängigkeit aufgab und sich unter den Schutz von Florenz begab. Dadurch zerbrach die Macht der Adligen – und ihre Türme, die ihren Zweck verloren, blieben stehen.

Der erste öffentlich zugängliche Raum des Museums wird **Sala del Consiglio** oder Sala di Dante genannt. Hier versuchte Dante, damals Diplomat im Dienste von Florenz, die Stadträte von San Gimignano für die florentinische Sache zu gewinnen. Der Raum wird von dem riesigen Gemälde von Lippo Memmi, der ***Maestà*** (1317) oder *Thronenden Madonna*, beherrscht. Vier Räume im **zweiten Stock** bilden das Herz des Museums; zu sehen sind hier Gemälde aus Florenz, Umbrien und Siena, u. a. von Filippino Lippi, Pinturicchio und Coppo da Marcovaldo (► 101). Einige der schönsten Bilder stammen jedoch von weniger bekannten Künstlern, dazu zählen die Darstellungen des hl. Gimignano (von Taddeo di Bartolo) sowie des hl. Bartholomäus und der hl. Fina (beide von Lorenzo di Niccolò). Nicht versäumen sollte man ein **Werk aus dem 14. Jahrhundert** von Memmo di Filipuccio (links oben an der Treppe beim Sala del Consiglio) – den *Hochzeitszyklus*, der ein Paar im Bad und beim Zubettgehen zeigt.

Die Kirche Sant'Agostino

Gehen Sie von der Piazza del Duomo zur Kirche Sant'Agostino. Nehmen Sie die Via San Matteo oder eine der kleinen Nebenstraßen wie die Via delle Romite. Wenn Sie der erstgenannten Straße folgen, kommen Sie unweigerlich an der schönen romanischen Kirche **San Bartolo** aus dem 13. Jahrhundert vorbei.

Wie fast alle Kirchen, die der Augustinerorden (*Agostini*) errichten ließ, steht auch **Sant'Agostino** recht nah am Ortsrand. Da die Augustinermönche erst sehr spät mit dem Bau von Kirchen begannen, waren viele zentralere Standpunkte in den Dörfern und Städten schon verbaut.

Sant'Agostino ist für den 17-teiligen **Freskenzyklus** von Benozzo Gozzoli, der den Hauptaltar schmückt, bekannt. Er zeigt Begebenheiten aus dem *Leben des hl. Augustinus* (1464 bis 65). Wie in der florentinischen Cappella dei Magi (► 71) fällt auch dieses Werk Gozzolis durch seinen Detailreichtum auf. Das beeindruckende Fresko über dem Hochaltar stammt von Piero del Pollaiuolo und stellt die ***Krönung Mariens*** (1483) dar.

Das zweite Hauptwerk der Kirche ist das Grabmonument des hl. Bartolo in der **Cappella di San Bartolo** (direkt links am Eingang). Das Altargrab wurde 1495 von Benedetto da Maiano fertiggestellt. Auf den zahlreichen und wunderschönen Flachreliefs werden die Wundertaten dieses Heiligen aus San Gimignano aus dem 13. Jahrhundert dargestellt.

Gozzolis Darstellung des jungen Augustinus in der Kirche Sant' Agostino

SAN GIMIGNANO: INSIDER-INFO

Top-Tipps: Zwischen Ostern und Oktober ist San Gimignano oft von **Tagesausflüglern** überlaufen. Bleiben Sie über Nacht, um das Dorf wirklich zu genießen.

- Ein **Kombiticket** ist für das Museo Civico, Torre Grossa, die Cappella di Santa Fina, das Museo Ornitologico, Museo Archeologico und das Museo d'Arte Sacra erhältlich. Weitere Auskünfte erteilt die Touristeninformation (Tel. (0577) 94 00 08).
- Wenn Sie mit dem Auto reisen, versuchen Sie nicht, innerhalb der Dorfmauern zu parken. Es gibt einen großen **Parkplatz** an der Via Roma, nur einige Gehminuten von der Porta San Giovanni entfernt. Kleinere Parkplätze liegen an der Straße, die um die Stadtmauer führt. Im Sommer ist das Dorf stark besucht!

Museen und mittelalterliche Straßen

Von Sant'Agostino gehen Sie östlich auf der Via Folgore da San Gimignano zur Kirche **San Iacopo** (13. Jh.), angeblich eine Gründung der Tempelritter. Von hier aus südlich gelegen ist eine andere Kirche aus dem 13. Jahrhundert, **San Lorenzo in Ponte** (Via Santo Stefano). Westlich der Piazza della Cisterna und der Piazza del Duomo gibt es die **Rocca** (1353) zu sehen, eine Burgruine inmitten eines ruhigen Parks. Vielleicht interessiert Sie das **Museo d'Arte Sacra**, wo religiöse Kunst ausgestellt wird, oder das **Museo Ornitologico**, ein Vogelkundemuseum. Klein aber fein ist das Museo Archeologico–Galleria D'Arte Moderna (Via Folgore 11, tägl. 11–18.30 Uhr, preiswert).

KLEINE PAUSE

Ein gutes Mittagslokal ist das **Dulcisinfundo** (➤ 122), etwas exklusiver und teurer ist das **Dorandò** (➤ 122).

---

197 F1

Collegiata und Cappella di Santa Fina
Piazza del Duomo (0577) 94 03 16 April–Okt. Mo–Fr 9.30–19.10, Sa 9.30–17.10, So 12.30–17.10 Uhr; März, Nov.–Jan. Mo–Sa 9.30–16.40, So 12.30–16.40 Uhr; Feb. nur für Gottesdienste mittel

Museo Civico und Torre Grossa
Palazzo del Popolo, Piazza del Duomo (0577) 99 03 12 tägl. März–Okt. 9.30–19.30 Uhr; Nov.–Feb. 10–17.30 Uhr mittel; Kombiticket mit Musuem, Turm und Palazzo Comunale: teuer

Sant' Agostino
Piazza Sant'Agostino kein Anschluss tägl. April–Okt. 7–12, 15–19 Uhr; Nov.–März 7.30–12, 15–18 Uhr frei

Museo d'Arte Sacra
Piazza Pecori (0577) 94 03 16 April–Okt. Mo–Fr 9.30–19.30, Sa 9.30–17, So 13–17 Uhr; März, Nov.–Mitte Jan. Mo–Sa 9.30–17, So 13–17 Uhr; geschl. Mitte Jan.–Febr. preiswert

Museo Ornitologico
Via Quercecchio (0577) 94 13 88 tägl. April–Sept. 11–17.30 Uhr; Jan.–März und Okt.–Dez. evtl. geschl. preiswert

5 Arezzo

Arezzo ist besonders wegen eines Freskenzyklus' von Piero della Francesca bekannt. Die Bedeutung dieses Meisterwerks aus der Renaissance drängt das historische Stadtzentrum – eine faszinierende Mischung aus Kirchen, Plätzen, mittelalterlichen Straßen und Museen – oft etwas in den Hintergrund.

Das ursprünglich etruskische Arezzo entwickelte sich zu einem römischen Zentrum und blühte während des Mittelalters, als seine Lage an den wichtigen Handelsrouten über die Apenninen großen Wohlstand brachte. Arezzo wurde v. a. zu einem wichtigen Goldwaren- und Schmuckzentrum – ein Handwerk, das noch heute hier ausgeübt wird. Allerdings wurde die Stadt aufgrund ihrer wirtschaftlichen und strategischen Bedeutung im Zweiten Weltkrieg schwer bombardiert. Die Vororte der Stadt sind daher modern und wenig einladend, was die fast erhaben wirkende, mittelalterliche Insel im Stadtzentrum nur noch schöner erscheinen lässt.

Die Legende des Wahren Kreuzes

Die nähere Erkundung dieser Insel kann noch etwas warten – erst sollten Sie dem **Freskenzyklus des Piero della Francesca** in San Francesco einen Besuch abstatten, einer ansonsten unspektakulären, gotischen Kirche aus dem 14. Jahrhundert. Der Zyklus bedeckt die Wände der Hauptchorkapelle und zeigt die ***Legende des Wahren Kreuzes*** (1452 bis 66), eine verschlungene Geschichte, die auf der *Legenda Aurea*

Eine Szene aus dem Fresko *Legende vom Wahren Kreuz* von Piero della Francesca in der Kirche von San Francesco

Die beeindruckende mittelalterliche Piazza Grande in Arezzo

(Goldene Legende) beruht, einer Sammlung eher zweifelhafter Geschichten aus dem 13. Jahrhundert. Im Grunde folgen die Bilder der Geschichte des Kreuzes, an dem Christus einst starb, und dessen Holz vom Baum auf Adams Grab stammen soll. Der weitere Weg des Holzes wird dargestellt, von der Kreuzigung, wie es vergraben und schließlich von Helena, der Mutter des römischen Kaisers Konstantin, wiederentdeckt wird. Obwohl Piero della Francesca hier diese Geschichte nacherzählt, war er vordergründig an den künstlerischen Möglichkeiten der Symmetrie, des Raums und der Perspektive interessiert. Dies dürfte ein Grund für die geheimnisvolle und spannungsgeladene Wirkung der Bilder sein – und auch der Grund, aus dem der Zyklus die Geschichte nicht chronologisch erzählt. Beispielsweise bemalte Piero die untersten linken und rechten Tafelbilder mit zwei wichtigen Schlachtszenen, sodass diese sich symmetrisch gegenüberstehen.

Kirchen, Paläste und Gärten

Nicht weit von San Francesco liegt der Hauptplatz von Arezzo, die steil abfallende Piazza Grande, die von Gebäuden aus allen Epochen gesäumt wird. Beherrscht wird der Platz auf der linken (West-) Seite von der halbrunden, gebogenen Apsis der **Santa Maria della Pieve**, einer schönen romanischen Kirche aus dem 12. Jahrhundert, deren Eingang um die Ecke, am Corso Italia, liegt. Nehmen Sie sich etwas Zeit für einen Rundgang, da sich hier ein bedeutender Hochaltar mit der *Madonna und den Heiligen* (1320) von Pietro Lorenzetti aus Siena befindet. In der nordwestlichen Ecke des Platzes erhebt sich die **Fraternità dei Laici**, ein Palast aus dem 15. Jahrhundert, der sich eines gotischen Portals und schöner Skulpturen (1434) von Bernardo Rossellino in den Lünetten rühmen kann. Am oberen Ende der Piazza liegt der **Palazzo delle Logge** (1573) mit einer Loggia, die Giorgio Vasari, ein bekannter Maler, Architekt und Kunsthistoriker aus Arezzo, gestaltete. Sein früheres Wohnhaus, die **Casa Vasari** nahe San Domenico (► 110), ist wegen der wunderschön eingerichteten Räume sehenswert.

Gehen Sie von der Piazza Grande aus in Richtung Norden auf dem Corso Italia und dann links in eine Seitenstraße; Sie passieren das Haus Nr. 28 an der Via dell'Orto, das als **Geburtshaus** eines anderen berühmten Bürgers aus Arezzo gilt, des Dichters und Wissenschaftlers **Petrarca**. Weiter nördlich hält der **Duomo** einige Kunstschätze bereit: ein Fresko der ***Maria Magdalena*** von Piero della Francesca im nördlichen Kirchenschiff und das Grab von Guido Tarlati (1330), außerdem einige fein gearbeitete Buntglasfenster (1523) und Skulpturen (1334) sowie Fresken aus dem 15. Jahrhundert in der Cappella Tarlati. Östlich des Doms erstreckt sich der Passeggio del Prato, eine schöne Parkanlage, die vom **Fortezzo**

Häuser an der Piazza Grande

Medicea (1538–60) gekrönt wird, einer fünfeckigen Medici-Festung. In der anderen Richtung, westlich des Duomo, erhebt sich die gotische **Kirche von San Domenico** (ab 1275) mit einem hervorragenden Altar (ca. 1260) von Cimabue, dem Lehrer Giottos. Südlich davon steht in der Via Garibaldi die **Santissima Annunziata**. Das Museum am Eingang, das **Museo Statale d'Arte Medievale e Moderna** (Via San Lorentino 8; Di–So 8.30–19 Uhr), zeigt eine etwas enttäuschende Sammlung.

KLEINE PAUSE

Das **Caffè dei Constanti**, gleich außerhalb von San Francesco, bietet sich zum Mittagessen an; im Passeggio del Prato kann man sehr schön **picknicken**.

---

199 D2

San Francesco
Piazza San Francesco (0575) 35 27 27
April–Okt. Mo–Fr 9–18.30, Sa 9–17.30, So 13–17.30 Uhr; Nov.–März Mo 9–17.30, Sa 9–17, So 13–17 Uhr Kirche: frei; Fresken: mittel

Pieve di Santa Maria
Corso Italia (0575) 226 29 tägl. 8–13, 15–19.30 Uhr frei

Casa di Vasari
Via XX Settembre 55 (0575) 40 90 40 April–Okt. Mi–Mo 8.30–19.30, Nov.–März 8.30–13 Uhr preiswert

AREZZO: INSIDER-INFO

Top-Tipps: Parken Sie besser in der Nähe des Bahnhofs oder auf einem **Parkplatz außerhalb der Stadtmauern.** Vom Bahnhof sind es circa 400 Meter bis San Francesco.

- Arezzo ist einer der besten Orte in der Toskana, um **Goldschmuck** einzukaufen. Nähere Auskünfte zu Geschäften und Werkstätten erteilt die Touristeninformation.
- Die Besichtigung der Fresken in San Francesco müssen Sie **im Voraus buchen** (Tel. (0575) 35 27 27; www.apt.arezzo.it; Ticketverkaufsbüro April–Okt. Mo–Sa 9–19, So 10–19 Uhr; Nov.–März Mo–Sa 9–18, So 10–18 Uhr). Besichtigungsdauer: 30 Minuten; höchstens 25 Teilnehmer.

6 Cortona

Cortona begeistert insbesondere durch die herrliche Aussicht – die Stadt liegt auf einem Hügel und bietet einen grandiosen Panoramablick über die Landschaft der Toskana und Umbriens –, mittelalterliche Straßen, die wie gemalt scheinen, eine Handvoll kleiner Kirchen sowie Museen voller Kunstschätze.

Wenn Sie mit dem Auto nach Cortona kommen, nähern Sie sich der Stadt wahrscheinlich von Camucia auf der N71, die an der **Santa Maria del Calcinaio** vorbeiführt, einer nicht zu verfehlenden Renaissancekirche, rund 2,5 Kilometer außerhalb der Stadtmauern. Die Kirche verdankt ihren Namen einem Kalkbrenner (*calcinaio*), der an dieser Stelle eine Marienerscheinung hatte.

Museen

Hinter den Stadtmauern erstreckt sich die Stadt rund um die Piazza della Repubblica. Von hier aus führt ein kurzer Spaziergang nach Nordwesten über die Piazza Signorelli zur Piazza del Duomo: Hier liegen der nicht besonders beeindruckende Dom und das allerdings sehenswerte **Museo Diocesano**. Höhepunkte des Gemäldemuseums sind zwei Meisterwerke von Angelico, der zwei Jahre lang als Mönch im Dominikanerkloster der Stadt lebte. Angelicos Gemälde, ***Verkündigung*** und ***Madonna und Kind mit Heiligen*** (1428–30), hängen hier neben anderen bemerkenswerten Arbeiten, darunter Werke von Sassetta, Bartolomeo della Gatta und dem aus Cortona stammenden Luca Signorelli. Versäumen Sie nicht die archäologische Hauptattraktion, einen römischen **Sarkophag** aus dem 2. Jahrhundert n. Chr., der mit Motiven des Kampfes zwischen Dionysos und den Amazonen verziert ist. Die Arbeit begeisterte auch die Renaissancebildhauer Donatello und Filippo Brunelleschi.

Ausstellungsstücke im Museo dell'Accademia Etrusca e della Città Cortona

Die *Beweinung Christi* von Luca Signorelli im Museo Diocesano

Das andere wichtige Kunstmuseum in Cortona, das **Museo dell'Accademia Etrusca et della Città Cortona**, widmet sich v. a. der etruskischen Geschichte. Die Stadt ist eine der ältesten in der Toskana und wurde vermutlich schon im 8. Jahrhundert v. Chr. von Etruskern gegründet. Gezeigt werden u. a. eine Bronzelampe aus dem 5. Jahrhundert v. Chr., der Lampadario Etrusco, einige sehr schöne etruskische Schmuckstücke, Urnen und Vasen, der Inhalt eines teils rekonstruierten Etruskergrabs, eine vielfältige Sammlung an Silber, mittelalterlichen Gemälden, Renaissancemedaillons und eine beeindruckende, obgleich chaotische Sammlung antiker ägyptischer Exponate.

Burg und Kirchen

Vom Museum aus geht es bergauf, wenn Sie die schönsten Aussichten in Cortona genießen und das einladende Straßengewirr im nördlichen Stadtviertel auf sich wirken lassen möchten. Der Aufstieg zur **Fortezza Medicea**, einer Festungsruine, die auf Befehl von Cosimo I. de' Medici 1556 erbaut wurde, ist eher mühsam. Doch die Aussicht von hier oben ist schier überwältigend: An klaren Tagen kann man vage den Trasimenischen See im benachbarten Umbrien erkennen, einen der größten Seen Italiens. Zwischen den verstreuten Mauerresten finden sich Teile der alten römischen und etruskischen Schutzwälle. Direkt unterhalb der Festung erhebt sich die Kirche **Santa Margherita** (1856 wieder erbaut) mit dem Grab (1362) der Heiligen Margarete von Cortona, der verehrten Schutzheiligen der Stadt.

Auf dem Rückweg zur Stadt sollten Sie einen Weg über **San Cristoforo**, einer kleinen romanischen Kapelle an der Piazza della Pescaia, und **San Nicolò** an der Via San Nicolò wählen. Eine weitere besuchenswerte Kirche ist **San Domenico** mit einem (heute ausgeblichenen) Außenfresko von Fra Angelico.

KLEINE PAUSE

La Locanda del Loggiato (► 122) bietet guten, leichten Lunch.

---

201 F5

Museo Diocesano

Piazza del Duomo 1 (0575) 628 30; www.aioncultura.org Ostern–Okt. tägl. 10–19 Uhr; Nov.–Ostern Di–So 10–17 Uhr mittel

Museo dell'Accademia Etrusca e della Città di Cortona (MAEC)

Piazza Signorelli 19 (0575) 63 72 35; www.cortonamaec.org April–Sept. tägl. 10–19 Uhr; Okt. Di–So 10–19 Uhr; Nov.–März Di–So 10–17 Uhr teuer

Links: Eine ruhige Seitenstraße in Cortona

CORTONA: INSIDER-INFO

Top-Tipp: Versuchen Sie nicht, im Zentrum von Cortona zu **parken**; nehmen Sie stattdessen einen der Parkplätze außerhalb der Stadtmauern, in der Nähe der Stadttore Porta Santa Maria, Porta Colonia oder Porta Sant'Agostino. Sie führen zur Piazza della Repubblica und zum Stadtzentrum.

Nach Lust und Laune!

7 Monteriggioni

Diese Vision des Mittelalters besteht aus einem Ring turmbewehrter Stadtmauern auf einem Hügel inmitten von Olivenhainen – ohne neuere Gebäude. Das Dorf liegt 13 Kilometer südlich der modernen Stadt Poggibonsi, etwas westlich der Hauptstraße zwischen Florenz und Siena (die Abzweigung ist ausgeschildert). Wie auch Colle di Val d'Elsa sieht man den Ort schon von Weitem. Monteriggioni wurde von Siedlern aus Siena 1203 als Verteidigungsbastion im Norden gegen Florenz erbaut. Die Mauern fügte man 1213 und 1219 hinzu, musste sie aber 1260 erneuern (damals wurden auch 14 Türme errichtet), nachdem die Florentiner sie 1244 zerstört hatten. Für die damalige Zeit waren die Verteidigungsanlagen außergewöhnlich und die Türme wurden von Dante sogar in seinem Inferno als riesige Giganten in einer Schlucht beschrieben. Die entsprechende Passage aus der Dichtung (Canto XXXI, 40–44) begrüßt Besucher heute auf einer Tafel am Dorfeingang. Das Dorf besteht aus wenig mehr als einer Kirche und einem großen Platz, der Piazza Roma, einer einzigen Straße, der Via Maggio, und einem 4-Sterne-Hotel mit Restaurant (➤ 119).

198 B2; in Monteriggioni gibt es kein Besucherzentrum, Auskünfte erteilt die Touristeninformation in Siena (➤ 41)

8 Colle di Val d'Elsa

Colle di Val d'Elsa wird von wenigen Touristen besucht, da die meisten direkt in das nahe San Gimignano (➤ 102ff) fahren. Wer etwas verweilen möchte, wird dann meist von Colle Basso, dem abstoßenden, modernen Vorort der Stadt, abgeschreckt. Man sollte sich davon jedoch nicht beirren lassen, denn der alte Stadtteil von Colle auf dem Hügel, Colle Alto, besticht durch ruhige, blumengeschmückte Gassen, alte Kirchen und viele schöne mittelalterliche Ecken.

Hat man das Auto am oberen Ende der Straße von Colle Basso erst einmal abgestellt, findet man sich leicht zurecht. Colle Alto besteht nämlich aus

Dante beschrieb die Türme von Monteriggioni als Riesen in einer Schlucht

In der Altstadt von Colle di Val d'Elsa – gibt es zahlreiche Kirchen zu erkunden

wenig mehr als der Hauptstraße, der Via del Castello, die sich über die gesamte Länge der Hügelkette des Städtchens zieht. In der Mitte öffnet sie sich zur Piazza del Duomo mit dem Dom (1603–30) auf der linken Seite. Er enthält ein exquisites Marmortabernakel aus dem 15. Jahrhundert, das wahrscheinlich von Mino da Fiesole stammt. Links neben dem Dom im Palazzo Pretorio aus dem 14. Jahrhundert ist das kleine Museo Archeologico untergebracht, dessen Ausstellung sich vornehmlich aus etruskischen Grabfunden aus der Umgebung zusammensetzt. Weiter unten an der Via del Castello liegt das Museo Civico e d'Arte Sacra. Die Via del Castello wirkt jetzt zunehmend mittelalterlich, kleine Gassen locken zu beiden Seiten der Straße. Das letzte Stück führt an der Santa Maria in Canonica, einer kleinen romanischen Kirche aus dem 12. Jahrhundert, und der Casa-Torre di Arnolfo di Cambio vorbei: Hier wurde angeblich Arnolfo di Cambio, ein Architekt des 13. Jahrhunderts, geboren. Nahezu direkt hinter dem Turm stößt man auf einen wunderschönen Aussichtspunkt, Baluardo genannt, mit herrlicher Sicht über Colle Basso und die schöne Landschaft.

Glasliebhaber sollten hier bummeln gehen, denn in Colle blüht die Glasbläserkunst; etliche Geschäfte säumen die Via di Castello sowie das Museo del Cristallo (Via dei Fossi 8a, Tel. (0577) 92 41 35; www.cristallo.org).

198 A2

Touristeninformation
Via Francesco Campana 43 (0577) 92 27 91; www.comune.colle-di-val-d-elsa.si.it
Juni–Okt. tägl. 10–13, 16–20 Uhr; Ostern–Mai 10–12, 15–18 Uhr; Nov.–Anfang Dez. und Anfang Jan.–Ostern 15–17 Uhr; Anfang Dez.–Anfang Jan. 10–12, 15–19 Uhr

Museo Archeologico
Piazza del Duomo (0577) 92 04 90
Mai–Sept. Di–So 10.30–12.30, 16.30–19.30 Uhr; Okt.–April Di–Fr 15.30–17.30, Sa, So 10.30–12.30, 15.30–18.30 Uhr preiswert

Museo Civico e d'Arte Sacra
Via del Castello 31 (0577) 92 38 88 oder 92 29 54 Mai–Sept. Di–So 10.30–12.30, 16.30–19.30 Uhr; Okt.–April Di–Fr 15.30–17.30, Sa, So 10.30–12.30, 15.30–18.30 Uhr preiswert

9 Volterra

Volterra hebt sich durch seine einsame Lage und dem eher düsteren, unheimlichen Erscheinungsbild der Stadt, die auf ihrem Hügel zu lasten scheint, von den anderen sonnigen und idyllischen Städten in der Region ab. Doch die alte Etruskerstadt hat viel Geschichte zu bieten: Es gibt hier mittelalterliche Bauten, bezaubernde alte Straßen, zwei kleine Gemäldegalerien und eines der wichtigsten archäologischen Museen der Region. Überall locken außerdem Geschäfte mit Alabaster. Das »Ecomuseum dell'Alabastro« (Via dei Sarti), ein Freilichtmuseum mit einer kleinen Ausstellung und zwei Rundgängen, gibt Aufschluss über diese Industrie.

Die Stadt liegt auf einem windumpeitschten vulkanischen Hügel zwischen Siena und der toskanischen

Der eindrucksvolle Palazzo Pretorio auf der Piazza dei Priori in Volterra wurde 1208 errichtet

Küste, weit ab von den Hauptstraßen und Touristenpfaden. Volterra ist daher nicht so überlaufen von Besuchern.

Das mittelalterliche Zentrum der Stadt, die Piazza dei Priori, umfasst die Gebäude des Palazzo Pretorio, dem Dom (1120 begonnen), dem Baptisterium aus dem 13. Jahrhundert und der Torre del Porcellino: Der Bau heißt so, weil ein kleines Wildschwein (*porcellino*) bei einem der oberen Fenster eingeschnitzt ist. Die künstlerischen Höhepunkte des Doms sind die *Kreuzabnahme* (1228), eine mehrfarbige Holzfigurengruppe in einer Kapelle im rechten Querschiff, sowie das Tabernakel und flankierende Engel (1471) am Hochaltar von Mino da Fiesole.

Gleich vor dem Baptisterium befindet sich das Museo Diocesano d'Arte Sacra, eine Sammlung von Gemälden, Skulpturen und religiösen Ausstellungsstücken. Im Mittelpunkt steht das Gemälde *Thronende Madonna mit Heiligen* (1521) von Rosso Fiorentino. Dessen Arbeiten bestimmen auch die Kunstgalerie der Stadt und das öffentliche Museum, die Pinacoteca e Museo Civio, wo seine *Kreuzabnahme* (1521), eines der Meisterwerke der manieristischen Malschule, hängt. Ebenso imposant ist *Gli Sposi* oder *Das verheiratete Paar*, eine etruskische Grabskulptur aus dem Museo Etrusco Guarnacci.

Weitere Überreste etruskischer und römischer Geschichte Volterras finden sich im Parco Archeologico (Mitte März–Okt. tägl. 10.30–17.30 Uhr, Nov.–Mitte März Sa,So 10–16 Uhr, preiswert) oder bei der Ausgrabungsstätte nördlich der Stadt: Hier wurden ein Badekomplex, ein römisches Theater und andere Ruinen freigelegt. Wie in jeder toskanischen Stadt lohnt sich auch hier ein Streifzug durch die Straßen, um das mittelalterliche Flair zu genießen. Ein guter Endpunkt sind die sogenannten *balze*, stark erodierte Klippen, am westlichen Stadtrand.

197 E1

Touristeninformation
Piazza dei Priori 10 (0588) 86 150; www.provolterra.it tägl. 10–13, 14–18 Uhr

Museo Diocesano d'Arte Sacra
Via Roma 13 (0588) 86290
Mitte März–Anfang Nov. tägl. 9–13, 15–18; Anfang Nov.–Mitte März 9–13 Uhr
teuer (Kombiticket mit Pinacoteca und Museo Etrusco Guarnacci)

Pinacoteca e Museo Civico

Palazzo Minucci-Solaini, Via dei Sarti 1 (0588) 87580 tägl. Mitte März–Okt. 9–19 Uhr; Nov.–Mitte März 8.30–13.30 Uhr teuer (Kombiticket mit Museo Etrusco Guarnacci)

Museo Etrusco Guarnacci

Via Don Minzoni 15 (0588) 86347 tägl. Mitte März–Okt. 9–19 Uhr; Nov.–Mitte März 9–13.30 Uhr teuer (Kombiticket mit Pinacoteca e Museo Civico)

10 Certaldo

Die winzige mittelalterliche Festungsstadt Rione Castello oder Certaldo Alto liegt auf einer Bergkuppe über dem modernen Zentrum von Certaldo und ist zu Fuß oder mit der Seilbahn (tägl. 7.30 bis 1 Uhr, günstig) erreichbar. Die schmalen Straßen und Gassen mit ihrer harmonischen Architektur der Epoche lohnen einen Besuch.

Achten Sie auf den **Palazzo Pretorio**, eine Burg aus dem 13. Jahrhundert. Außerdem bietet die Stadt ein **Museum**, das dem Werk des Renaissancedichters Giovanni Boccaccio gewidmet ist, der von hier stammte. Das **Museo d'Arte Sacra** befindet sich in einem 400 Jahre alten Augustinerkloster und zeigt eine kleine Sammlung religiöser Kunst, darunter ein Kruzifix aus dem 13. Jahrhundert, das die Aufschrift »Christ triumphant« trägt.

197 F1

Touristeninformation

Piazza Masini (0571) 65 67 21 April–Sept. tägl. 9–13, 15.30–19 Uhr; Okt.–März 10–12, 15.30–17.50 Uhr

Palazzo Pretorio

Piazzetta del Vicariato 3 (0571) 66 12 19; www.sistemamusealecertaldo.it April–Okt. tägl. 9.30–13.30, 14.30–19; Nov.–März Mi–Mo 9.30–13.30, 14.30–16.30 Uhr mittel (Kombiticket mit Casa Boccaccio und Museo d'Arte Sacra)

Casa Boccaccio

Via Boccaccio 18 (0571) 66 42 08; www.casaboccaccio.it April–Okt. tägl. 9.30–13.30, 14.30–19; Nov.–März Mi–Mo 9.30–13.30, 14.30–16.30 Uhr mittel (Kombiticket mit Palazzo Pretorio und Museo d'Arte Sacra)

Museo d'Arte Sacra

Piazza Santi Jacopo e Filippo 2 (0571) 661310 April–Okt. tägl. 9.30–13.30, 14.30–19; Nov.–März Mi–Mo 9.30–13.30, 14.30–16.30 Uhr mittel (Kombiticket mit Palazzo Pretoria und Casa Boccaccio)

11 Fiesole

Fiesole ist ein kleines Städtchen auf einem Hügel rund sieben Kilometer nordöstlich von Florenz. Von Florenz aus nehmen Sie ein Taxi oder den Bus Nr. 7 vor dem Bahnhof Santa Maria Novella (➤ 40). Die Stadt wirkt v. a. wegen ihrer ländlichen Lage auf einem Hügel so anziehend und bietet einen schönen Blick über Florenz. An der Piazza Mino da Fiesole ist der Dom sehenswert.

Für die beste Aussicht auf Florenz folgen Sie der Via San Francesco bergauf. Sie können aber auch hinuntergehen zum **Museo Bandini**, einem bescheidenen Museum mit Elfenbeinschnitzereien, Keramiken und Gemälden, bevor Sie zur Area Archeologica weitergehen, östlich der Piazza Mino da Fiesole. Die Ausgrabungsstätte umfasst ein Museum, ein gut erhaltenes römisches Theater aus dem 1. Jh. v. Chr. sowie etruskische Ruinen aus dem 6. Jh. v. Chr.

Weiter südlich können Sie die Kirche von San Domenico besuchen, in der sich ein schönes Gemälde von Fra Angelico befindet, die ***Madonna und Heilige mit Engeln*** (1430). Ein kurzer Spaziergang westlich von San Domenico führt zur Badia Fiesolana, einer antiken Abteikirche mit einer reizenden romanischen Fassade.

198 B3

Touristeninformation

Via Portigiani 1 (055) 596 13 23; www.comune.fiesole.fi.it April–Sept. Mo–Sa 9–18, So 10–18 Uhr; Okt.–März Mo–Sa 9.30–17.30, So 10–16 Uhr

Museo Bandini

Via Dupré 1 (055) 596 12 93 April– Sept. Mi–Mo 10–19; März, Okt. Mi–Mo 10–18 Uhr; Nov.–Febr. Do–Mo 10–16 Uhr mittel (Kombiticket mit Area Archeologica)

Area Archeologica

Via Marini-Via Portigiani (055) 596 12 93 April–Sept. Mi–Mo 10–19 Uhr; März, Okt. Mi–Mo 10–18 Uhr; Nov.–Febr. Do–Mo 10–16 Uhr mittel (Kombiticket mit Museo Bandini)

Wohin zum ...
Übernachten?

Preise
Für ein Doppelzimmer gelten folgende Preise pro Nacht:
€ unter 125 Euro €€ 125–200 Euro €€€ über 200 Euro

AREZZO

Castello di Gargonza €€
Dieser umgestaltete mittelalterliche Ort mit Burg und Kirche inmitten schöner Landschaft ist eine ideale Wahl in der Umgebung. Das Hotel liegt sechs Kilometer westlich von Monte San Savino, einem Dorf zehn Kilometer südwestlich von Arezzo. Die Zimmer müssen allerdings mindestens für drei Nächte gebucht werden, sodass man das Hotel als Basis und nicht als Zwischenstopp einplanen sollte. Im Dorf kann man Apartments und Ferienhäuser auch pro Woche mieten.

199 D2 ✉ Castello di Gargonza, Monte San Savino ☎ (0575) 847021; www.gargonza.it ⓘ Nov. und zeitweise im Jan. geschl.

CERTALDO

Hotel Certaldo €–€€
Diese umgebaute Ölmühle am Rand von Certaldo ist eine komfortable Unterkunft zu günstigen Preisen und ideal für die Erkundung der Stadt und der Region. Die Mühle wurde sympathisch renoviert und die Zimmer sind geräumig und schön eingerichtet. Im Preis ist ein großzügiges Frühstück enthalten. Das Hotel hat allerdings kein Restaurant, Sie müssen also in der Stadt essen, die Sie zu Fuß in etwa 10 Minuten erreichen. Das Personal ist für seine Freundlichkeit und Hilfsbereitschaft bekannt und es stehen kostenlose Parkplätze am Haus zur Verfügung.

191 F1 ✉ Via del Molina 74 ☎ (0571) 651261; www.hotelcertaldo.it

CHIANTI

Castello di Spaltenna €€€
Wie viele Städte und Dörfer im Chianti ist Gaiole nicht außergewöhnlich, aber mit dem Castello di Spaltenna bietet es eines der besten 4-Sterne-Hotels der Region: Das Haus liegt in einer tollen Burg und Kloster aus dem 13. Jahrhundert auf einem Hügel am Stadtrand. Die Zimmer und Apartments sind individuell eingerichtet. Das Hotel verfügt mit dem Ristorante La Pieve über ein erstklassiges Restaurant sowie Fitnessclub, Tennisplätze und einen Swimmingpool.

199 C2 ✉ Pieve di Spaltenna, Gaiole ☎ (0577) 749483; www.spaltenna.it ⓘ Jan.– Mitte März geschl.

CORTONA

Hotel Sabrina €
Das 3-Sterne-Hotel liegt zentral an einer Seitenstraße gleich südlich von Cortonas Hauptstraße Via Roma in einem Stadthaus aus dem 15. Jahrhundert, das einst das Zuhause des Bildhauers Fabbrucci war. Heute ist es ein heimeliges, familiär geführtes Hotel mit schönen Zimmern, die noch an alte Zeiten erinnern. Es ist eine komfortable Basis, aber das wichtigste ist hier der Preis: Sie sollten nicht mit dem Luxus eines Boutique-Hotels rechnen, dafür ist das Preis-Leistungsverhältnis aber hervorragend.

201 F5 ✉ Via Roma 37 ☎ (0575) 601577; www.emmeti.it

Il Falconiere €€€
Das 4-Sterne-Hotel mit Swimmingpool liegt in einer wunderschön restaurierten Villa aus dem 17. Jahrhun-

dert, rund drei Kilometer außerhalb der Stadtmauer, an der Straße SR71 nach Arezzo. Alle Zimmer sind hervorragend mit zeitgenössischen Möbeln eingerichtet. Manche sogar zieren Freskenmalereien und Antiquitäten. Obendrein verfügt das 1-Michelin-Stern-Restaurant über eine Dachterrasse, auf der sich besonders abends ein Besuch angenehm gestaltet, und bietet eine vielfältige Weinkarte.

201 F5 Località San Martino a Bocena 370 (0575) 612679; www.ilfalconiere.com Hotel: zeitweise zwischen Jan. und Feb. geschl.; Restaurant: Nov.–März Mo und Di mittags geschl.

San Michele €–€€

Dieses 4-Sterne-Hotel ist das beste am Platze, nicht zuletzt, weil es in einem umgebauten Renaissancepalast untergebracht ist. Die Architektur der Zimmer wurde so wenig wie möglich verändert, das Zimmer im alten Turm ist am schönsten.

201 F5 Via Guelfa 15 (0575) 604348; www.hotelsanmichele.net geschl. Nov.–März

MONTERIGGIONI

Monteriggioni €€€

Da dieses stilvolle 4-Sterne-Hotel im Herzen eines der schönsten Orte der Toskana liegt, sollte man rechtzeitig im Voraus buchen. Die Zimmer bieten modernen Komfort wie Klimaanlage und ein geschmackvolles Interieur. Es gibt einen Garten und einen Swimmingpool, aber kein eigenes Restaurant.

198 B2 Via I Maggio 4 (0577) 305009; www.hotelmonteriggioni.net im Jan. zeitweise geschl.

SAN GIMIGNANO

La Cisterna €–€€

San Gimignano verfügt über mehrere 3-Sterne-Hotels; die zwei Häuser, die jeweils die beste Mischung aus Lage, Ausstattung und gutem Preis-Leistungsverhältnis bieten, liegen am selben Platz. La Cisterna versteckt sich in der Ostecke der Piazza della Cisterna. Das Hotel existiert bereits seit 1919, der Innenbereich wurde aber von Grund auf renoviert. Die unterschiedlich großen Zimmer sind mit toskanischen Möbeln schön eingerichtet. Mit dem Hotel-Restaurant Le Terrazza ist es eine gute Option für eine Unterkunft mit Halbpension.

197 F1 Piazza della Cisterna 24 (0577) 940328; www.hotelcisterna.it zeitweise geschl. zwischen Dreikönigsfest und Mitte März; Restaurant mittags Di und Mi geschl.

La Collegiata €€€

Wer nicht unbedingt aufs Geld achten muss, der sollte in diesem 4-Sterne-Hotel absteigen, dessen Zimmer in einem umgebauten Konvent aus dem 16. Jahrhundert untergebracht sind. Zum Haus, das rund zwei Kilometer nördlich der Stadtmauern liegt, gehören ein Restaurant, ein Swimmingpool und eine einzigartige Aussicht auf San Gimignano und seine Türme.

197 F1 Località Strada 27 (0577) 943201; www.lacollegiata.it geschl. Anfang Jan.–Mitte März

Leon Bianco €–€€

Dieses 3-Sterne-Hotel liegt wie das Cisterna nahe bei der Collegiata und dem Museo Civico (➤ 105). Die Zimmer sind ebenso wie die Gemeinschaftsräume hell und geräumig. Es gibt zahlreiche Gewölbedecken, Marmor- und Terrakottafußböden; der Bau aus dem Mittelalter weist viele zeitgenössische Elemente auf. Es gibt Zimmer mit Aussicht auf die Landschaft; nicht ganz so ruhig gelegen sind jene zur Piazza hinaus. Zwar gibt es kein Restaurant, aber man kann auf einer hübschen Terrasse frühstücken oder etwas trinken.

197 F1 Piazza della Cisterna 13 (0577) 941 294; www.leonbianco.com Nov.–Dez. und Jan.–Feb. zeitweise geschl.

SIENA

Antica Torre €€

Das 3-Sterne-Hotel hält, was der Name verspricht: ein Hotel in einem mittelalterlichen Turm, das seit einigen Jahren einen hervorragenden Ruf genießt. Um eines der acht sehr schönen, aber nur mittelgroßen Zimmer in dem kleinen Gebäude aus dem 16. Jahrhundert zu bekommen, sollte man frühzeitig buchen. Versuchen Sie, ein Zimmer im oberen Stockwerk zu ergattern, da man hier eine bessere Aussicht hat. Das Hotel liegt etwa 600 Meter östlich vom Campo in einer Seitenstraße der Via di Pantaneto, in der Nähe der Kirche Santa Maria dei Servi. Das Frühstück wird im mittelalterlichen Keller angeboten.

✚ 204, nahe C4 ✉ Via Fieravecchia 7
☎ (0577) 222255; www.anticatorresiena.it

Certosa di Maggiano €€€

Diese wunderschöne, umgewandelte Abtei aus dem 14. Jahrhundert ist eines der besten Hotels der Toskana und wird gerne gebucht. Das Hotel verfügt über phantastische, mit Antiquitäten eingerichtete Zimmer auf einem schönen Grundstück fünf Kilometer östlich von Siena – es eignet sich daher eher für einen romantischen Trip, weniger als Ausgangspunkt für Siena. Zur Ausstattung gehören ein beheizter Swimmingpool, Tennisplätze und ein Heliport. Das Hotel ist schwierig zu finden, erkundigen Sie sich vorher telefonisch.

✚ 204, nahe C4 ✉ Via di Certosa 82
☎ (0577) 288180; www.certosadimaggiano.com

Hotel Duomo €–€€

Siena bietet erstaunlicherweise nur wenige gute Hotels in zentraler Lage. Dieses kleine 3-Sterne-Haus mit 23 Zimmern ist das beste Mittelklassehotel der Stadt und liegt bequem nur wenige Minuten südlich des Campo und des Doms in einer mittelalterlichen Straße. Die Räume sind alle sauber und mittelgroß, sonst aber unspektakulär. Die Badezimmer sind meist eher klein. Es gibt kein Restaurant, und das Hotel wirkt trotz des freundlichen Services etwas unpersönlich. Im Untergeschoss wird das Frühstück serviert.

✚ 204 B3 ✉ Via di Stalloreggi 38
☎ (0577) 289088; www.hotelduomo.it

Palazzo Ravizza €€–€€€

Der aus dem 18. Jahrhundert stammende Palazzo Ravizza ist seit mehr als zwei Jahrhunderten im Besitz derselben Familie. Das Hotel hat sich den Charme vergangener Zeiten bewahrt: Es ist mit vielen Originalstücken, Antiquitäten und alten Möbeln eingerichtet. Die Zimmer an der Rückseite bieten Aussicht auf einen Garten, in den oberen Etagen der Vorderseite überblickt man die Stadt. Das Hotel liegt am südwestlichen Rand des historischen Stadtkerns von Siena, etwa 250 Meter vom Hotel Duomo entfernt.

✚ 204 A3 ✉ Via Piano dei Mantellini 34
☎ (0577) 280462; www.palazzoravizza.it

Villa Scacciapensieri €€€

Das ruhige Hotel liegt in einer Villa aus dem 19. Jh. auf einem Hügel drei Kilometer nördlich der Stadt. Die Zimmer und Suiten sind unterschiedlich groß, sodass man sich mehrere ansehen sollte. Zum Haus gehören Tennisplätze, ein Pool und ein Restaurant. Vom Garten genießt man eine schöne Aussicht.

✚ 198 B1
✉ Via di Sacciapensieri 10
☎ (0577) 41441; www.villascacciapensieri.it

VOLTERRA

Albergo Villa Nencini €

Diese schöne alte toskanische Villa (mit neuem Anbau) liegt in einem Garten mit Blick auf die herrliche Landschaft. Pool und Parkplätze sind vorhanden. Die typisch toskanische Herberge gleich außerhalb der Mauern des alten Volterra, bietet für diese Lage sehr gute Preise. Die Zimmer sind gut ausgestattet, haben aber keine Klimaanlage. Wenn Sie also bei hohen Temperaturen schlecht schlafen, sollten Sie sich im Hochsommer besser anderweitig umschauen. Einige Zimmer haben ein Gemeinschaftsbad. Vor Ort gibt es ein hervorragendes Restaurant und eine *enoteca* (Weinbar).

✚ 197 E1
✉ Borgo Santo Stefano 55
☎ (0588) 86386; www.villanencini.it

Wohin zum ... Essen und Trinken?

Preise
Die Preise gelten pro Person für ein Drei-Gänge-Menü mit Wein:
€ unter 26 Euro €€ 26–52 Euro €€€ über 52 Euro

AREZZO

Antica Osteria L'Agania €

In diesem geschäftigen und angenehm ekzentrischen Restaurant sollten Sie früh kommen, da keine Reservierungen entgegen genommen werden. Das Essen ist einfach, wird aber von einer Gruppe Frauen, die hier schon seit Jahren arbeiten, hervorragend zubereitet. Zu den typisch toskanischen Gerichten zählen *ribollita* (Bohnensuppe) und Kutteln sowie hausgemachte Pasta. Der holzverkleidete Speiseraum mit rot-weiß karierten Tischdecken ist typisch italienisch. Das Dekor besteht aus einer eklektischen Mischung alter Fotos, Bilder, Weinflaschen und Knoblauch- und Paprikaketten. Die Familie betreibt außerdem eine Weinbar gleich nebenan.

199 D2 Via Mazzini 10 (0575) 295381 www.agania.com Di–So 12 bis 14.30, 19–22.30 Uhr; geschl. Mo (außer Juli–Aug.) und zeitweise im Juni

Buca di San Francesco €€

In dem zentral gelegenen Restaurant werden seit 1929 toskanische Spezialitäten serviert, z. B. *ribollita* (Gemüsesuppe), *agnello* (gebratenes Lamm) und auch feinere Gerichte wie *pollo del Valdarno* (Brathähnchen in Anis). Die mittelalterlichen Gemälde im Speiseraum passen dazu, dass das Lokal unweit der Kirche von San Francesco mit dem Freskenzyklus von Piero della Francesca liegt – daher ist es oft stark besucht.

199 D2 Via San Francesco 1 (0575) 23271; www.bucadisanfrancesco.it Mi–Mo 12–14.30, 19–21.30; geschl. Mo nachmittags, Di, 2 Wochen im Juli

Trattoria Il Saraceno €

Das preiswerte, familienbetriebene Restaurant liegt nur einige Minuten östlich der Kirche von San Francesco und bietet toskanische Gerichte in einer Qualität, die man normalerweise teurer bezahlt – darunter ribollita und Rindfleisch mit Steinpilzen; am Abend auch Pizza.

199 D2 Via Mazzini 6a (0575) 27644; www.ilsaraceno.com Do–Di 12–15.30, 19–22.30; geschl. zeitweise im Jan.

CERTALDO

Il Castello €–€€

Wie der Name vermuten lässt, liegt dieses Restaurant in einem der Festungsgebäude der historischen oberen Stadt. Auf der Speisekarte stehen typisch toskanische Spezialitäten der Saison, darunter Wildgerichte wie Hase und Wildschwein. Die Tische verteilen sich auf hübsch gestaltete Gewölberäume, die schattige Terrasse und den offenen Außenbereich mit Blick über die Dächer der Stadt. Das kleine Team heißt Sie herzlich willkommen.

198 A2 Via G della Rena 6, Certaldo Alto (0571) 668250; www.albergoilcastello.it tägl. 12–14.30, 19.30–21.30 Uhr. Geschl. Nov.

CHIANTI

Badia a Coltibuono €€–€€€

Dieses bekannte, exklusive Restaurant liegt im Speiseraum eines restaurierten Klosters aus dem 18. Jahrhundert. Es gehört zu einem erfolgreichen *agriturismo*-Unternehmen mit preisgekröntem Weingut und Unterkünften für Selbstversorger. Die Terrasse ist ideal für ein

gemütliches italienisches Mittagessen im Sommer. Serviert werden toskanische Gerichte und Wild der Saison (zum Beispiel Wildschwein).
198 C2 Badia a Coltibuono, 5 km nördl. von Gaiole (0577) 749424; www.coltibuono.com tägl. 12–14.30 Uhr (14.30–19.15 Uhr Snacks), 19.15–21.30 Uhr; geschl. Mitte Nov.–Mitte März und Mo Mitte März–April

COLLE DI VAL D'ELSA

L'Antica Trattoria €€–€€€

Das elegante Restaurant liegt nicht im mittelalterlichen Teil von Colle di Val d'Elsa, sondern am Rand eines geschäftigen, modernen Platzes in der unteren Stadt. Davon sollte man sich jedoch nicht abschrecken lassen, denn die feine toskanische Küche gehört zur besten in der unmittelbaren Region. Die Speiseräume sind mittelalterlich eingerichtet, die Bedienung professionell. Die Auswahl an Wein und Hochprozentigem ist hervorragend.
198 A2 Piazza Arnolfo di Cambio 23 (0577) 923747 Mi–Mo 12.30–14.30, 20–22.30 Uhr; geschl. zwei Wochen im Dez. und Jan.

CORTONA

La Locanda nel Loggiato €€

Das geschmackvolle mittelalterliche Interieur mit Backsteinwänden und die zentrale Lage in unmittelbarer Nähe des Hauptplatzes machen dieses Restaurant so gut wie unschlagbar. Auf der Speisekarte stehen regionale Gerichte und der Küchenchef verwendet soweit möglich saisonale Produkte der Saison. So bekommen Sie einen guten Einblick in die Küche der Toskana – wenn auch mit eher moderner als ländlicher Note. Auf der Weinkarte steht eine umfassende Auswahl toskanischer Marken. Bei schönem Wetter sollten Sie draußen auf der Terrasse essen.
201 F5 Piazza Pescheria 3 (0575) 630575; www.locandanelloggiato.it Do–Di 12.30–15, 19.15–23 Uhr

Osteria del Teatro €–€€

Die beste Wahl in Cortona dank der zentralen Lage nahe dem Teatro Signorelli, seinem angenehmen Interieur – an den Wänden hängen Fotos bekannter Schauspieler – und dem guten Essen. Die Küche konzentriert sich auf lokale Spezialitäten: Das *antipasto dell'osteria* bietet etwas für jeden Geschmack; anschließend probiert man *ravioli ai fiori di zucca* (gefüllte Pasta mit Zucchiniblüten) oder *pappardelle alle lepre* (Bandnudeln mit Hasenfleisch). Reservieren Sie, denn das Lokal ist winzig.
201 F5 Via Maffei 5 (0575) 630556; www.osteria-del-teatro.it Do–Di 12.30–14.30, 19.30–22.30 Uhr; geschl. zwei Wochen im Nov.

SAN GIMIGNANO

Dorandò €€€

Das Restaurant versucht historische Rezepte aus der etruskischen und mittelalterlichen Vergangenheit der Toskana nachzukochen – und das Ergebnis kann sich sehen lassen. Das kleine Lokal in mittelalterlicher Kulisse verfügt über nur 36 Plätze in drei winzigen Speiseräumen und ist relativ teuer.
197 F1 Vicolo dell'Oro 2 (0577) 941862; www.ristorantedorando.it tägl. 12–14.30, 19.30–21.30 Uhr. Geschl. Dez.–Jan., Mo Nov.–Ostern

Dulcisinfundo €€

Dieses kleine Restaurant liegt versteckt in einer Gasse hinter der Piazza della Cisterna. Es serviert hervorragende toskanische und italienische Gerichte. Der Eigentümer ist Jazz-Liebhaber, so dass sich das Dekor deutlich vom normalen toskanischen Stil unterscheidet. Die Wände sind übersät mit Musik-Souvenirs.
197 F1 Vicolo degli Innocenti 21 (0577) 941919; www.dulcisinfundo.net April–Okt. tägl. 12–14.30, 19.30–22; Nov. bis März Di–Sa 12–14.30, 19.30–22, So 12–14.30 Uhr. geschl. zeitweise im Jan.

Gelateria di Piazza €

In diesem Eiscafé gibt es das beste Eis in ganz San Gimignano; die Eiscreme wird ohne künstliche

Zusatzstoffe und ausschließlich aus Naturprodukten hergestellt.
197 F1 ✉ Piazza della Cisterna 4
☎ (0577) 942244; www.gelateriadipiazza.com
Mitte März–Mitte Sept. tägl. 9–Mitternacht; Mitte Sept.–Mitte Nov., Mitte Febr.–Mitte März 9–20 Uhr; geschl. Mitte Nov.–Mitte Feb.

Osteria delle Catene €
Das von Touristen bevölkerte San Gimignano kann sich glücklich schätzen, mit dem Carcere und dem Catene zwei Osterias zu haben, wo man schlichte Einrichtung und einfache, gute Küche zu fairen Preisen genießen kann. Das kleine Carcere liegt in der Nähe der Piazza della Cisterna. Hier gibt es täglich preiswerte Gerichte.
197 F1 ✉ Via Mainardi 18 ☎ (0577) 941966 Do–Di 12.30–14, 19.30–21.30 Uhr. geschl. zeitweise von Dez.–Febr.

SIENA

Antica Osteria da Divo €€
Man kann sich wohl kaum illustrere Speiseräume als die des Da Divo vorstellen, etwas westlich vom Dom gelegen. Die einzigartigen Gewölberäume, stimmungsvoll beleuchtet und mit edlen, dunklen Stoffen geschmückt, gehen auf das frühe Mittelalter zurück. Die feine toskanische Küche bietet u. a. Hasenterrine mit frischem Pecorinokäse oder Safranrisotto mit Spargel.
204 B4 ✉ Via Franciosa 25
☎ (0577) 286054; www.osteriadadivo.it
tägl. 12.30–14.30, 19.30–2.30 Uhr; geschl. Di Nov.–April; So Mai–Okt.

Le Logge €€
Eines der schönsten toskanischen Restaurants in einer ehemaligen Apotheke aus dem Mittelalter in der Nähe des Campo: Die Qualität der Küche ist leider wechselhaft – bei Gelingen aber sehr gut. Für den Speisesaal im Erdgeschoss sollten Sie unbedingt einen Tisch im voraus reservieren.
204 C4 ✉ Via del Porrione 33
☎ (0577) 48013; www.giannibrunelli.it
Mo–Sa 12.30–14.30, 19.30–22.30 Uhr; geschl. Jan–Anfang Febr.

Al Marsili €€
Das Al Marsili macht der Antica Osteria in der gehobenen Preisklasse gehörige Konkurrenz. Es hat sich einiges von seinem mittelalterlichen Dekor bewahrt, v. a. die gemauerten Gewölbedecken im Speiseraum. Das Essen ist eine Mischung aus toskanischen Gerichten und ausgefalleneren Kompositionen wie *cinghiale* (Wildschwein) oder *faraona alla Medici* (Perlhuhn mit Mandeln, Pinienkernen und Pflaumen).
204 C4B3 ✉ Via del Castoro 3
☎ (0577) 47154; www.ristorantealmarsili.it
Di–So 12.30–14.30, 19.30–22.30 Uhr

Osteria Castelvecchio €
Versteckt im reizenden Gassengewirr der *contrada* Tartuca, westlich der Pinacoteca Nazionale, fällt diese Osteria etwas moderner aus als die für Siena ansonsten eher typisch rustikalen Restaurants. Die mittelalterlichen Gewölbedecken z. B. sind in Pastelltönen gehalten und auch in der Küche schwingt etwas mehr Experimentierfreude mit. Die Karte wechselt regelmäßig und bietet etliche hausgemachte Pasta- und Fleischgerichte. Aber auch der Vegetarier kommt hier auf seine Kosten. Nur erlesene Weine kommen auf den Tisch – das alles in einer angenehm lockeren Atmosphäre und zu angemessenen Preisen.
204 B3 ✉ Via di Castelvecchio 65
☎ (0577) 49856; www.osteriacastelvecchio.com
Mo–Sa 12.30–14.30, 19.30–22.30 Uhr

VOLTERRA

Da Badò €
Die beliebte, traditionsreiche Trattoria wird von zwei Brüdern betrieben – und ihre Mutter steht in der Küche am Herd. Suppen wie *zuppa alla volterrana* und herzhafte Hauptgerichte wie *cinghiale* (Wildschwein) sowie regionale Steinpilz-Gerichte, sind ausgezeichnet.
197 E1
✉ Borgo San Lazzaro 9
☎ (0588) 86477; www.trattoriadabado.com
Do–Di 12.30–14.30, 19.30–22.30 Uhr; geschl. Juli und die ersten 10 Tage im Sept.

Wohin zum ... Einkaufen?

SIENA

Zum Einkaufen empfehlen sich besonders **Lebensmittel**, v. a. Olivenöl und *panforte*, ein mit Zimt und anderen Zutaten gewürzter Kuchen. Die Antica Drogheria Manganelli 1879 (Via di Città 71–73, Tel. (0577) 28 00 02) hat Lebensmittel, Weine und Schnaps im Angebot. Die nahe gelegene Pizzicheria di Miccoli (Via di Città 95) ist fast genauso gut und bietet besonders guten Käse, Salami oder Schinken – ideal fürs Picknick. Für ein Picknick kann man auch auf La Lizza einkaufen, dem wichtigsten Markt von Siena, der jeden Mittwochmorgen nördlich der Stadt, oberhalb der Piazza Matteotti und der Piazza Gramsci, stattfindet. Gute **Weine** bekommt man in der Enoteca Italiana (Fortezza Medicea, Tel. (0577) 22 88 11; www.enoteca-italiana.it), wo in den alten Kellern der Medici-Burg rund 750 der besten italienischen Weinsorten lagern.

Geschenke und Haushaltartikel gibt es bei Negozìa dell'Arte (Via di Città 96, Tel. (0577) 28 60 78) und Ceramiche Santa Caterina (Via di Città 74–76, Tel. (0577) 28 30 98).

CHIANTI

In der Region fährt man an etlichen Weingütern vorbei, die Wein direkt verkaufen. Eine gute Auswahl an Classico Gallo Nero-Weinen, Olivenöl und Essig gibt es in der **Enoteca del Gallo Nero** in Greve (Piazzetta Santa Croce 8, Tel. (055) 85 32 97).

Wohin zum ... Ausgehen?

Im verschlafenen Siena und den Hügeln des Chianti tobt das Nachtleben nicht gerade in Nachtclubs oder Bars. Die Unterhaltung in dieser Gegend ist v. a. kultureller Natur wie z. B. der Palio (➤ 18f) in Siena. In Siena sind auch einige Musikorganisationen aktiv, die klassische Konzerte und im Sommer Jazz- und andere Festivals organisieren. Wenden Sie sich an die **Accademia Chigiana** (Tel. (0577) 220 91; www.chigiana. it) oder die Touristeninformation (➤ 41), um Auskünfte über die jährlich wechselnden Veranstaltungen zu erhalten. Die Touristeninformation ist auch die beste Adresse für die Fülle von kleinen Festen, die sich um Essen, Wein, religiöse oder historische Ereignisse drehen. Zu den größeren Feiern, bei denen die Unterkünfte oft ausgebucht sind, gehören das Giostra del Saraceno in Arezzo, ein mittelalterliches Turnier, das zweimal jährlich Mitte Juni und in der ersten Septemberwoche stattfindet, sowie das **Festival di San Gimignano**, ein großes Opern-, Klassik- und Kunstfestival, das alljährlich zwischen Ende Juni und August gefeiert wird.

Arezzo In Arezzo wird am ersten Sonntag jedes Monats ein beliebter Antiquitätenmarkt und im August ein renommiertes Chormusikfestival ausgerichtet.

Cortona veranstaltet jedes Jahr Mitte bis Ende Mai das Giostra dell'Archidado, ein stimmungsvoller Wettkampf im Armbrustschießen (in mittelalterlichen Kostümen).

Südliche Toskana

Erste Orientierung 126
In zwei Tagen 128
Nicht verpassen! 130
Nach Lust und Laune! 142
Wohin zum ... 146

Erste Orientierung

Nirgendwo ist die Toskana schöner als im Süden: Die idyllischen Landschaften südlich von Siena sind lieblicher und vielfältiger als die Region um das Chianti oder die bergigen Gebiete im Norden – und überall verstreut liegen hier alte Abteien, einladende historische Städtchen und winzige Dörfer.

Oben: Die Kirche Madonna di San Biagio in Montepulciano

Wer nur wenig Zeit hat, sollte die Gegend direkt südlich von Siena besuchen: Hier findet man die typisch toskanische Landschaft mit Olivenhainen, steinernen Bauernhäusern, wogenden Weizen- und Sonnenblumenfeldern und beschaulichen Weinbergen oder zypressenbedeckten Hügeln. Einige der schönsten Kleinstädte und Dörfer der Region liegen ebenfalls hier: das für seinen Rotwein berühmte Montalcino, das kleine Renaissancejuwel Pienza und Montepulciano, ein stolzes, historisches Dorfmit Festung und spektakulärer Aussicht. In allen drei Orten kann man gut übernachten, wobei Montalcino die erste Wahl wäre, da es unweit zweier interessanter Abteien liegt, Sant'Antimo und Monte Oliveto Maggiore.

Weiter südlich, unterhalb des Val d'Orcia, wird die Landschaft höher, wilder und unberührter. Besonders schön ist die Gegend rund um Monte Amiata, den höchsten Punkt der südli chen Toskana: Ein mit Buchen bewaldeter Berg, der von einem Kranz kleiner Dörfer und Weiler umgeben ist. Noch etwas südlicher verändert die Toskana erneut ihr Erscheinungsbild, sie wird flacher und etwas eintöniger. Größere Küstenstädte wie

Seite 125: Landschaft bei Pienza

★ Nicht verpassen!

1. Abbazia di Monte Oliveto Maggiore ➤ 130
2. Pienza ➤ 132
3. Montepulciano ➤ 135
4. Montalcino und Sant'Antimo ➤ 138

Nach Lust und Laune!

5. Crete Senesi ➤ 142
6. Buonconvento ➤ 142
7. San Quirico d'Orcia ➤ 143
8. Bagno Vignoni ➤ 143
9. Monte Amiata ➤ 144
10. Abbadia San Salvatore ➤ 144
11. Sovana ➤ 144
12. Pitigliano ➤ 145

Grosseto und Piombino wirken glanzlos, und die Küste in diesem Bereich hat um einiges weniger zu bieten als das reizvolle Landesinnere. Der kleine Ferienort Castiglione della Pescaia und die Marina di Alberese (beide nur etwa 20 Kilometer von Grosseto entfernt) eignen sich am besten für einen Nachmittagsausflug an den Strand. Wenn die Zeit knapp ist, sollte man eher das kleine historische Dorf Sovana und das spektakulär gelegene Pitigliano besuchen: Beide liegen aber tief im Süden, rechnen Sie also mit einem längeren Anfahrtsweg.

In zwei Tagen

Wenn Sie sich nicht sicher sind, wo Sie Ihre Reise beginnen möchten, empfiehlt diese Route einen praktischen zweitägigen Besuch der südlichen Toskana mit den wichtigsten Sehenswürdigkeiten. Sie können dazu die Karte auf der vorangegangenen Seite verwenden. Weitere Informationen finden Sie unter den Haupteinträgen (➤ 130ff).

Erster Tag

Vormittags

Von San Gimignano, Montalcino oder Siena aus fahren Sie in Richtung Südosten, entweder auf der SS2 (Via Cassia) oder der Panoramastrecke SS438 von Siena durch die **5 Crete-Hügel** (➤ 142) nach Asciano. Biegen Sie von der SS2 bei Buonconvento oder der SS438 bei Montecontieri zur **1 Abbazia di Monte Oliveto Maggiore** (➤ 130f, rechts) ab.

Mittagessen

Fürs Mittagessen oder einen Snack bietet sich das Café der Abtei oder ein Picknick an.

Nachmittags

Planen Sie eine gute Stunde für das mittelalterliche Stadtzentrum von **6 Buonconvento** (➤ 142) ein, anschließend zwei bis drei Stunden in **2 Pienza** (➤ 132ff). Fahren Sie dann zum Übernachten nach **3 Montepulciano** (➤ 135ff) weiter.

Zweiter Tag

Vormittags

Reisen Sie von Montepulciano nach 8 **Bagno Vignoni** (➤ 143), und schauen Sie sich das Dorf zusammen mit dem Castiglione d'Orcia sowie die anderen Dörfer und die liebliche Landschaft rund um 4 **Montalcino** (oben) an. Erkunden Sie dann **Sant'Antimo** (➤ 138ff, rechts: Fresko in der Abtei von Sant'Antimo).

Mittagessen

Die Taverna Grappolo Blu in Montalcino ist ideal fürs Mittagessen (➤ 148).

Nachmittags

Nachmittags fahren Sie weiter nach Süden, um dem 9 **Monte Amiata** (➤ 144) inmitten einer rauen Landschaft einen Besuch abzustatten. Eine längere Fahrt führt zu den malerischen Dörfern 11 **Sovana** (➤ 144f) und 12 **Pitigliano** (➤ 145). In Sovana bietet sich eine Übernachtung an (➤ 149).

0 Abbazia di Monte Oliveto Maggiore

Die Abtei von Monte Oliveto Maggiore liegt in malerischer Einsamkeit an einem Berghang inmitten von Eichen, Pinien, Zypressen und Olivenbäumen. Die Schönheit der Lage setzt sich im Charme der alten Gebäude fort – und in den großartigen Kunstwerken wie dem Freskenzyklus aus der Renaissance über das Leben des hl. Benedikt von Sodoma und Luca Signorelli.

Der Große Kreuzgang von Monte Oliveto Maggiore mit Fresken von Sodoma und Luca Signorelli

Die Abtei Monte Oliveto Maggiore verdankt ihre Entstehung Bernardo Tolomei (1272 bis 1348), Mitglied einer wohlhabenden Familie aus Siena, der sein weltliches Leben aufgab, nachdem er erblindet und ihm die Jungfrau Maria erschienen war (die Familiengräber der Tolomei sind in der Kirche San Francesco in Siena zu besichtigen ➤ 100f).

Bernardo zog sich mit zwei Gefährten in die Berge zurück, und zwar an den heutigen Standort der Abtei – und begann mit dem Aufbau einer Benediktinerklause, die 1320 nach sechs Jahren fertiggestellt wurde. 1344 erkannte Papst Clemens VI. die Anhängerschaft Tolomeis, Olivetaner oder Weiße Benediktiner genannt, an. Diese Splittergruppe wollte zu den bescheidenen Ursprüngen des Benediktinerordens zurückfinden. Später allerdings wurden die Olivetaner diesem Anspruch nicht gerecht, denn die Abtei stieg zu großem Reichtum auf.

Sehenswürdigkeiten

Monte Oliveto dient bis heute als Abtei, große Teile der ausgedehnten Klosteranlagen sind daher für Besucher geschlossen. Die Hauptattraktion ist jedoch frei zugänglich: der **Choistro Grande** (1426–43), oder Großer Kreuzgang, mit seinem Freskenzyklus von Sodoma und Luca Signorelli, der das Leben

Die Abtei kuschelt sich in die Landschaft

des hl. Benedikt, des Begründers des Benediktinerordens, darstellt. Der Mailänder Künstler Sodoma schuf den größten Teil der Fresken zwischen 1505 und 1508 – insgesamt 27 Tafeln. Diese ergänzten die acht Freskentafeln, die Luca Signorelli aus Cortona (➤ 111ff) bereits im Jahr 1498 angefertigt hatte. Der Zyklus beginnt auf der Ostwand, rechts der Tür zur Abteikirche. Wer sich nicht sehr genau im Leben des hl. Benedikt auskennt, wird die auf den Fresken dargestellte Geschichte schwer verstehen können, aber allein die vielen zeitgenössischen Details machen sie unbedingt sehenswert. Die Kirche der Abtei ist bis auf die prächtigen Holzeinlegearbeiten im Chor (1503–05) weniger beeindruckend.

KLEINE PAUSE

Für Erfrischungen sorgt ein **Café** in der Abtei. Das schöne Abteigelände selbst oder Aussichtspunkte entlang der Straße SS451 eignen sich hervorragend für ein **Picknick**.

---

201 E4 Nahe Chiusure
0577 707611; www.monteolivetomaggiore.it
tägl. 9.15–12, 15.15–18 Uhr (Okt.–April bis 17 Uhr); Nov.–Feb. Bibliothek wochentags geschl. frei

ABBAZIA DI MONTE OLIVETO MAGGIORE: INSIDER-INFO

Top-Tipps: Man erreicht die Abtei bequem von Buonconvento aus, neun Kilometer südwestlich auf der Straße SS451. Den **schönsten Blick aus der Ferne** auf die Abtei haben Sie jedoch, wenn Sie auf dieser Straße weiterfahren, bis Sie etwa einen Kilometer nach der Abtei auf die erste größere Kreuzung treffen, und dort rechts nach Chiusure abbiegen: Von hier kann man auf das Kloster blicken.

■ Planen Sie ein, dass die Abtei **mittags** für über drei Stunden **schließt**.

2 Pienza

Obwohl Pienza zu den kleinsten Städtchen der Toskana zählt, ist es auf seine Art unvergleichlich und unvergesslich. Dieses Kleinod aus dem Mittelalter und der Renaissance liegt inmitten einer der schönsten Landstriche der Region.

Blick von der Stadtmauer auf den Dom von Pienza

Bis zum Jahre 1459 hieß Pienza noch Corsignano. Dann beschloss Enea Silvio Piccolomini, besser bekannt als Papst Pius II., seinen Geburtsort in eine Renaissancestadt umzuwandeln. Er starb, bevor er seinen ehrgeizigen Plan in die Tat umsetzen konnte. Bis dahin waren aber bereits eine Kathedrale voller Kunstwerke und einige Paläste errichtet sowie die große zentrale Piazza, die Piazza Pio II, angelegt worden. Weitere Sehenswürdigkeiten sind ein kleines, aber interessantes Museum, zwei Kirchen aus dem Mittelalter – und der Ausblick.

Die Vision der Renaissance

Pienza besteht aus wenig mehr als einem Labyrinth kleiner Gassen und einer Hauptstraße, dem **Corso Rossellino**, der seinen Namen dem Architekten Bernardo Rossellino verdankt, den Papst Pius mit seinem Plan beauftragt hatte. Der Corso teilt das Dorf in einen westlichen und einen östlichen Teil, führt an der Piazza Pio II vorbei, wo sich der von zwei Säulen flankierte **Pozzo dei Cani**, ein Renaissancebrunnen mit einem klassischen Fries, befindet. Die den Platz säumende Bebauung wurde als harmonisches Gesamtensemble angelegt und vermittelt einen kleinen Eindruck davon, wie die Stadt ausgesehen hätte, hätte Pius seine Vision verwirklichen können.

Das Wappen Papst Pius' II. – eine Girlande aus Früchten – schmückt die **Domfassade** (1462). Im Innern der Kirche

Der Pozzo dei Cani, ein Brunnen aus der Renaissance, steht auf der Piazza Pio II

hängen fünf prächtige Gemälde, die Pius bei fünf bekannten Malern aus Siena in Auftrag gab. Am schönsten ist die ***Himmelfahrt*** von Vecchietta, die Papst Pius I. zusammen mit den Heiligen Agatha, Callistus und Katharina von Siena zeigt. Das Gemälde ist in der vierten Kapelle der Apsis zu sehen.

Rechts vom Dom erhebt sich der **Palazzo Piccolomini**, die päpstliche Residenz von Pius, in der bis 1962 seine Nachfahren lebten. Eine Besichtigung führt Sie durch die prächtigen Wohnräume, die Bibliothek, das Musikzimmer, den Salon und das päpstliche Schlafzimmer. Zu den sehenswertesten Räumen gehört die **Sala d'Armi**, die Waffenkammer mit mittelalterlichem Kampfgerät. Ebenso beeindruckend ist die Aussicht von der rückseitigen Loggia.

An der Ostseite der Piazza Pio II steht der Palazzo Borgia (auch als Palazzo dei Vescovi bekannt). Hier ist das **Museo Diocesano**, eine umfassende und vielfältige Sammlung von Gemälden, Skulpturen, Teppichen und Porträtbüsten sowie anderen Schätzen aus dem Mittelalter und der Renaissance untergebracht. Zu den Schmuckstücken zählt ein reich bestickter, englischer *piviale* (Chormantel), den Pius einst trug.

Das östliche und westliche Pienza

Von der Piazza Pio II aus sollte man die kleinen Gassen im Osten, v. a. die engen Gässchen, die hinter dem Dom auf der nach Süden liegenden Stadtmauer verlaufen, erkunden. Der Blick auf den Monte Amiata ist überwältigend. Im Westen führt der Corso Rossellino zur **San Francesco**, einer gotischen Kirche aus dem späten 13. Jahrhundert. Die Pfarrkirche **Pieve di Corsignano** (10. Jahrhundert) liegt rund 1 Kilometer Fußweg von der Piazza Dante entfernt. Um das Innere der Kirche zu besichtigen, wenden Sie sich an die Touristeninformation (Tel. 0578 / 77 49 071)

Die Kreuzgänge der San Francesco

Die Aussicht von der Stadtmauer Pienzas ist außergewöhnlich

KLEINE PAUSE

Falco auf der Piazza Dante ist für seine ländliche Küche bekannt.

Duomo

201 E4 ✉ Piazza Pio II ☎ kein Anschluss
tägl. 8–13, 15–19 Uhr; während Gottesdiensten geschl. frei

Palazzo Piccolomini

201 E4 ✉ Piazza Pio II ☎ (0577) 28 63 00; www.palazzopiccolominipienza.it Mitte-März–Mitte Okt. Di–So 10–18.30 Uhr; Mitte Okt.–Mitte März 10–16 Uhr; geschl. Anfang Jan.–Mitte Febr. sowie letzte Novemberhälfte teuer

Museo Diocesano

201 E4 ✉ Corso Rossellino 30–Piazza Pio II ☎ (0578) 74 99 05, Mitte März–Okt. Mi–Mo 10–13, 15–19 Uhr; Nov.–Mitte März Sa, So 10–13, 15 bis 18 Uhr mittel

PIENZA: INSIDER-INFO

Top-Tipps: Im Sommer wimmelt es in Pienza von Tagesausflüglern aus Florenz und Siena, daher sollten Sie die Stadt früh am Tage besuchen oder besser noch hier übernachten. Dafür bietet sich das gute, zentral gelegene **Hotel Il Chiostro di Pienza** an (➤ 147).

- Im Ortszentrum von Pienza gibt es keine **Parkmöglichkeit**. Da die Stadt winzig ist, können Sie den Wagen ruhig außerhalb der Stadtmauern, westlich der Piazza Dante oder auf dem Parkplatz im Norden an der Via Mencatelli unweit des Largo Roma abstellen. Der Largo liegt an der Viale Enzo Mangiavacchi, einer Straße, die von der Piazza Dante aus östlich rund um die Stadtmauer führt.
- Wenn Sie Zeit haben, sollten Sie sich unbedingt die **Ruinen und öffentlichen Gärten**, die außerhalb des Ortsgebietes liegen, westlich der Piazza Dante ansehen. Dort haben Sie eine grandiose Aussicht auf die Umgebung.

Außerdem: Die Umgebung ist reizvoll. Eine sehr schöne Strecke führt zur Abtei **Sant'Anna** in **Camprena**, die 8 Km nördlich der ausgeschilderten Straße nach San Quirico liegt. Das Refektorium der Abtei enthält Fresken von Sodoma, dessen Arbeit man auch in der Abtei von Monte Oliveto Maggiore (➤ 130f) bewundern kann. Die Abtei ist im Sommer täglich geöffnet; ein vorheriger Anruf (Tel. (0578) 74 80 37) ist aber empfehlenswert; informieren Sie sich auch bei der Touristeninformation in Pienza.

3 Montepulciano

Montepulciano ist eine schöne und typisch toskanische Stadt. Der hoch gelegene Ort bietet herrliche Ausblicke. Sehenswert sind außerdem Kunst und Architektur, darunter eine der schönsten italienischen Renaissancekirchen – San Biagio. Nur wenige Touristen verirren sich hierher, und man kommt in den Genuss des Vino Nobile, einer der besten Rotweine der Region.

Montepulciano lockt mit vielen Sehenswürdigkeiten, ist aber nicht einfach zu erkunden: Die Stadt liegt nämlich auf einer steilen und schmalen Bergkuppe. Die Hauptstraße schlängelt sich von der Piazza Sant' Agnese zur Piazza Grande steil bergauf bis zur Festung, die sich auf 605 Metern Höhe befindet. Machen Sie sich also auf einen beschwerlichen Fußweg gefasst.

Die Kirche San Biagio liegt außerhalb von Montepulciano

Am Corso entlang

Dieser Spaziergang beginnt an der Piazza Sant'Agnese und führt zur Piazza Grande, fraglos der Höhepunkt dieser Tour. Am ersten Platz besichtigen Sie die **Kirche Sant'Agnese** mit ihren zahlreichen Gemälden aus dem 14. Jahrhundert. Gehen Sie weiter durch die Porta al Prato, wo der **Corso** seinen Anfang nimmt, der Sie unweigerlich zum höchsten Punkt der Stadt führt. Auf dem Platz gleich hinter dem Tor steht die **Colonna del Marzocco**, eine Säule, die vom Marzocco-Löwen, dem florentinischen Wappentier, gekrönt wird (► 64). Montepulciano stand ab 1511 unter florentinischer Herrschaft. In dieser Zeit erhielt Antonio da Sangallo der Ältere den Auftrag, die Befestigungsanlagen der Stadt auszubessern sowie mehrere Palazzi zu restaurieren oder neu zu errichten. Seine Arbeit wurde von seinem Neffen, Antonio da Sangallo dem Jüngeren, und später von Jacopo Vignola, einem berühmten Architekten der frühen Barockzeit, fortgeführt.

Die Porta al Prato und der Palazzo Cocconi (Nr. 70 am Corso) werden von Fachleuten Sangallo dem Älteren zugeschrieben. Vignola gestaltete wahrscheinlich den Palazzo Tartugi (Nr. 82) und den Palazzo Avignonesi (Nr. 91). Als schönster Palazzo am Corso gilt der **Palazzo Bucelli** (Nr. 73), der auf etruskischen Fundamenten steht. Im 17. Jahrhundert lebte hier Pietro Bucelli, ein fleißiger Antiquitätensammler. An der Piazza Michelozzo erhebt sich die Kirche Sant'Agostino aus dem 13. Jahrhundert. Die Fassade wurde von Michelozzo, einem der Lieblingsarchitekten der Medici, um 1429 gestaltet. Gegenüber erhebt sich die **Torre di Pulcinella**, ein mittelalterlicher Turm mit Stadthaus: Pulcinella, eine Clownsfigur, schlägt zur vollen Stunde die Glocke.

Nach 100 Metern erreicht man die Piazza dell' Erbe und die Loggia del Mercato aus der Renaissance. Biegen Sie hier rechts ab und danach links in die Via di Poggiolo: Der Weg führt Sie vorbei an der Kirche San Francesco und dann am **Museo Civico**, in dem Gemälde, mittelalterliche Skulpturen und andere Kunstwerke ausgestellt werden.

Die winzige Clownsfigur, Pulcinella, schlägt zur vollen Stunde die Glocke der mittelalterlichen Turmuhr

MONTEPULCIANO: INSIDER-INFO

Top-Tipp: Bei Ihrem Besuch in Montepulciano sollten Sie nicht vergessen, eine oder zwei Flaschen des berühmten **Vino Nobile** (Rotwein) in einem der vielen Weinhandlungen zu kaufen (► 150).

Außerdem: Außerhalb der Mauern von Montepulciano steht die Renaissancekirche **San Biagio**, das Meisterwerk von Antonio da Sangallo dem Älteren. Zu erreichen ist sie von der Via Ricci, über die Porta dei Grassi und die Via di San Biagio – 15 Minuten bergab. Als man 1518 mit dem Bau der Kirche begann, wurde sie nur von der Peterskirche in Rom übertroffen. Die Lage und die honigfarbene Fassade der Kirche sind herrlich, das Innere ist eher schlicht zu nennen.

Das prächtige Altargemälde *Himmelfahrt* auf dem Hochaltar des Doms stammt von Taddeo di Bartolo

Piazza Grande und der Dom

Kurz darauf öffnet sich die Via Ricci zur großartigen Piazza Grande, die vom Duomo und mehreren Palazzi gesäumt wird. Dazu gehören u. a. der **Palazzo Contucci**; hier und auch anderswo in der Stadt wird der Vino Nobile di Montepulciano (➤ 24) verkauft. Sie können auch den Turm des gotischen **Palazzo Comunale** aus dem 13. Jahrhundert erklimmen, um den weiten Ausblick zu genießen– die Öffnungszeiten schwanken, meist Mo–Sa am Vormittag.

Hauptsehenswürdigkeit der Piazza ist jedoch der **Duomo**. Hinter der schlichten Fassade verbirgt sich eines der schönsten Altarbilder der Toskana, Taddeo di Bartolos *Himmelfahrt* (1401). Das Baptisterium ist reich geschmückt mit (Terrakotta-)Reliefs und Skulpturen verschiedenster Künstler des Mittelalters und der Renaissance, dazu zählen beispielsweise Werke von Andrea della Robbia und Benedetto da Maiano. Besichtigen Sie auch die Fragmente des von Michelozzo gestalteten Grabs (1427–36) des Humanisten Bartolomeo Aragazzi.

KLEINE PAUSE

Das elegante **Caffè Poliziano** (➤ 149) oder das **La Grotta**, direkt vor der Stadt, ganz in der Nähe der Kirche San Biago, eignen sich bestens für ein Mittagessen.

---

201 F4

Museo Civico e Pinacoteca

Palazzo Neri-Orselli, Via Ricci 10

(0578) 71 73 00

April–Okt. Di–So 10–19 Uhr; Nov.–März 10–13, 15–18 Uhr

mittel

4 Montalcino und Sant'Antimo

Wie viele toskanische Städte thront auch Montalcino auf einem Hügel inmitten idyllischer Landschaft. Die Aussicht ist toll. Die Stadt ist fast völlig unverbaut, die Rotweine – Brunello und Rosso di Montalcino – gehören zu den besten Weinen Italiens, und die wenigen Hotels und Restaurants sind erstklassig. In der Nähe liegt die schöne Abtei Sant'Antimo.

Montalcino ist eine der ältesten toskanischen Städte und geht auf eine paläolithische oder etruskische Siedlung zurück. Erstmals wurde die Stadt 814 n. Chr. schriftlich erwähnt, und zwar auf einem Schriftstück von Ludwig dem Frommen, Sohn Karls des Großen, das der Abtei von Sant'Antimo Landbesitz zugestand. Berühmtheit erlangte Montalcino 1555, weil es sich als letzte Stadt der Republik Siena Florenz ergab. Im Gedenken an diese heroische Tat führen Fahnenträger aus Montalcino heute noch die dem Palio in Siena vorausgehende Parade an (➤ 18f).

Spaziergang durch Montalcino

Beherrscht wird das Stadtbild von der **Rocca** (oder *fortezza*), einer mächtigen Burganlage aus dem 14. Jahrhundert, die sich am südlichen Stadtrand erhebt. Im Bergfried ist eine viel besuchte *enoteca* (Weinlokal) untergebracht, wo man einheimischen Wein probieren und kaufen kann. Allerdings sollte man daran denken, dass es preiswertere Weinlokale gibt. Der (niedrige) Eintrittspreis, um die Festungsmauer zu besichtigen, lohnt sich. Von hier oben hat man einen wunderbaren Blick

Flanieren Sie durch die Hauptstraße Montalcinos

Sant'Antimo ist eine der schönsten romanischen Abteien Italiens

über die Crete, eine Landschaft mit kahlen Hügeln, und (auf der anderen Seite) über die bewaldeten Hänge des Val d'Orcia.

Von der Burg führt Sie der Weg nordöstlich auf der Via Panfilo weiter, biegen Sie dann links in die Via dell'Oca ab. Nach einer kurzen Strecke erreichen Sie die Piazza Garibaldi und die alte Kirche **Sant'Egidio**. Gehen Sie von der Piazza aus in Richtung Norden, links vorbei an der kleinen Touristeninformation und zur **Piazza del Popolo**, dem zentralen Platz der Stadt, der vom Palazzo Comunale (1292) dominiert wird. Am Platz befindet sich auch ein schönes Café (► 148).

Um das hervorragende **Museo di Montalcino Raccolta Archeologica Medievale e Moderna** zu besuchen, gehen Sie den Weg zurück und biegen nach der Touristeninformation in die erste Gasse rechts hinein. Folgen Sie dort den Stufen hinauf und gehen dann weiter geradeaus, vorbei an der Kirche **Sant' Agostino** (14. Jh.). Werfen Sie einen kurzen Blick in die Kirche mit ihren zahlreichen schöne Fresken aus dem Mittelalter. Planen Sie dann für den Besuch im Museum gegenüber rund eine Stunde ein. Zur Ausstellung gehören Gemälde aus dem 14. und 15. Jahrhundert, u. a. von Sano di Pietro, sowie einige Bibelexemplare (12. Jh.) und ein Kruzifix aus Sant'Antimo (12. Jh.).

Nach dem Museumsbesuch sollten Sie sich etwas Zeit nehmen und einfach nach Lust und Laune umherschlendern. Wenn Sie z. B. der Via Spagni nordwärts folgen, vorbei am 1832 umgestalteten Duomo, erreichen Sie die Kirche **Santuario della Madonna del Soccorso** mit einer Fassade aus dem 17. Jahrhundert, die rechts von einem Park (an der Viale Roma) flankiert wird.

Von hier aus können Sie den nördlichen und östlichen Stadtrand erkunden: Folgen Sie der Via Mazzini von der Piazza Cavour am Ende der Viale Roma zurück zur Piazza del Popolo, oder nehmen Sie eine der kleinen Gassen zur Fonte Castellane, einem mittelalterlichen Waschhaus, und zur nahe gelegenen ehemaligen Kirche San Francesco.

Sant'Antimo

Egal, wie lange Sie in Montalcino bleiben: Auf keinen Fall sollten Sie einen mehrstündigen Besuch in **Sant' Antimo** versäumen, einer Abtei, die inmitten einer herrlichen Landschaft etwa zehn Kilometer südlich der Stadt (von der Hauptstraße ausgeschildert) liegt. Schon alleine ihre Lage inmitten zeitlos wirkender, idyllischer Olivenhaine und bewaldeter Hügel lohnt den Besuch. Aber die Abtei bietet auch viel interessante Historie und eine ausgezeichnete Architektur.

Der Chorumgang rund um den Hochaltar von Sant' Antimo

Der Ursprung der Abtei ist sagenumwoben: So soll Karl der Große, Kaiser des Heiligen Römischen Reiches, die Abtei im Jahre 781 gegründet haben. Als er, mit seinen Truppen aus Rom kommend, hier vorbeimarschierte, sollen seine Männer von einer geheimnisvollen Krankheit befallen worden sein. Der Kaiser versprach Gott, dass er an dieser Stelle eine Kirche bauen werde, wenn seine Männer gesunden würden. Als die Armee in der Nähe der heutigen Abtei die Zelte aufschlug, soll Gott Karl dem Großen in einem Traum erschienen sein, der ihm riet, seinen Männern einen Trunk aus Kräutern und Wein zu geben. Das Heilmittel wirkte, und so wurde die Abtei von Sant'Antimo gebaut. So viel zu dieser Legende. Wahr ist allerdings, dass Papst Hadrian I. im Jahre 781 n. Chr. Karl den Großen mit Reliquien des hl. Antimo beschenkte, eben jenen Reliquien, die heute in der Abtei verehrt werden. Außerdem wird die Abtei in einer Urkunde aus dem Jahr 814 erwähnt, in der Karls Sohn, Ludwig der Fromme, der Abtei Ländereien zuspricht.

MONTALCINO UND SANT'ANTIMO: INSIDER-INFO

Top-Tipps: Versuchen Sie nicht, im Zentrum von Montalcino **zu parken**. Am besten ist es, den Wagen auf dem großen Parkplatz an der Via Aldo Moro an der südlichen Stadteinfahrt unterhalb der Fortezza abzustellen. Von hier sind es nur zwei oder drei Minuten Fußweg zum Stadtzentrum.

- Wenn Sie ausreichend Zeit haben, könnten Sie den Besuch der **Abtei von Sant'Antimo** auch mit einer längeren Fahrt zum Monte Amiata und dem äußersten Süden der Region (➤ 143f) oder mit einer Tour durch die kleinen Dörfer des Val d'Orcia verbinden: Castiglione d'Orcia, Rocca d'Orcia und Campiglia d'Orcia. Diese Strecke wäre auch als Teil einer Fahrt nach Pienza (➤ 132ff) und Montepulciano im Osten vorstellbar (➤ 135ff).
- Sant'Antimo wurde fast 500 Jahren lang nicht genutzt; heute wohnt hier eine kleine Gemeinschaft französischer Mönche. Sonntägliche **Gottesdienste** werden in der Abtei oft von schönen gregorianischen Gesängen begleitet.
- Die preisgünstigsten Weine, ob **Brunello** oder **Rosso di Montalcino**, gibt es nicht in den vielen Weinhandlungen der Stadt, sondern im örtlichen Co-op Supermarkt, am westlichen Stadtrand zwischen Via Ricasoli und Via della Libertà, zu kaufen.

Außerdem: Das **Wappen** von Montalcino zeigt eine Steineiche oberhalb von sechs Hügeln – ein Hinweis auf die Ableitung des Stadtnamens. *Mons Ilcinus* bedeutet auf lateinisch »Hügel der Steineiche«.

Teile der alten Kirche aus dem 9. Jahrhundert existieren noch, doch der Großteil des heutigen Anwesens stammt aus dem 12. Jahrhundert. Für den Neubau nahm man sich die Mutterkirche der Benediktiner im französischen Cluny zum Vorbild. Sant'Antimos basilikaler Grundriss, ein Chorumgang und davon abgehende Kapellen, ist ungewöhnlich in der Toskana.

Das Innere der Abtei und die Fassade sind atemberaubend: Das schlichte romanische Gebäude ist mit schönen Verzierungen geschmückt, v. a. das Kapitell der zweiten Säule rechts im Kirchenschiff – es zeigt Daniel in der Höhle des Löwen.

KLEINE PAUSE

Die **Fiaschetteria Italiana** ist ein hübsch eingerichtetes Café; außerhalb der Stadt empfiehlt sich **Taverna dei Barbi** (► 148).

In der Fiaschetteria Italiana in Montalcino kann man hervorragend Wein kaufen oder sich einfach vom Sightseeing erholen

201 E4

Touristeninformation
Costa del Municipio 8 (0577) 84 93 31; www.prolocomontalcino.it April–Okt. tägl. 10–13, 14–19 Uhr; Nov.–März Di–So 10–13, 14–17.45 Uhr

Fortezza
Piazzale della Fortezza (0577) 84 92 11
April–Okt. tägl. 9–20 Uhr; Nov.–März Di–So 9–18 Uhr
Festung und *enoteca*: frei; Burgmauer: preiswert (Kombiticket mit Museo Civico erhältlich)

Museo di Montalcino Raccolta Archeologica Medievale e Moderna
Ex-convento di Sant'Agostino, Via Ricasoli 31
(0577) 84 60 14
April–Okt. Di–So 10–13, 14–17.50 Uhr; Nov.–März 10–13, 14–17.40 Uhr; mittel (Kombiticket mit Burgmauer erhältlich)

Sant'Antimo
Near Castelnuovo dell'Abate
(0577) 83 56 59; www.antimo.it
Mo–Sa 10.15–12.30, 15–18.30, So 9.15–10.45, 15–18 Uhr frei

Nach Lust und Laune!

5 Crete Senesi

Die Crete Senesi ist berühmt für ihre atemberaubende Aussicht. Dieser Streifen Land südlich von Siena erstreckt sich von den Siedlungen von Asciano westlich bis Monteroni d'Arbia, südlich bis Buonconvento (► unten) und östlich bis San Giovanni d'Asso.

Crete bedeutet im Dialekt der Toskana »Ton« und es ist ein Tonsubstrat, das der Region ihre schönen runden Hügel und die intensiven Umber- und Terrakottafarben verleiht. Der Crete ist eines der landwirtschaftlichen Zentren der Toskana. Hier wird seit Jahrhunderten Getreide angebaut und die soliden alten Getreidemühlen, die über die Hügel verstreut sind, gelten als die Kathedralen von Crete. Heute ist die Region bekannt für ihre seltenen weißen Trüffel, den hervorragenden Pecorino-Käse und Olivenöl.

201 D5

6 Buonconvento

Das 27 Kilometer südlich von Siena gelegene Buonconvento besitzt ein hübsches mittelalterliches Zentrum; die mauerbewehrte Festung war Teil der Befestigungen Sienas nach Süden. Allerdings wird dieser Stadtkern von hässlichen Vororten umringt.

Die Kleinstadt lässt sich rasch und bequem erkunden, v. a. wenn Sie von der SR2 in Richtung Montalcino oder zum Ort Monte Oliveto Maggiore, einige Kilometer weiter östlich, unterwegs sind (► 130f). In Buonconvento kann man sich durch die alten Straßen mit Patrizierhäusern treiben lassen und das Museo d'Arte Sacra besuchen, das eine ausgezeichnete Sammlung beherbergt. Unter den sehenswerten mittelalterlichen Gemälden aus Siena stechen die *Mariä Verkündigung* von Andrea di Bartolo oder die Madonna del Latte (oder *Madonna der Milch*) von Luca di Tommè hervor.

Letzteres Gemälde zeigt eine stillende Madonna – eine in der italienischen Kunst ungewöhnliche Darstellung. Für die Toskana jedoch nicht selten, denn zahlreiche Kirchen beanspruchen für sich, im Besitz einiger Milchtropfen der Jungfrau Maria zu sein. Das Museo della Mezzadria zeigt eine interessante Ausstellung über die Geschichte der Region.

201 E4

Touristeninformation
Museo della Mezzadria, Piazzale Garibaldi
(0577) 80 71 81; www.turismobuonconvento.it
April–Okt. Di–So 10–13, 14–18 Uhr; Nov. bis März Mi–Fr 10–13.30, Sa 10–13, 14–18 Uhr

Museo d'Arte Sacra
Via Soccini 18 (0577) 80 71 90
April–Okt. Di–So 10–13, 15–18 Uhr; Nov. bis März Sa–So 10–13, 15–17 Uhr. Geschl. eine Woche im Aug. preiswert

Museo della Mezzadria
La Tinaia, Piazzale Garibaldi (0577) 80 90 75; www.museomezzadria.it April–Okt. Di–So 10–13, 14–18 Uhr; Nov.–März Di–Fr 10–13.30, Sa–So 10–13, 14–18 Uhr mittel

Ein romanisches Meisterwerk des 12. Jhs.: die Collegiata von San Quirico d'Orcia

7 San Quirico d'Orcia

Das Stadtbild von San Quirico ist ein eigentümlicher Mix aus nüchternen modernen Bauten und bezaubernder mittelalterlicher Bausubstanz. Das Städtchen ist weitläufig und macht einen etwas verlorenen Eindruckt. Ein kleiner Zwischenstopp lohnt aber durchaus, wenn man zwischen Siena (44 Kilometer nördlich) und der südlichen Toskana oder Montalcino (15 Kilometer westlich) und Pienza (9,5 Kilometer östlich) unterwegs ist. Das teilweise ummauerte Dorf wurde nach der Kirche San Quirico a Osenna benannt, einer von vielen Kirchen, die an der Via Francigena entstanden, einer früheren Wallfahrtsroute zwischen Rom und Nordeuropa. Hauptsehenswürdigkeit der Stadt ist die an der Piazza Chigi gelegene romanische Kirche Collegiata aus dem 12. Jahrhundert, die auf den Ruinen eines Vorgängerbaus errichtet wurde. Die lombardisch geprägten Verzierungen rund um die Türen sind außergewöhnlich wie auch die Holzeinlegearbeiten im Chorgestühl aus der Renaissance. Es stammt ursprünglich aus einer Kapelle des Doms von Siena (➤ 95ff). Im nördlichen (linken) Querschiff befindet sich Sano di Pietros Gemälde *Madonna und Heilige*.

Am Ortsrand, nahe der Porta Nuova, erstrecken sich die Horti Leonini (tägl Sonnenauf- bis Sonnenuntergang; Eintritt frei), Renaissancegärten aus dem Jahre 1580. Wenn Sie die Via Dante Alighieri folgen, kommen Sie am Haus Nr. 38, in dem einst die heilige Katharina von Siena genächtigt haben soll, und an der Kirche Santa Maria Assunta (11. Jh.) vorbei.

201 E4

Touristeninformation

Via Dante Alighieri 33

(0577) 89 72 11; www.comunesanquirico.it

April–Okt. Mo–Sa 10–13, 15.30–18.30 Uhr

8 Bagno Vignoni

Bagno Vignoni sollte man möglichst frühmorgens besuchen, um eine der ungewöhnlichsten Attraktionen der Toskana voll und ganz zu genießen: Die Piazza delle Sorgenti mitten im Dorf ist nämlich kein Platz, sondern ein Wasserbecken, das von einer Thermalquelle gespeist wird. Der in der kühlen Morgenluft aufsteigende Wasserdampf hüllt den Platz und die alten Gebäude ringsum in einen unheimlichen Dunst. Die Quellen waren schon zur Römerzeit bekannt und sowohl die hl. Katharina von Siena als auch Papst Pius II. genossen ihre Wirkung. Papst Pius II. ließ im 15. Jahrhundert ein Sommerhaus (heute ein Hotel) unweit des Platzes errichten. Auch Lorenzo de' Medici (➤ 55f) besuchte die Quelle, nachdem die Medici die *piscina* (Becken) mit ihren Renaissance-Arkaden angelegt hatten. Die Nutzung des Wasserbeckens ist heute untersagt, in seinem Wasser baden kann man gegen eine Gebühr im nahe gelegenen Hotel Posta Marcucci. Von Bagno Vignoni aus führen zahlreiche Wege und Pfade, ausgehend vom Hauptplatz, in die landschaftlich reizvolle und zum Teil bewaldete Umgebung.

Blick auf den Monte Amiata vom nahegelegenen Montepulciano

201 E4 Bagno Vignoni liegt 1 km westlich von der SR2, von wo aus es 5 km südlich von San Quirico d'Orcia ausgeschildert ist

Tourist Office

Strada di Bagno Vignoni (0577) 88 89 75

Mai–Sept. Fr–So 10–18 Uhr

9 Monte Amiata

Ob von den Stadtmauern von Pienza (➤ 132ff) oder von vielen anderen Aussichtspunkten in der südlichen Toskana – der einsame Gipfel des Monte Amiata (1738 m) ist nicht zu übersehen. Auffallend und beeindruckend ist die pyramidenähnliche Form dieses erloschenen Vulkans. Da er von Siena und Florenz zu weit entfernt liegt, bleiben größere Touristenströme aus. Wenn man nach Montepulciano oder Pienza unterwegs sein sollte, ließe sich eine Stippvisite zum Monte Amiata einplanen – oder aber als Teil einer längeren Fahrt zwischen Siena und Sovana (➤ unten) oder Pitigliano (➤ 145). An einem klaren Tag sollten Sie die herrlich weite Sicht vom Gipfel genießen. Schattige Wälder laden zum Spazieren oder zum Wandern ein. Zahlreiche markierte Pfade wurden für Wanderfreunde angelegt. Wenn Sie Zeit haben sollten, dann besuchen Sie doch die am Fuß des Berges gelegenen Dörfer wie Seggiano, Arcidosso oder Castel del Piano, die alle über einen unverwechselbaren Charme verfügen.

201 E3

10 Abbadia San Salvatore

Das Städtchen wurde nach der Abtei San Salvatore benannt; neben Monte Oliveto und Sant'Antimo die dritte bedeutende Abtei der Südtoskana. Im mittelalterlichenViertel der Stadt, auf der Via del Monastero, steht die Abtei aus dem Jahre 743, die zu den ältesten in der Toskana zählt und angeblich vom lombardischen König Rachis gegründet wurde. Der Großteil des Bauwerks wurde mit dem braunen Trachytgestein des Monte Amiata erbaut und entstand 1036 (v. a. die Krypta) oder bei Umbauarbeiten im 13. Jahrhundert. Der Grundriss besteht aus einem lateinischen Kreuz, dem ersten dieser Art in der Toskana. Leider besitzt die Abtei heute kaum Kunstschätze. Diese wurden 1559, als die Stadt an die Medici fiel, nach Florenz geschafft. Besonders schön ist die Krypta mit 35 kannelierten Säulen.

201 E3

Oben auf dem Monte Amiata empfängt Sie das eiserne Gipfelkreuz

Touristeninformation
✉ Via Adua 25
☎ (0577) 77 58 11; www.amiataturismo.it
Mo, Mi, Fr 8.30–13 und Di, Do 8.30–13, 15–17 Uhr

11 Sovana

Im Vergleich zur übrigen Toskana ist die Landschaft südlich des Monte Amiata an der Grenze zur Region Latium eher unspektakulär. Es gibt kaum sehenswerte Städte und Dörfer. Eine Ausnahme bilden Sovana und Pitigliano. Das winzige Sovana besteht aus nicht viel mehr als einer einzigen Straße, der Via di Mezzo. In ihrer Blütezeit war die Siedlung jedoch durchaus eines der wichtigsten regionalen Zentren, diente als Machtbasis des Aldobrandeschi-Adels und war Geburtsort von Hildebrand, der 1073 als Gregor VII. zum Papst gewählt wurde.
Dies dürfte einer der Gründe sein, warum die hiesige Kirche **Santa Maria Maggiore** (13. Jh.) an der Piazza del Pretorio zu den schönsten Pfarrkirchen der Toskana zählt. Der einfach gestaltete Innenraum wird von großartigen Fresken und einem

frühchristlichen *ciborium* (Altarbaldachin) aus dem 8. oder 9. Jahrhundert geprägt.

An die Herrschaft der Aldobrandeschi in Sovana erinnert die Cattedrale di SS Pietro e Paolo, die in Anbetracht des kleinen Ortes übergroß wirkt. Sie erreichen die Kirche, indem Sie einer der beiden Gassen folgen, die von der Piazza del Pretorio bergab führen. Das Bauwerk entstand in verschiedenen Epochen: Viele der Steinmetzarbeiten wurden im 8. Jahrhundert ausgeführt; der größte Teil der Apsis und der Krypta gehen auf das 10. Jahrhundert zurück. Die Fresken und Verzierungen an den Säulenkapitellen im Kirchenschiff entstanden ab dem 12. Jahrhundert.

Sovana liegt in ehemaligem etruskischen Siedlungsgebiet. Viele etruskische Gräber wurden in der Gegend freigelegt. Sie sind an der Straße bzw. aus dem Dorf ausgeschildert. Einige interessante Gräber, u. a. in Felsnischen, liegen etwa zehn Kilometer vor der Stadt, wenn man in Richtung Osten nach Sorano fährt.

In Sovana gibt es auch ein paar gute Hotels und Restaurants (► 149).

201 E2

12 Pitigliano

Pitigliano thront majestätisch auf einem mächtigen Berg. Die Burg und die mittelalterlichen Häuser drängen sich dicht auf dem Vulkanfelsen. Der Ort wurde bereits im 6. Jh. v. Chr. von den Etruskern besiedelt, seine Blüte erlebte er aber im 13. und 14. Jh., als hier die mächtige Familie der Orsini herrschte, die nicht weniger als drei Päpste hervorbrachte. Bis zum Zweiten Weltkrieg lebte hier auch eine jüdische Gemeinde – die Synagoge an der Via Zuccarelli überstand die Zeit. Hinter der Piazza Garibaldi erheben sich ein Aquädukt und die Burg, beide im 16. Jh. von Giuliano da Sangallo errichtet. Innerhalb der Festung steht der Palazzo Orsini, der für seine wunderschönen Räume bekannt ist. Zu den Höhepunkten von Pitigliano gehören ein Spaziergang durch die herrlich verwinkelten mittelalterlichen Gassen und der Ausblick auf den Monte Amiata.

201 E2

Museen unregelmäßig geöffnet; Auskünfte im Besucherzentrum an der Piazza Garibaldi 51

(0564) 61 71 11; www.collidimaremma.it

Beeindruckender Blick auf das mittelalterliche Pitigliano auf einem Vulkanfelsen

Wohin zum ... Übernachten?

Preise
Für ein Doppelzimmer gelten folgende Preise pro Nacht:
€ unter 125 Euro €€ 125–200 Euro €€€ über 200 Euro

BAGNO VIGNONI

Hotel Spa Adler Thermae €€€
Es gibt auch mittelalterliche Thermalbäder in Bagno Vignoni, aber die Einrichtungen im Adler Therma sind hochmodern. Das Hotel liegt auf einem riesigen Gelände und bietet einen beeindruckenden Außenpool, natürliche heiße Quellen und Salzwasserpools sowie eine Reihe von Spa- und Wellnessanwendungen. Im Sommer stehen verschiedene Restaurants zur Verfügung, darunter eine Osteria und ein Gourmet-Restaurant. Die Zimmer sind gut ausgestattet und in warmen Holztönen und beruhigenden neutralen Farben gestaltet. Auch Familien-Suiten sind vorhanden.
201 E4 I-53072 Bagno Vignoni
(0577) 88 90 01; www.adler-thermae.com
geschl. Anfang Jan.–Anfang Febr.

MONTALCINO

Albergo Il Giglio €€
Das 3-Sterne-Hotel ist seit Jahren eine feste Größe in der Hotellerie von Montalcino. Die Zimmer sind traditionell mit zeitgenössischen Möbeln eingerichtet und harmonieren so mit dem mittelalterlichen Hotelgebäude. Die schönsten Zimmer haben Originalfresken an den Wänden und einen Blick auf die Landschaft. Das Restaurant ist gut, doch locken viele gute Alternativen in der Stadt. Das Frühstück ist teuer, man sollte den Kaffee und ein Croissant eher in der Fiaschetteria Italiana (➤ 148) einnehmen.
201 E4 Via Soccorso Saloni 5
(0577) 84 81 67; www.gigliohotel.com
im Jan. zeitweise geschl.; Restaurant: mittags und Di geschl.

Dei Capitani €€
Das in ein 3-Sterne-Hotel umgewandelte Stadthaus, am nördlichen Stadtrand, ist eines der attraktivsten Hotels in Montalcino. Alle Zimmer sind komfortabel, frisch und modern eingerichtet; sie verfügen über Telefon, Klimaanlage und Fernseher. Zudem verfügt das Hotel über eine Terrasse, einen kleinen Garten, eine Panoramabar und einen Pool. Restaurant gibt es keins, aber das Frühstück ist im Preis inbegriffen. Einige Parkplätze sind vor dem Hotel verfügbar. In einer *dipendenza* (Anbau) sind fünf weitere Zimmer untergebracht.
201 E4 Via Lapini 6
(0577) 84 72 27; www.deicapitani.it
Mitte Jan.–Feb. geschl.

MONTEPULCIANO

Duomo €–€€
Mit der Wahl dieses familiengeführten 3-Sterne-Hotels macht man nichts falsch. Das liegt v. a. an der herzlichen Atmosphäre und der Lage nur wenige Schritte vom Dom und der Piazza Grande entfernt. Die hellen, schlichten und modernen Räume sind mit Marmor- bzw. Fliesenböden ausgestattet.
201 F4 Via San Donato 14 (0578) 75 74 73; www.albergoduomomontepulciano.it

Il Marzocco €
Das 3-Sterne-Hotel ist das beste Haus in Montepulciano: Es liegt in einem Palazzo aus dem 16. Jahrhundert. Das Hotel liegt gleich hinter der Porta al Prato am nördlichen Ende des Corso. Die Zimmer

sind mit zeitgenössischen Möbeln eingerichtet, etliche verfügen über Terrassen mit Aussicht. Es gibt einige wenige Hotelparkplätze und das Restaurant nebenan ist recht solide.
201 F4 Piazza Girolamo Savonarola 18 (0578) 75 72 62; www.albergoilmarzocco.it Mitte Jan–Mitte Feb. geschl.

La Terrazza €
Man findet in Montepulciano preiswertere Privatunterkünfte, aber wer ein günstiges und sauberes Hotel sucht, liegt bei diesem 2-Sterne-Haus genau richtig. Es liegt zentral an einer ruhigen Seitenstraße (Parkplätze vorhanden), die südlich von der Kirche San Francesco verläuft und nur wenige Gehminuten von der Piazza Grande entfernt ist.
201 F4 Via Piè al Sasso 16 (0578) 75 74 40; www.laterrazzadimontepulciano.it

PIENZA

Il Chiostro di Pienza €€€
Dieses ausgezeichnete 3-Sterne-Haus liegt zentral nahe der Hauptstraße. Seinen Namen verdankt es dem Innenhof (*chiostro*) des Konvents aus dem 15. Jahrhundert, in dessen Gebäude sich das Hotel befindet. Die öffentlichen Bereiche und die Zimmer sind schlicht, aber elegant mit historischen Möbeln und geschmackvollen Stoffen eingerichtet. Viele originale Details blieben erhalten, v. a. die Holzdecken, Steingewölbe und einige Freskenreste. Zum Hotel gehören ein Garten, ein Fitnessclub, ein Pool und ein Restaurant. Das Frühstück ist im Preis inbegriffen.
201 E4 Corso Rossellino 26 0578 74 84 00; www.relaisilchiostrocipienza.com

Corsignano €
Am Corsignano, das jahrelang das einzige Hotel von einiger Größe in Pienza war, gibt es an sich nichts auszusetzen. Die Eröffnung des Il Chiostro hat dem 3-Sterne-Hotel jedoch quasi den Wind aus den Segeln genommen. Mit seiner Lage außerhalb der Stadtmauern, einen kurzen Fußweg westlich der Piazza Dante, unweit der Hauptstraße nach Pienza, kommt das Hotel schlechter weg. Das Gebäude ist zudem modern und bietet keinen schönen Ausblick. Die Zimmer sind sauber und gemütlich, doch ist der Einrichtungsstil schon etwas in die Jahre gekommen. Es gibt kein Restaurant, aber im Preis ist das Frühstück inbegriffen.
201 E4 Via della Madonnina 11 (0578) 74 85 01; www.corsignano.it Mitte Jan.–Feb. geschl.

PITIGLIANO

Hotel-Relais Valle Orientina €–€€
Dieser Familienbetrieb ist eine gute Option für Reisen im Süden der Region. Er liegt auf dem Land, 3 km südlich von Pitigliano. Die Zimmer sind ein wenig altmodisch, aber komfortabel eingerichtet und zum Angebot zählen ein Restaurant und eine Gäste-Lounge. Hier können Sie die frische Luft der umliegenden Wälder bei einem Drink oder Essen im Garten genießen. Wanderwege beginnen direkt vor der Tür. Außerdem haben Sie Zugang zu den Thermalpools und zu Sauna und Spa. Zum Hotel benötigen Sie einen Transfer, da es sich nicht in Gehweite zur Stadt befindet.
201 E2 Località Valle Orientina, ausgeschildert von der SS74 (0564) 61 66 11; www.valleorientina.it

VAL D'ORCIA

Castello di Ripa d'Orcia €€
Das Hotel ist in einem *borgo* (befestigtes Dorf) aus dem 13. Jahrhundert untergebracht. Es liegt zudem inmitten sehr schöner Landschaft, sodass Ruhe und Entspannung garantiert sind. Gleich hinter den Mauern beginnen markierte Wanderwege. Die Zimmer werden nur für mindestens zwei Nächte vermietet, die Apartments (Vermietung pro Woche) sind groß und schlicht eingerichtet. Auch Mahlzeiten werden angeboten. Das nächstgelegene Dorf ist San Quirico d'Orcia.
201 E4 Via della Contea 1, Ripa d'Orcia (0577) 89 73 76; www.castellodiripadorcia.it

Wohin zum ...
Essen und Trinken?

Preise
Die Preise gelten pro Person für ein Drei-Gänge-Menü mit Wein:
€ unter 26 Euro €€ 26–52 Euro €€€ über 52 Euro

BAGNO VIGNONI

Restaurant La Parata €€

Das La Parata liegt im Anbau der alten Kutschenhaltestelle im Herzen des Spa-Ortes. Hier kreiert Chefkoch und Eigentümer Giancarlo Diodato aus traditionellen toskanischen Zutaten kreative Gerichte. Die Speisekarte ändert sich saisonabhängig jede Woche, zu den Hauptbestandteilen zählen lokale Wildgerichte und hausgemachte Pasta. Der gemütliche Speiseraum ist formell gehalten. Im Sommer steht auch die Terrasse im Garten mit Blick über das Tal zur Verfügung.

201 E4 Piazza del Moretto 40 (0577) 887508 Di–Do 12.20–14.20, 19.30–21.30 Uhr

CRETE SENESI

La Locanda del Castello €€

Ein hübscher Ort für ein langes, gemütliches Mittagessen bei einer Tour durch Crete. Das Restaurant liegt im Herzen eines winzigen Ortes am südöstlichen Rand der Region. Wählen Sie einen Tisch auf dem Platz oder im hinteren Bereich der Terrasse und suchen Sie sich einige Gänge aus. Das Speiseangebot besteht hauptsächlich aus lokalen Zutaten und schlichten, aber sorgfältig zubereiteten Gerichten sowie Weinen aus toskanischen Winzereien. Bei kühleren Temperaturen bietet sich der gewölbte Speisesaal in der mittelalterlichen Ölpresse an.

201 E4 San Giovanni d'Asso (0577) 802939; www.lalocandadelcastello.com Mo–Sa 12.30–15, 19.30–22, So 12.30–15 Uhr. geschl. Mitte Jan.–Febr.

MONTALCINO

Fiaschetteria Italiana €

Die Fiaschetteria Italiana, Café und Bar, ist eine Institution in Montalcino: Kein Wunder, denn das elegante Interieur aus dem 19. Jahrhundert und die zentrale Lage am Hauptplatz sind mehr als einladend. Im Sommer kann man draußen sitzen, es wird lokaler Wein serviert.

201 E4 Piazza del Popolo 6 (0577) 849043; www.caffefiaschetteriaitaliana.com tägl. 7.30–Mitternacht; Nov.–Feb. Do geschl.

Taverna dei Barbi €€

Das edle Restaurant gehört zu einem Brunello-Weinberg, fünf Kilometer südöstlich von Montalcino. In dem stilvoll rustikalen Speiseraum, in dessen Mitte ein steinerner Kamin steht, kann man lokale Spezialitäten schlemmen und den köstlichen Wein des Hauses probieren.

201 E4 Fattoria dei Barbi, La Croce, Località Podernovi (0577) 841200 oder (0577) 847117; www.fattoriadeibarbi.it Do–Di 12.30–14.30, 19.30–22.30 Uhr; geschl. Di nachmittags, Mi (außer im Aug.), Jan. und zwei Wochen im Juli

Taverna Il Grappolo Blu €

In dem kühlen, mit mittelalterlichen Steinwänden versehenen Restaurant gibt es zwei kleine Speiseräume mit 35 Plätzen. Die phantasiereichen Nudelgerichte werden oft mit scharfen Saucen sowie mit viel Knoblauch und Chili serviert. Auch die Weinauswahl kann sich sehen lassen, darunter Tropfen aus Caparzo und Castello Romitorio, die besonders empfehlenswert sind.

201 E4 Via Scale di Moglio 1 (0577) 847150; www.grappoloblu.com Sa–Do 12.30–14.30, 19.30–22.30 Uhr. Geschl. Mitte Jan.–Mitte Febr.

MONTE AMIATA

Silene €€

Manche Gäste nehmen weite Anfahrtswege in Kauf, um im Silene zu essen, das sich außerhalb von Pescina befindet, einem der winzigen Dörfer, die rund um den Gipfel des Monte Amiata liegen. Die Küche verwendet Zutaten der Region: Pilze, Spargel, Reh, Wildschwein, Trüffel und Schnecken. Die feine Küche ist allerdings alles andere als rustikal. Geleitet wird sie von Eigentümer Roberto Rossi, der aus den Oliven, die auf den umliegenden Hügeln wachsen, auch hervorragendes Öl herstellt.

201 E3 ✉ von Pescina aus beschildert, 4 km östlich von Seggianol ☎ (0564) 95 08 05; www.ilsilene.it ⌚ Di–So 12.30–14.30, 19.30–21.30 Uhr. Geschl. So abends Nov.–März

MONTEPULCIANO

Caffè Poliziano €

Das beste Café in Montepulciano aufgrund der Jugendstileinrichtung, des guten Kuchens, Snacks und des Vino Nobile. Zum Haus gehört auch ein etwas formelleres Restaurant, das Il Grifon d'Oro.

201 F4 ✉ Via dei Voltaia nel Corso 27–29 ☎ (0578) 75 86 15 www.caffepoliziano.it ⌚ Bar: tägl. 7–Mitternacht; Bar-Restaurant: tägl. 12–15; Restaurant: tägl. 19–22.30 Uhr

La Chiusa €€€

Das preisgekrönte Hotelrestaurant befindet sich in einer alten Mühle im Dorf Montefollonico, acht Kilometer nordwestlich von Montepulciano. Die Speisen sind teuer, doch köstlich zubereitete *crespelli ai funghi* (Pfannkuchen mit Pilzen) oder *agnello da latto al rosmarino* (Lamm mit Rosmarin) sind das Geld wert. Unbedingt reservieren.

201 F4 ✉ Via della Madonnina 88, Montefollonico ☎ (0577) 66 96 68; www.ristorantelachiusa.it ⌚ Mi–Mo 12.30–14.30, 19.30 bis 22.30 Uhr; geschl. Mitte Jan.–Mitte März

Osteria Borgo Buio €€

Das Restaurant liegt in einem Weinkeller aus dem 14. Jahrhundert. Die einfache Küche ist toskanisch: Gemüsetörtchen als Vorspeise, als Hauptgerichte *coniglio ripieno* (gefülltes Kaninchen) oder *polpettone* (Fleischbällchen) mit Gemüse und Pistazien.

201 F4 ✉ Via di Borgo Buio 10 ☎ (0578) 71 74 97; www.borgobuio.it ⌚ Di–So 12.30–14.30, 19.30–22.30 Uhr

PIENZA

Latte di Luna €€

Die Trattoria in Zentrumnähe serviert einfache, aber schmackhafte Speisen. Versuchen Sie das Tagesgericht oder *pici all'aglione* (Pasta in Knoblauch- und Tomatensauce). Wer draußen essen möchte, sollte reservieren.

201 E4 ✉ Via San Carlo 2–4 ☎ (0578) 74 86 06 ⌚ Mi–Mo 12.30–14.30, 19.30–22.30 Uhr; zeitweise im Feb., Anfang März und Juli geschl.

La Porta €–€€

Statten Sie der kleinen *osteria* im Bergdorf Monticchiello, an der Straße zwischen Pienza und Montepulciano, mittags einen Besuch ab und genießen Sie die ausschließlich regionale Küche: *ribollita* und *zuppa di cecci* (Kichererbsensuppe) oder Ausgefalleneres wie *taglioni al piccione* (Pasta mit Taubenfleisch) oder gebratene *faraona* (Perlhuhn). Besser, Sie reservieren, v. a. für einen Terrassenplatz.

201 F4 ✉ Via del Piano 1, Monticchiello ☎ (0578) 75 51 63; www.osterialaporta.it ⌚ Fr–Mi 12.20–14.30, 19.30–21.30 Uhr. Geschl. Anfang Jan.–Anfang Febr.

SOVANA

Hotel-Ristorante Etrusca €€–€€€

Das einfache, aber schöne Interieur des Gebäudes von 1241 bietet einen eleganten Rahmen für dieses Restaurant. Auf der Speisekarte stehen hauptsächlich lokale Produkte und saisonale Zutaten. Präsentation und Service sind hervorragend und eher modern als ländlich-entspannt und rustikal. Geboten wird eine Kombination aus dem Besten der guten alten Zeit und der Toskana des 21. Jahrhunderts.

201 E2 ✉ Piazza del Pretorio 16 ☎ (0564) 61 61 83/61 41 93 ⌚ Do–Di 12.30–14.30, 19.30–22.30 Uhr

Wohin zum ... Einkaufen?

MONTALCINO

In Montalcino gibt es etliche Wein- und Feinkostgeschäfte. Am preiswertesten ist der Co-op Supermarkt an der Via Ricasoli; einer der schönsten Läden ist die **Fiaschetteria Italiana** an der Piazza del Popolo (➤ 148). Eine Winzerei, bei der keine Anmeldung erforderlich ist, ist die **Fattoria dei Barbi** (La Croce, acht Kilometer südöstlich von Montalcino, Tel. (0577) 84 11 11).

MONTEPULCIANO

Das **Contucci** (Via del Teatro 1, Tel. (0578) 75 70 06; www.contucci.it; tägl. geöffnet) vertreibt Vino Nobile. Die **Enoteca Oinochóe** (Via di Voltaia nel Corso 82, Tel. (0578) 75 75 24) führt Wein lokaler Winzer. Olivenöl gibt es an der Piazza Pasquino (Tel. (0578) 71 63 05), einer Genossenschaft von 650 Olivenbauern.

PIENZA

Pienza ist bekannt für seinen ***pecorino*** (Schafskäse). Prüfen Sie das Label, denn oft wird der Käse importiert. Ein empfehlenswertes Geschäft ist **La Cornucopia** (Piazza Martiri della Libertà 2, Tel. (0578) 74 81 50; www.emporiofattorie.com), oder **Silvana Cugusi**, zehn Kilometer ab der Straße SS146 nach Montepulciano in der Via della Boccia 8 (Tel. (0578) 75 75 58; www.caseificiocugusi.it).

Wohin zum ... Ausgehen?

MONTALCINO

Der Beginn der Jagdsaison wird mit dem **Torneo dell'Apertura della Caccia** (2. So im August) mit Prozessionen und einem Wettkampf im Bogenschießen in mittelalterlichen Kostümen gefeiert. Eine ähnliche Veranstaltung ist die Sagra del Tordo (letzter So im Okt.) Freitags lädt ein Markt unterhalb der Burgmauern zum gemütlichen Flanieren ein.

MONTEPULCIANO

Als bedeutendstes Festival gilt der **Bravio delle Botti** (letzter So im Aug.), ein Wettkampf im Fässerrollen zwischen den Teilnehmern der acht Stadtviertel mit anschließenden Festlichkeiten. **Mariä Himmelfahrt** (14.–16. Aug.) wird beim *Bruscello* mit Konzerten gefeiert.

PIENZA

Die **Fiera** (1. So im Sept.) zelebriert den einheimischen Käse im Rahmen eines mittelalterlichen Straßenmarktes und -festes. An manchen Sonntagen kann man den Choralgesängen der Mönche der Abtei Sant'Antimo (➤ 140f) lauschen.

VAL D'ORCIA

Castiglione d'Orcia, Montalcino, Pienza, Radicofani und San Quirico richten das Internationale Festival von Montalcino und Val d'Orcia (Juli–Aug.) aus.

Nördliche Toskana

Erste Orientierung 152
In drei Tagen 154
Nicht verpassen! 156
Nach Lust und Laune! 168
Wohin zum ... 173

Erste Orientierung

In der nördlichen Toskana gibt es weniger geschichtsträchtige kleine Ortschaften als im Süden und auch die Landschaft präsentiert sich weniger idyllisch. Landschaftlich bestimmend sind bewaldete Berge und Marmorbrüche. Aber nach den faszinierenden Städten Florenz und Siena locken mit Lucca und Pisa zwei urbane Zentren, die den Vergleich mit anderen Orten in Italien nicht zu scheuen brauchen.

Lucca ist eine Stadt, in die man sich schnell verlieben kann. Pisa ist nicht ganz so anziehend, bietet jedoch mit dem Schiefen Turm und den umliegenden Bauwerken eines der schönsten mittelalterlichen Gebäudeensembles in Italien. Die beiden Städte liegen nur wenige Kilometer voneinander entfernt; Lucca ist allerdings für Übernachtungen um einiges besser geeignet.

Pisa ist im Zweiten Weltkrieg stark bombardiert worden, sodass das Stadtbild heute größtenteils von moderner Architektur geprägt ist; Lucca ist dagegen fast unverbaut. Die mit einem Ring von Schutzwällen umgebene Stadt lockt mit kopfsteingepflasterten Gassen aus römischer Zeit, zahlreichen romanischen Kirchen, Museen, Kunstgalerien und Gärten – in den Worten des amerikanischen Schriftstellers Henry James steht Lucca für »alles Leichte, den Überfluss, die Schönheit, das Interesse und als leuchtendes Beispiel für andere«. In Luccas Straßen kann man sich wunderbar treiben lassen oder die Stadt – wie es auch viele Einheimische tun – mit dem Fahrrad erkunden (es gibt mehrere Fahrradverleihe).

Pisa ist dagegen eine größere Stadt, in der sich die historischen Sehenswürdigkeiten an wenigen Stellen konzentrieren. Dazu gehört vor allem der Campo dei Miracoli, oder das »Feld der Wunder«, eine große bebaute Wiese, wo sich der Schiefe Turm, der Dom und das Baptisterium befinden. Besu-

★ Nicht verpassen!

1. Lucca ➤ 156
2. Pisa ➤ 164

Nach Lust und Laune!

3. Viareggio ➤ 168
4. Carrara ➤ 168
5. Garfagnana ➤ 169
6. Villen und Gärten ➤ 170
7. Pistoia ➤ 171
8. Vinci ➤ 172

Seite 151: Der weltberühmte Schiefe Turm von Pisa

Gegenüberliegende Seite: Die Berge der Garfagnana

chenswert sind Kunstmuseen und einige wenige Kirchen. Im Umland von Lucca liegen verschiedene Villen und Gärten, im Norden locken die Region Garfagnana, die Alpi Apuane, die für die Carrara-Marmorbrüche bekannt sind, sowie die wilden, bewaldeten Berghänge der Orecchiella. Wer einen Tag am Strand verbringen möchte, sollte das bekannte Seebad Viareggio besuchen; Pistoia dagegen hat viel Kunst und Architektur zu bieten. Der kleine Ort Vinci ist vor allem bekannt als Geburtsort von Leonardo da Vinci.

In drei Tagen

Wenn Sie sich nicht sicher sind, wo Sie Ihre Reise beginnen möchten, empfiehlt diese Route einen praktischen dreitägigen Besuch der nördlichen Toskana mit den wichtigsten Sehenswürdigkeiten. Sie können dazu die Karte auf der vorangegangenen Seite verwenden. Weitere Informationen finden Sie unter den Haupteinträgen (➤ 156ff).

Erster Tag

Vormittags

Fahren Sie nach – 1 **Lucca** (➤ 156ff) und buchen Sie dort für zwei oder drei Nächte ein Hotel (➤ 173f). Schauen Sie in der **Touristeninformation** (➤ 41) vorbei und gehen Sie weiter zur Kirche San Michele in Foro und zur Casa di Puccini (Piazza San Michele ➤ 156f). Besuchen Sie das Caffè di Simo (➤ 174) und dann den Duomo (rechts).

Mittagessen

Essen Sie im Da Leo (➤ 175) zu Mittag, oder machen Sie ein Picknick auf der Stadtmauer von Lucca.

Nachmittags

Schlendern Sie durch die östlichen und nördlichen Stadtteile von Lucca, zur **Piazza del Mercato**, dem **Museo Nazionale di Villa Guinigi**, der **Casa Guinigi** und den Kirchen **Santa Maria Forisportam, San Frediano** und **San Pietro Somaldi**. Am späten Nachmittag können Sie in den Geschäften an der Via Fillungo stöbern. Essen Sie bei Buca di Sant'Antonio (➤ 174) zu Abend.

Zweiter Tag

Vormittags

Wenn Sie am Vortag die Stadtmauern noch nicht besichtigt haben, erkunden Sie diese zuerst, und fahren Sie dann nach 2 **Pisa** (➤ 164ff), um an der Piazza dei Miracoli den **Schiefen Turm,** das **Baptisterium** (links) und den **Duomo** anzusehen. Statten Sie jetzt oder direkt nach dem Mittagessen dem **Museo dell'Opera del Duomo** mit seinen bekannten Skulpturen von Giovanni Pisano einen Besuch ab. Wenn Sie Marktatmosphäre

mögen, sollten Sie den Hauptmarkt von Pisa, den **Mercato Vettovaglie** (➤ 176), gleich nach Ihrer Ankunft einplanen, da er nachmittags schließt.

Mittagessen

Genießen Sie den Mittag in der Osteria del Porton Rosso (➤ 175) südlich des Campo.

Nachmittags

Besuchen Sie das Museo dell'Opera, und bestaunen Sie die Piazza dei Cavalieri (oben), bevor Sie zur **Kirche von Santa Maria della Spina** und einem oder beiden von Pisas **wichtigsten Museen** (➤ 166f) aufbrechen. In der Pasticceria Salza (➤ 175) können Sie bei Kaffee, Tee oder einem Imbiss ausspannen. Wenn Sie einkaufen möchten, sind Sie in der Borgo Stretto (➤ 176) nach 16 Uhr genau richtig (dann öffnen die Geschäfte wieder). Fahren Sie zum Abendessen zurück nach Lucca oder verwöhnen Sie sich im Gazebo im L'Elisa Hotel, das zwischen beiden Städten liegt.

Dritter Tag

Vormittags können Sie entweder Luc- ca weiter erkunden oder einige der **6 Villen und Gärten** im Umland anschauen (➤ 170f, Villa Torrigiani, rechts). Von hier aus können Sie **7 Pistoia** (➤ 171) und **8 Vinci** (➤ 172) besuchen, von wo aus man Florenz oder Siena gut erreicht. Alternativ bietet sich ein Tagesgesausflug nach **5 Garfagnana** (➤ 169f, rechts) an, fahren Sie durch das Serchio-Tal, die Orecchiella-Berge und genießen Sie den Blick auf die Alpi Apuane. Sie können auch die Marmorbrüche von **4 Carrara** (➤ 168f) oder den Strand von **3 Viareggio** (➤ 168) besuchen.

Lucca

Keine andere Stadt der Toskana besitzt so viel Charme und wirkt so anheimelnd wie Lucca, eine ruhige Provinzstadt, in deren mittelalterlichen Straßen und Plätzen sich in den vergangenen Jahrhunderten scheinbar nichts geändert hat. Die von einer kompletten Befestigungsanlage umgebene Stadt verfügt über herrliche Kirchenbauten, faszinierende Museen und Kunstsschätze sowie ruhige, blumengesäumte Gassen.

Rund um die Piazza San Michele mittelalterliche Gebäude

Piazza San Michele

Das Herz der Stadt schlägt an der Piazza San Michele, dem Standort des alten römischen Forums (*foro*); daher auch der Name San Michele in Foro für die wunderschöne **romanische Kirche** im Zentrum des Platzes. Mit ihrem Bau wurde 1070 begonnen, sie blieb aber unvollendet, da nach Fertigstellung der aufwendigen Fassade kein Geld mehr zur Verfügung stand: Kein Wunder, denn ihr reich geschmücktes Äußeres gehört zu den schönsten Kirchenfassaden in Italien, mit vielen Zwerchgalerien, Blendarkaden und zahllosen verzierten Säulen. Diese Kirchenarchitektur zeigt Einflüsse aus Pisa – sie wird daher oft romanische Pisa-Architektur genannt – und entwickelte sich während der Handelsbeziehungen Pisas zum Orient (➤ 165). Der Innenraum der Kirche ist eher nüchtern zu nennen; hier ist nur das Gemälde *Die Heiligen Hieronymus, Sebastian, Rochus und Helena* von Filippino Lippi aus dem 15. Jahrhundert bemerkenswert (am Ende des südlichen Kirchenschiffs).

Nur wenige Minuten entfernt von der Piazza San Michele, liegt die **Casa di Puccini**, das Geburtshaus von Giacomo Puc-

Vor der Casa di Puccini kann man eine Statue des Komponisten bestaunen

cini (1858–1924), dem Komponisten der Opern Tosca, *La Bohème und Madame Butterfly*. Sein früheres Haus dient heute als Konservatorium und beherbergt ein kleines Museum mit Exponaten aus seinem Leben. Allerdings wird die Casa derzeit renoviert und bleibt daher voraussichtlich bis 2010 für Besucher geschlossen. Einige Straßen weiter westlich, an der Via San Paolino, steht die Barockkirche San Paolini, in der der junge Puccini die Orgel bediente.

Von der Piazza San Michele sollte man entweder auf der Via Vittorio Veneto oder der Via Beccheria zur **Piazza Napoleone** gehen, die nach Napoleon Bonaparte benannt wurde. Das große Gebäude an der Westseite des Platzes heißt **Palazzo della Provincia** (1578–1728), einstmals Sitz des Stadtrats von Lucca. Hinter dem Palast erhebt sich die beeindruckende mittelalterliche Kirche San Romano, die schon seit vielen Jahren restauriert wird. Ein kurzer Spaziergang in Richtung Osten von der Piazza Napoleone bringt Sie zur Piazza San Martino, wo der atemberaubende **Duomo di San Martino** steht.

Der Duomo di San Martino

Mit dem Bau des Doms wurde 1060 begonnen; die Arbeiten an der prächtigen Fassade, einer Nachbildung der Kirche San Michele, wurden jedoch erst um 1261 abgeschlossen. Die asymmetrische Erscheinung der Fassade ergab sich daraus, dass die Kirche an den bereits bestehenden Glockenturm angebaut wurde. Der untere Teil des Campanile war ursprünglich ein Wehrturm, der erst nachträglich aufgestockt wurde. Besonders sehenswert an der Fassade sind die **Reliefs aus dem 13. Jahrhundert** an den drei Haupttüren. Nicola Pisano aus Pisa schuf *Mariä Verkündigung*, *Geburt Christi*, *Anbetung*

Der Erzengel Michael krönt die Fassade der Kirche San Michele in Foro

der Heiligen Drei Könige und die *Kreuzabnahme* am und über dem linken Portal. Die Verzierungen zwischen den Portalen werden Guidetto da Como, der den Großteil der Fassade gestaltete, zugeschrieben. Sie zeigen Episoden aus dem Leben des heiligen Martin (San Martino) und die Monate des Jahres mit ihren typischen Arbeiten – betrachten Sie unbedingt die Wildschweinjagd im Dezember. Besonders beachtenswert im **Inneren des Doms** ist der **Tempietto** (1482–85), eine achteckige Kapelle etwa auf halber Höhe des Hauptschiffs, die der Bildhauer Matteo Civitali (1436–1502) aus Lucca für das *Volto Santo* (»Heiliges Antlitz«), ein hölzernes Kruzifix, schuf. Es soll angeblich das authentische Bild Christi darstellen, geschnitzt vom hl. Nikodemus, einem Augenzeugen der Kreuzigung. Wissenschaftler glauben, dass es sich hierbei um eine Kopie aus dem 13. Jahrhundert einer Nachbildung aus dem 11. Jahrhundert handelt, die wiederum nach einer Statue aus dem 8. Jahrhundert gestaltet wurde.

Civitali schuf auch weitere Arbeiten im Dom, v. a. den Altare di San Regolo (1484) oder das Grab des heiligen Regolus, eines frühen Bischofs von Lucca (an der Wand rechts vom Hochaltar)

Die auffällige Bogenfassade des Doms

Drei der »Arbeiten der zwölf Monate« des Jahres, die am Hauptportal des Doms dargestellt sind

und das Grab von Pietro da Noceto (1472), Sekretär von Papst Nikolaus V. Das **Grab von Illaria del Carretto** (1407) ist ein wunderschönes Grabmonument des Bildhauers Jacopo della Quercia aus Siena: Es zeigt Illaria, die Frau von Paolo Guinigi – einem Mitglied der Familie, die das mittelalterliche Lucca jahrzehntelang beherrschte. Der Hund zu ihren Füßen steht als Symbol ihrer Treue. Das Grab liegt in der Sakristei am südlichen Gang (geringer Eintritt).

Das Ticket zur Sakristei gestattet auch den Besuch des **Museo della Cattedrale** an der Piazza Antelminelli, das eine Sammlung von Gemälden, Skulpturen und religiösen Artefakten enthält, und der **Kirche von Santi Giovanni e Reparata**. Ausgrabungen in dieser Kirche an der Piazza San Martino haben Mauerreste aus der Römerzeit zutage gefördert, außerdem Teile der ersten mittelalterlichen Kathedrale von Lucca und zweier Taufkappellen aus dem 5. und 8. Jahrhundert.

Die Stadtmauer und der Osten von Lucca

Von den Straßen rund um den Dom kommt man bequem auf die baumbestandene **Stadtmauer** (1544–1645) von Lucca: Man sollte wenigstens einen Teil oder die gesamte Mauer zu Fuß oder mit dem Fahrrad erkunden. Der Schutzwall umschließt die Stadt auf einer Gesamtlänge von 4,2 Kilometern. Die Mauern wurden zum Schutz gegen Florenz erbaut und ersetzten die älteren mittelalterlichen Wälle. Im 19. Jahrhundert wandelte man die Schutzwälle in die heutige Promenade um.

Vom Dom aus kann man auch sehr gut den östlichen Stadtrand von Lucca besuchen, wo es einiges zu sehen gibt: Da ist zunächst die **Santa Maria Forisportam** (Maria vor den Toren), eine unvollendete Kirche aus dem 13. Jahrhundert im Stile der romanischen Pisa-Architektur, die ihren Namen der Tatsache verdankt, dass sie einst jenseits der römischen und mittelalterlichen Stadtmauern lag. Sie steht an der Kreuzung von Via della Rosa und Via Santa Croce. Südöstlich der Kirche liegt der **Giardino Botanico**, der hübsche und friedliche Botanische Garten von Lucca. Auf oder nahe der Via Santa Croce und der Via Elisa finden sich insgesamt **vier kleine Kirchen**: Die SS Trinità, San

Ponziano, San Gervasio und San Michelotto. Letztere steht gleich am Eingang der Villa Bottini, auch als Villa Buonvisi bekannt, deren italienische Gärten einen Besuch wert sind.

Nördlich der Villa befindet sich das **Museo Nazionale di Villa Guinigi**, das in einem 1413 für die Familie Guinigi entstandenen Palast untergebracht ist. Das Museum umfasst eine große und vielfältige Sammlung von Gemälden, Skulpturen, Stoffen, römischen und etruskischen Funden, daneben Silber und wichtige Kunstwerke des Malers Fra Bartolommeo sowie des Bildhauers Matteo Civitali; Letzterer ist für seine Arbeiten im Dom bekannt. Achten Sie auch auf das schöne Chorgestühl des Doms (1529), das mit Holzeinlegearbeiten verziert ist. Einige Schritte westlich vom Museumseingang an der Via della Quarquonia liegt die Kirche **San Francesco** (13. Jh.), die wegen ihrer Fresken beachtenswert ist. Spannender als diese Kirche ist jedoch ein Besuch der romanischen Kirche **San Pietro Somaldi**. Sie stammt aus dem 12. Jahrhundert, wurde jedoch auf einer lombardischen Kapelle aus dem Jahre 763 errichtet. Gehen Sie von hier aus in Richtung Süden, und folgen Sie der Via Guinigi, einer der geschichtsträchtigen Straßen von Lucca. Knapp 200 Meter von San Pietro entfernt, steht die **Casa Guinigi**, ein weiterer Palazzo der Familie Guinigi. Auffallend ist v. a. die 44,25 Meter hohe, mittelalterliche **Torre Guinigi**, unverwechselbar wegen der Steineichen, die auf ihrer Turmspitze wachsen. Der Aufstieg wird mit einem Blick über die mittleralterlichen Dächer belohnt. Die Stadt hatte einst 250 solcher Türme.

Von der Piazza Anfiteatro nach San Frediano

Kehren Sie in Richtung Norden auf die Via Guinigi zurück, und biegen Sie links in die Via Antonio Mordini ab, dann in die erste kleine Gasse rechts, die zur **Piazza Anfiteatro** führt.

Die Piazza Anfiteatro liegt über einem alten römischen Amphitheater

Himmelfahrt Christi, Mosaik aus dem 12. Jahrhundert in San Frediano

Die ovale Form des Platzes folgt exakt den Umrissen des römischen Amphitheaters, das hier einst stand. Dessen Steine wurden im 12. Jahrhundert als Baumaterial für Kirchen und Paläste in Lucca geplündert, aber in den umliegenden Gebäuden haben sich einige Elemente erhalten.

Vom nördlichen Rand des Platzes sind es nur wenige Schritte auf der Hauptstraße von Lucca, der Via Fillungo, zur Kirche **San Frediano** (1112–47), deren Fassade ein außergewöhnliches Mosaik (dargestellt ist Christi Himmelfahrt) aus dem 13. Jahrhundert schmückt; im Kircheninnenraum ist v. a. das reich verzierte Taufbecken, der **Fontale Lustrale**, aus dem 12. Jahrhundert sehenswert. Dahinter steht eine Kapelle mit dem Grab der hl. Zita, einer aus Lucca stammenden Magd aus dem 13. Jahrhundert, die zur Schutzpatronin der Dienstmädchen wurde. Bemerkenswert sind auch die fein gearbeiteten Fresken (1508 bis 09) von Amico Aspertini in der **Cappella di Sant'Agostino**.

Die Via Fillungo führt zurück in Luccas Stadtzentrum. San Frediano am nächsten liegt der **Palazzo Pfanner** (1660), wo die Residenz und die Gärten aus dem 18. Jahrhundert (nicht jedoch der Palast selbst) für Besucher zugänglich sind. Unweit daneben steht die Kirche Sant'Agostino aus dem 14. Jahrhundert und die Kapelle von San Salvatore in Muro, weiter westlich dann das Museo Nazionale di Palazzo Mansi. Den Mangel an wahren Meisterwerken gleicht es mit seiner luxuriösen Einrichtung aus.

KLEINE PAUSE

Das **Caffè di Simo** (➤ 174) gehört zu den besten Cafés und verzaubert mit einer Einrichtung aus dem 19. Jahrhundert.

LUCCA: INSIDER-INFO

Top-Tipps: Lucca besucht man am besten mit dem **Zug**; der Bahnhof ist nur einen kurzen Weg von den Stadtmauern entfernt. Wenn Sie die Anfahrt per Auto wählen, können Sie an der Piazzale Giuseppe Verdi parken oder außerhalb der Mauern und dann ins Zentrum laufen.

- Es lohnt sich, in Lucca ein **Fahrrad auszuleihen**. Eher ungewöhnlich für das autoverrückte Italien, benutzen die Einheimischen gern das Fahrrad – tun Sie es ihnen gleich. Es gibt etliche Fahrradverleihe in der Stadt, u.a. bei der Touristeninformation und an der Piazza Santa Maria.
- Ein **Kombiticket** für den Besuch der Domsakristei, des Museo della Cattedrale und der Kirche Santi Giovanni e Reparata ist günstiger als einzelne Tickets.

Links: Der Fontale Lustrale, das Taufbecken aus dem 12. Jahrhundert in San Frediano

San Michele
204 B1 Piazza San Michele kein Anschluss Mitte März–Okt. tägl. 9–12, 15–18 Uhr; Nov.–Mitte März 9–12, 15–17 Uhr; während Gottesdiensten geschl. frei

Casa di Puccini
204 B1 Corte San Lorenzo 9, Via di Poggio 30 (0583) 58 40 28 wegen Renovierungsarbeiten geschl.

Duomo di San Martino
204 B1 Piazza San Martino (0583) 49 05 30 Dom: Mitte März bis Okt. Mo–Fr 9.30–17.45, Sa 9.30–18.45, So 9.30–10.45, 14–18 Uhr; Nov.–Mitte März Mo–Fr 9.30–16.45, Sa 9.30–18.45, So 9.30–10.45, 14–17 Uhr Dom: frei; Sakristei: mittel; Kombiticket für das Museo della Cattedrale und Santi Giovanni e Reparata: mittel

Museo della Cattedrale
204 B1 Piazza Antelminelli 5 (0583) 49 05 30 Mitte März–Okt. tägl. 10–18 Uhr; Nov.–Mitte März Mo–Fr 10–14, Sa–So 10–17 Uhr (diese Öffnungszeiten gelten auch für Santi Giovanni e Reparata) mittel

Museo Nazionale di Villa Guinigi
204 C2 Via della Quarquonia (0583) 49 60 33 Di–Sa 8.30 bis 19.30, So 8.30–13.30 Uhr mittel (Kombiticket mit Palazzo Mansi: teuer)

Torre Guinigi
204 B2 Via Sant'Andrea (0583) 58 30 86 Juni–Sept. tägl.: 9.30 bis 19.30, April–Mai 9.30–18.30, März, Okt. 9.30–17.30, Nov.–Febr. 9.30–16.30 Uhr preiswert

San Frediano
204 B2 Piazza San Frediano Mitte März–Okt. tägl. 9–12, 15–18, Nov.–Mitte März 9–12, 15–18 Uhr; während Gottesdiensten geschl.

Palazzo Pfanner
204 B2 Via degli Asili 33 (0583) 95 40 29 April–Okt. tägl. 10 bis 18 Uhr Palazzo oder Gärten: preiswert; Kombiticket: mittel

Museo e Pinacoteca Nazionale di Palazzo Mansi
204 A2 Via Galli Tassi 43 (0583) 555 70 Di–Sa 8.30–19, So 8.30–14 Uhr mittel (Kombiticket mit Villa Guinigi erhältlich)

Statuen säumen den Weg in die kunstvoll gestalteten Gärten des Palazzo Pfanner

2 Pisa

Bei Pisa denkt man zunächst an ein beeindruckendes Gebäude – den Schiefen Turm. Dabei übersieht man leicht den prachtvollen Dom und das Baptisterium, ganz zu schweigen von einer eigenwilligen, kleinen Kirche, einer geschichtsträchtigen, mittelalterlichen Piazza und drei Museen voller Kunstschätze.

Jahrhundertelang gehörte Pisa zu den wichtigsten Städten Italiens: Die etruskische, später römische Siedlung gewann im Mittelalter an Bedeutung und erreichte ihre Blütezeit im 11. und 12. Jahrhundert, als Pisa dank des Seehandels reich wurde und Bauwerke wie der Schiefe Turm entstanden. Doch mit dem Verlust der Vormachtstellung auf See und der Verlandung des Hafens setzte der Niedergang ein. Nachdem sich die Stadt seit 1406 unter florentinischer Herrschaft befand, war Pisa auf seine Bedeutung als Universitäts- und Kulturstadt reduziert.

Campo dei Miracoli

Den heutigen Touristen bleibt der Anblick der früheren Pracht verwehrt, denn ein Großteil des historischen Stadtkerns wurde 1944 im Zweiten Weltkrieg durch Bomben zerstört. Pisa ist daher in einer Region, die für ihr mittelalterliches Flair berühmt ist, eine Ausnahme, denn die Nachkriegsbauten haben nicht nur den Vororten, sondern auch der einst historischen Stadtmitte ein modernes, anonymes Gesicht verliehen. Die große Ausnahme ist jedoch der **Campo dei Miracoli** (»Platz der Wunder«), der vom Bombenhagel verschont blieb, mit dem berühmten **Schiefen Turm**, dem Duomo, dem Baptisterium und dem Camposanto, einem mittelalterlichen Friedhof. Dank umfangreicher Hilfsmaßnahmen in den 1990er-Jahren wurde der Einsturz des Schiefen Turms

Der Duomo von Pisa, daneben der Schiefe Turm

Die Bauarbeiten am runden Baptisterium begannen im Jahre 1152

verhindert. Der Turm, eigentlich als Glockenturm für den Dom gebaut, gilt als Hauptattraktion. Der Dom und das Baptisterium rangieren danach – dabei zählen beide zu den außergewöhnlichsten mittelalterlichen Bauten der Toskana.

Mit dem **Dombau** wurde im Jahre 1064 begonnen, wesentlich früher noch als in Florenz (1296) und Siena (1179) – ein Indiz für den einstigen Reichtum der Stadt. Die aufwendig verzierte, marmorgestreifte Fassade, v. a. deren feingliedrige Säulen und Bögen, diente später als Vorbild für ähnliche romanische Kirchenbauten im Stil der sogenannten Pisa-Architektur in ganz Mittelitalien, insbesondere in Lucca, Siena und Florenz. Dieser Baustil verweist auf starken orientalischen Einfluss. Aufgrund ihrer weit verzweigten Handelsbeziehungen kam die Stadt mit der Kunst und Architektur des Nahen Ostens sowie des östlichen Mittelmeerraums in Berührung.

Bevor Sie den Dom betreten, sollten Sie den **Portale di San Ranieri** (1180) bewundern, eine Tür, die einst als Haupteingang des Doms diente, sich heute jedoch hinter dem rechten (südlichen) Querschiff, gegenüber dem Schiefen Turm befindet. Seine Bronzetafeln zeigen Motive aus dem *Neuen Testament*, während der Querbalken aus römischen Reliefs besteht, die aus einem älteren Gebäude des 2. Jahrhunderts n. Chr. stammen.

Leider wurden viele der Kunstschätze im Innern des Doms 1595 durch einen Brand zerstört. Zwei Meisterwerke überstanden das Feuer – das Mosaik in der Apsis, ***Die Herrlichkeit Christi*** (1302) von Cimabue, und die einzigartige **Kanzel** (1302–11) von Giovanni Pisano, dessen Werk großen Einfluss auf die italienische Kunst ausübte.

Die Arbeiten von Giovanni Pisano und Nicola Pisano schmücken das runde **Baptisterium** (ab 1152), das unweit des Doms steht. Diese Künstler schufen auch die meisten der feinen Steinmetzarbeiten, die seit 1270–97 die Fassade des Baus zieren. Das Innere der überwiegend schlichten Taufkapelle wird von der von Nicola Pisano 1260 gefertigten Kanzel beherrscht. Ein weiterer Bildhauer aus Norditalien, Guido Bigarelli da Como, schuf 1246 das Taufbecken mit Einlegearbeiten.

Nicola Pisano schuf die wunderschöne Kanzel der Taufkapelle (Ausschnitt)

Ein Besuch auf dem **Camposanto** innerhalb eines großen gotischen Klosters an der Nordseite des Campo, erinnert daran, wie knapp diese Kunstschätze 1944 der Vernichtung entgingen. In jenen Tagen traf das Kloster eine Brandbombe, die fast alles zerstörte. Nur wenige kostbare Fresken, Grabsteine und sinopie – Skizzen, die sich unterhalb der Fresken befinden – konnten gerettet werden. Letztere sind heute im Museo delle Sinopie an der Südseite des Campo ausgestellt.

Die Museen von Pisa

Andere Kunstgegenstände, die vor dem Bombenhagel gerettet wurden, kann man im **Museo dell'Opera del Duomo** sehen.

Ein weiteres bedeutendes Museum in Pisa ist das **Museo Nazionale di San Matteo**. Wenn Sie das Museum zu Fuß erreichen wollen, gehen Sie zunächst zur Piazza dei Cavalieri, pausieren kurz an der Piazza Vettovaglie, wo täglich (außer sonntags) ein Markt abgehalten wird. Die Via Dini führt von der Piazza dei Cavalieri zur Borgo Stretto, wo die attraktivsten Geschäfte von Pisa liegen. Am südlichen Ende der Straße, am Arno, biegen Sie links ab. Über den Lungarno Mediceo und die Piazza San Matteo erreichen Sie das Museum. Zu den Hauptsehenswürdigkeiten gehören eine Bronzestatue des San

PISA: INSIDER-INFO

Top-Tipps: Wenn Sie nach oder ab Pisa **fliegen** (➤ 37), sollten Sie sich die Stadt am Ankunfts- oder Abreisetag ansehen – man braucht nur wenige Stunden.

- Das Verkehrsnetz erschwert den Besuch der Innenstadt von Pisa und des Campo dei Miracoli mit dem Auto. Sie können die Stadt von Lucca (➤ 156ff) aus mit dem **Zug** besuchen: Vom Bahnhof zum Campo dei Miracoli sind es zu Fuß nur 15 Minuten. Vom Bahnhofsvorplatz fahren auch Taxis und der Bus Nr. 1 (LAM roter Shuttlebus) ab.
- **Kartenreservierung** (zwingend) für den **Schiefen Turm** unter www.opapisa.it (mind. 16 Tage im Voraus) oder gehen Sie zum Kartenschalter bei der Touristeninformation. Infos unter Tel. (050) 56 05 47 (Tickets nicht telefonisch buchbar).

Lussorio von Donatello sowie Gemälde von Masaccio, Simone Martini, Fra Angelico und Gentile da Fabriano. Weitere Gemälde und sonstige Kunstgegenstände finden sich im **Museo Nazionale di Palazzo Reale**. Auf der anderen Flussseite, an der Lungarno Gambacorti, steht die kleine Kirche **Santa Maria della Spina** aus dem 14. Jahrhundert. Ein Dorn aus der Krone Christi, eine *spina*, wird in diesem Gotteshaus aufbewahrt.

KLEINE PAUSE

Die **Pasticceria Salza** in der Borgo Stretto ist ideal für einen Lunch, etwas gehobener ist die **Osteria dei Cavalieri** (► 175).

Duomo, Baptisterium, Museo dell'Opera, Camposanto
196 C2
Campo dei Miracoli
(050) 83 50 11; www.duomo.pisa.it; Besichtigungen des Schiefen Turms (050) 56 05 47; www.opapisa.it
Turm: Juli–Aug. tägl. 8.30–23; April–Juni, Sept. 8.30–20; Okt. 9–19; Nov., Febr. 9.30–17.30; Dez.–Jan. 10–16.30; März 9–17.30 Uhr (nur mit Führung möglich, max. 30 Min.). Dom: April–Sept. tägl. 10–20; Okt. 10–19; Nov.–Febr. 10–12.45, 14–17; März 10–18 Uhr. Baptisterium: April–Sept. tägl. 8–20; Okt. 9–19; Nov.–Febr. 10–17; März 9–18 Uhr. Camposanto/Museo dell'Opera: April bis Sept. tägl. 8–20; Okt. 9–19; Nov.–Febr. 9–17; März 9–18 Uhr
Turm: teuer; Dom: preiswert; andere: mittel. Kombiticket für alle Monumente ohne Turm: mittel–teuer

Museo Nazionale di San Matteo
196 C2 Piazza San Matteo
(050) 54 18 65 oder (050) 971 13 95 Di–Sa 8.30–19.30, So 8.30–13 Uhr
mittel (Kombiticket mit Palazzo Reale: teuer)

Museo Nazionale di Palazzo Reale
196 C2 Piazza Carrara, Lungarno Pacinotti 46
(050) 92 65 11
Mo–Fr 9–14.30, Sa 9–13 Uhr (variierend)
mittel (Kombiticket mit Museo Nazionale: teuer)

Freskenmalerei im Camposanto, inspiriert von der Pest im Jahre 1348

Nach Lust und Laune!

3 Viareggio

Das Seebad Viareggio hat zwar einige Sehenswürdigkeiten zu bieten – eine Handvoll Jugendstilgebäude am palmengesäumten Ufer –, aber eigentlich kommt niemand deswegen hierher: Es ist der Strand, der die Menschen anlockt – einer der schönsten der Region, der als Riviera di Versilia bekannt ist und sich bis zur Grenze nach Ligurien im Norden erstreckt. Bis auf den schicken Ferienort Forte dei Marmi ist dieser Küstenstreifen eher uninteressant zu nennen. Kein Wunder also, dass Viareggio mit seinem einstigen mondänen Glanz auch heute noch anziehend wirkt. Viele der Besucher kommen aus Florenz, um der Großstadt zu entfliehen. Das Seebad ist mit dem Auto oder dem Zug nur eine Stunde von der toskanischen Hauptstadt entfernt.

Der breite und lange Sandstrand ist in *stabilimenti bagnari* (Badeabschnitte) unterteilt, d.h. man muss für Eintritt und Nutzung des Strandes zahlen. Das mag man als ärgerlich empfinden, aber dafür wird der Strand sauber gehalten. Im Preis sind außerdem Sonnenstühle, Duschen, Umkleidekabinen und sanitäre Einrichtungen inbegriffen. In Viareggio gibt es zahlreiche preiswerte Hotels sowie Pizzerien, Fischrestaurants, Geschäfte und ein reges Nachtleben.
196 C3

Touristeninformation
Viale Carducci 10 (0584) 96 22 33; www.aptversilia.it Juni–Sept. Mo–Sa 9–14, 15–19, So 9.30–13.30, 15–18 Uhr; Okt.–Mai Mo–Sa 9–14, 15–19, So 9–13 Uhr

Das Art-déco-Gebäude des Bagno Balena in Viareggio wurde1928 erbaut

4 Carrara

Carrara gilt seit langem als Inbegriff für Marmor. Das elfenbeinfarben und milchig-grau schimmernde Gestein aus Carrara wird schon seit Jahrtausenden in den nahe gelegenen Alpi Apuane abgebaut und hat Bildhauer von Michelangelo bis Henry Moore begeistert.

Der kurze Weg von der Stadt zu einigen der Marmorbrüche lohnt sich. Plattformen am Straßenrand ermöglichen Einblicke in die Brüche während der Arbeitszeiten. Marmorbrüche, die sehr gut einzusehen sind, befinden sich in Colonnata, acht Kilometer östlich der Stadt, und bei Fantiscritti, fünf Kilometer nordöstlich einer kurvenreichen Straße nach Miseglia. Eine weitere kurvige Straße (Nr. 446d) führt in den Norden und bietet tolle Ausblicke, v. a. an der Stelle, wo sie nach Osten abknickt und zum Campo Cecina auf 1500 Meter Höhe ansteigt.

Im Gegensatz zur nahe gelegenen Marmorstadt Massa bietet Carrara einige Sehenswürdigkeiten. Im Zentrum liegt die Piazza Alberica, die von farbenfrohen mittelalterlichen Häusern umgeben ist. Der Dom aus dem 11.–14. Jahrhundert entstand im romanischen Pisa-Stil und liegt wenige Schritte nordöstlich von der Piazza del Duomo.

Aus den Bergen um Carrara wird jede Menge Marmor geschlagen

196 B4
Touristeninformation
Via le XX Settembre, Loc. Stadio Carrara
(0585) 84 41 36; www.aptmassacarrara.it
tägl. 8.30–17.30 Uhr

5 Garfagnana

Die Garfagnana, die Tallandschaft entlang dem Fluss Serchio nördlich von Lucca, trennt zwei Bergketten voneinander: Im Westen liegen die Alpi Apuane, ein wilder Gebirgszug mit reißenden Bächen und zerklüfteten Gipfeln (der höchste Berg, der Pania di Croce, ist 1858 Meter hoch). Östlich davon liegen die bewaldeten, sanfteren Hänge der Orecchiella, deren höchster Gipfel der Monte Prato (2053 Meter) ist. Beide Gebirgszüge sind Naturschutzgebiete (*parchi naturali*).

Das Tal und die Berge der Garfagnana lohnen einen Besuch, wenn Sie mit dem Auto reisen. Urlauber ohne Auto können von Lucca aus den Zug nach Aulla (Verbindung nach La Spezia) nahe der Grenze zwischen der Toskana und Ligurien nutzen. Genießen Sie die Landschaft vom Zug aus und kehren dann von der Piazza al Serchio nach Lucca zurück.

Die ersten 20 Kilometer mit dem Auto ab Lucca durch das Tal sind landschaftlich weniger reizvoll, das ändert sich jedoch ab dem Dorf Borgo a Mozzano. Machen Sie einen kleinen Abstecher nach Bagni di Lucca, einem ruhigen kleinen Kurort, der 27 Kilometer von Lucca entfernt liegt und berühmte Gäste wie Lord Byron, Shelley sowie Robert und Elizabeth Barrett Browning willkommen hieß. Am lohnendsten ist ein kleiner Umweg zum hübschen Bergort Barga, fünf Kilometer abseits der Talstraße. Dort gibt es einen wunderschönen Dom aus dem 10. Jahrhundert zu bewundern.

Castelnuovo di Garfagnana, 14 Kilometer weiter im Tal gelegen, ist der größte Ort der Gegend und dient als Ausgangspunkt für Fahrten in die Berge nach Osten und Westen. Falls Sie genug Zeit haben, machen Sie eine kleine Tour durch die Orecchiella. So führt eine kleine Straße nach Norden zum Gebirgsort San Pellegrino in Alpe (1524 Meter), wo sich ein ausgezeichnetes Volksmuseum befindet, das Museo Etnografico Provinciale. Hier steigt die Straße bis Foce dei Radici auf 1600 Meter Höhe an. Anschließend führt die kurvenreiche Straße wieder über Castiglione di Garfagnana

Schon die Etrusker und Römer schätzten die Thermalquellen in Bagni di Lucca

zurück nach Castelnuovo (die Rundfahrt beträgt rund 50 Kilometer). Für ein wunderbares Panorama auf die Alpi Apuane nehmen Sie die kleine Straße nach Westen über die Berge nach Massa oder Seravezza.

Die Alpi Apuane wie auch die Orecchiella werden von zahlreichen markierten Wanderwegen durchzogen, die besseren Pfade haben ihren Ausgangspunkt in Dörfern wie Levigliani an der Westseite des Gebirges. Anders als für die restliche Toskana gibt es in örtlichen Buchhandlungen und an Zeitungsständen sehr detaillierte Wanderkarten. Weitere Auskünfte erteilen die Touristeninformation in Lucca (➤ 41) oder die Naturparkverwaltung der Alpi Apuane in Castelnuovo (Piazza delle Erbe 1, Tel. (0583) 651 69) bzw. Naturparkverwaltung der Orecchiella, die sieben Kilometer nördlich der Siedlung Corfino an der Nebenstraße nach Sillano liegt (Tel. (0583) 61 90 98 oder (0583) 64 49 11).

196 C4

Museo Etnografico Provinciale
Via del Voltone 14 (0583) 64 90 72
Juni–Sept. Di–So 9.30–13, 14.30–19 Uhr; Okt.–März Di–Sa 10–13, So 10–12, 14–17 Uhr; April–Mai Di–So 10–12, 14–17 Uhr
preiswert

6 Villen and Gärten

In der Umgebung von Lucca findet man viele Villen und Gärten, die der Öffentlichkeit zugänglich sind. Sie stammen zum Teil aus dem 16. Jahrhundert, wurden aber seit Mitte des 19. Jahrhunderts stark umgebaut. Hier werden in den Sommermonaten zahlreiche Musikdarbietungen unter freiem Himmel aufgeführt.

Zu den prächtigsten Villen gehört die **Villa Reale** aus dem 14. Jahrhundert, die 14 Kilometer nordöstlich von Lucca in der Nähe des Dorfes Marlia liegt. Allerdings sind nur die Gärten für Besucher geöffnet: Diese wurden größtenteils im 17. Jahrhundert angelegt, im 19. Jahrhundert jedoch von Elisa Baciocchi, der Schwester von Napoleon Bonaparte, umgestaltet. Nur 200 Meter entfernt, befindet sich die kleinere, aber schöne **Villa Grabau** – die Gärten und der erste Stock stehen der Öffentlichkeit offen. Beeindruckender ist die **Villa Torrigiani** oder **Villa Camigliano**, etwa 8 km östlich von Marlia. Sie stammt aus dem 16. Jahrhundert und ist umgeben von Barock- und

Rokoko-Gärten, die zu einer späteren Zeit angelegt wurden. Erbaut wurde sie für den damaligen Besitzer, den lucchesischen Botschafter in Frankreich, der sich von Le Notre inspirieren ließ – dem Designer der Gärten von Versailles.

Nur 2 km entfernt liegt die **Villa Mansi**, 11 km nordöstlich von Lucca. Die Villa aus dem 16. Jahrhundert zeichnet sich aus durch ihre mit Statuen bedeckte Fassade, die von der Familie Mansi gestaltet wurde, als sie das Anwesen Anfang des 18. Jahrhunderts kaufte. Die Außenanlagen sind eine Mischung aus Parklandschaft im englischen Stil und italienischen Gärten. Weitere Informationen: www.villelucchesi.net.

Villa Reale

197 D3 Via Fraga Atta, Marlia (0583) 301 08 oder (0538) 300 09 März–Nov, Di–So, stündlich Führungen um 10, 11, 12, 15, 16, 17, 18 Uhr; Dez.–Febr. nur nach Voranmeldung teuer

Villa Grabau

197 D3 Via di Matraia 269, Marlia (0583) 40 60 98 Juli–Aug. Mo 15–19, Di–So 10–13, 15–19; Ostern–Juni, Sept.–Okt. Mo 14–18, Di–So 10–13, 14–18; Nov.–Ostern Mo 14.30–17.30, Di–So 10–13, 14.30–17.30 Uhr Garten: mittel; Villa und Garten: teuer

Villa Torrigiani

197 D3 Via del Gomberaio 3, Camigliano, an der SS 435 (0583) 92 80 41 März–Okt. tägl. 10–13, 15–18 Uhr; Nov–Febr. nach Voranmeldung teuer

Villa Mansi

197 D3 Via delle Selvette 242, Segromigno in Monte (0583) 92 02 34 geschl. wegen Renovierung teuer

7 Pistoia

Pistoia ist zwar eine absolut sehenswerte historische Stadt, doch hat sie es schwer inmitten von so vielen anderen herausragenden Städten und Dörfern. Wer die Vororte von Pistoia erst einmal hinter sich gelassen hat,

Barockgarten der Villa Torrigiani

entdeckt einen historischen Stadtkern aus dem Mittelalter und der Renaissance. Die Piazza del Duomo ist die Kulisse eines herrlichen Campanile (Glockenturm), eines Baptisteriums aus dem 14. Jahrhundert und des prächtigen Doms San Zeno. Zu den Höhepunkten im Dom zählt der **Silberaltar des Hl. Jakobus** (1287–1456). Dieser wiegt über eine Tonne und zählt insgsamt 628 Einzelfiguren. Weitere sehenswerte Kirchen in der Stadt sind San Bartolommeo in Pantano, San Giovanni Forcivitas und Sant'Andrea, v. a. wegen der reich verzierten Kanzeln aus dem 13. und frühen 14. Jahrhundert. Die Schönste davon ist die von Giovanni Pisano in Sant'Andrea (1301).

Die **Chiesa del Tau** ist für ihre Fresken aus dem 14. Jahrhundert bekannt, das **Ospedale del Ceppo**, ein Hospital aus dem 13. Jahrhundert, zeigt ein Fries mit bunt glasierten Terrakottasteinen aus dem 16. Jahrhundert von Della Robbia.

197 E3

Touristeninformation
Piazza del Duomo 4 (0573) 21622; www.comune.pistoia.it tägl. 9–13, 15–18 Uhr

8 Vinci

Dieses kleine, bescheidene Toskana-Dorf wäre sicherlich immer tiefste Provinz geblieben, wenn nicht ein Ereignis eingetreten wäre, das zwar Vinci selbst kaum verändert hat, dafür aber ohne Zweifel die Welt: 1452 wurde hier ein Kind geboren, das zu einem der größten Genies der Geschichte heranwuchs. Dieser wahre Vertreter der Renaissance war niemand geringerer als Leonardo da Vinci.

Leonardo verließ Vinci im Alter von 14 Jahren, um eine Lehre in Florenz zu beginnen. Das einfache Steinbauernhaus, in dem er seine Kindheit verbrachte, steht in einem kleinen Dorf, 3 km von Anchiano entfernt. An der Landschaft hat sich seit der Zeit seiner Kindheit nicht viel geändert, einige Ausstellungsstücke, die an diesen großen Mann erinnern, sind allerdings hinzugekommen.

In der Burg von Vinci befindet sich das **Museo Leonardiano di Vinci** mit einer Ausstellung von lebensgroßen Modellen einiger der zahlreichen faszinierenden Maschinen, die Leonardo konstruierte – darunter ein Helikopter, Flügel für Menschen und ein Gerät zum Atmen unter Wasser.

197 E2

Touristeninformation
Via del Torre 11
(0571) 568012; www.comune.vinci.it
März–Okt. tägl. 10–19 Uhr; Nov.–Febr. Mo–Fr 10–15, Sa 10–18 Uhr

Casa Natale di Leonardo da Vinci
Anchiano (0571) 56519
März–Okt. tägl. 9.30–19 Uhr; Nov.–Febr. 9.30–18 Uhr frei

Museo Leonardiano di Vinci
Castello dei Conti Guidi
(0571) 56055; www.museoleonardiano.it
tägl. 9.30–18 Uhr mittel

Die herrliche mittelalterliche Cattedrale di San Zeno von Pistoia beherbergt einige beeindruckende Werke von Della Robbia

Wohin zum … Übernachten?

Preise

Für ein Doppelzimmer gelten folgende Preise pro Nacht:

€ unter 125 Euro €€ 125–200 Euro €€€ über 200 Euro

GARFAGNANA

Hotel-Ristorante Ludovico Ariosto €

Gute Hotels sind in der Garfagnana immer noch selten. Bescheidene Familienbetriebe sind hier die Norm. Das Ludovico Ariosta im Herzen von Castelnuovo – ein sauberes und ordentliche Stadthaus aus dem 19. Jahrhundert mit modernem Anbau im hinteren Teil – gehört zu den besseren Hotels. Die Zimmer sind sauber und frisch, auch wenn die Möbel nicht unbedingt die aktuellsten sind. Ein äußerst modernes Restaurant vor Ort serviert typisch toskanische Landgerichte und in der Nähe finden sich einige andere Angebote.

196 C4 Via Francisco Azzi 28, Castelnuovo (0583) 623 69; www.hotelludovicoariosto.it

LUCCA

La Luna €€

Dieses familiengeführte 3-Sterne-Hotel mit 29 Zimmern liegt in zwei Palazzi aus dem 17. Jahrhundert im Herzen der Altstadt, die sich zu beiden Seiten eines verschlafenen Innenhofs gegenüberstehen. Alle Zimmer sind mit Telefon und Fernseher ausgestattet, und sehr unterschiedlich eingerichtet – darunter einige größere Suiten und apartmentähnliche Zimmer. Trotzdem ist es eher gemütlich als palastartig. Es gibt kein Restaurant, aber ein Buffet-Frühstück wird angeboten.

204 B2 Via Fillungo-Corte Compagni 12
(0583) 49 36 34; www.hotellaluna.com
Jan. geschl.

Noblesse €€€

Das zentral gelegene Noblesse ist das luxoriöseste Hotel im Herzen von Lucca. Es liegt westlich der Piazza Bernardini zwischen dem Duomo und dem Torre Guinigi und ist in einem umgewandelten Palast aus dem 18. Jh. untergebracht. Viele Details dieser Epoche – wunderschöne Antiquitäten, orientalische Wolldecken oder kostbare Seidenstoffe – finden sich in den Zimmern wie in den öffentlichen Bereichen wieder. Das Boutique-Hotel hat eine exklusive und intime Atmosphäre. Hier abends auf der Terrasse unter freiem Himmel zu speisen, ist eine sehr gute Wahl.

204 B1 Via Sant'Anastasia 23
(0583) 44 02 75; www.hotelnoblesse.it

Piccolo Hotel Puccini €

Dieses reizende, kleine 3-Sterne-Haus liegt nur wenige Minuten von der Piazza San Michele entfernt in einem friedlichen Renaissancepalazzo aus dem 15. Jahrhundert. Das Haus wird gut geführt und die gemütlichen, hellen Zimmer, einige mit Blick auf den kleinen Platz und die Puccini-Statue, sind geschmackvoll eingerichtet. Es gibt nur wenige hauseigene Parkplätze, die man im Voraus reservieren muss. Das Hotel verfügt über kein Restaurant, bietet aber Frühstück an.

204 B1 Via di Poggio 9
(0583) 554 21; www.hotelpuccini.com

San Martino €

Da die Auswahl an komfortablen und preiswerten Unterkünften in Lucca nicht die größte ist, sollten Sie eins der neun Zimmer – klein aber fein! – im San Martino frühstmöglich reservieren. Das 3-Sterne-Hotel – in einem Stadthaus aus dem 18. Jh. untergebracht – liegt gleich westlich vom Duomo an einem Sträßchen zwischen der Piazza del Giglio und dem Corso Garibaldi.

Im Sommer wird das Frühstück auf Wunsch auf die Veranda gebracht.
204 B1 ✉ Via della Dogana 9 ☎ (0583) 46 91 81; www.albergosanmartino.it

PISA

Relais dell'Orologio €€€
Dieses 5-Sterne-Boutique-Hotel ist eine luxuriöse Unterkunft im Herzen der Stadt. Es liegt in einem mittelalterlichen Turm aus dem 14. Jahrhundert und dem benachbarten Stadthaus. Beim Dekor wurden keine Kosten gescheut. Herrliche Details der Epoche, elegante Textilien und hochwertige Möbel bestimmen das Bild im ganzen Haus. Die Zimmer sind individuell eingerichtet, viele mit Fresken an Wand oder Decke. Alle Zimmer sind äußerst komfortabel. Das Hotel hat ein klassisches Restaurant und einen schönen Hof und Garten zum Essen und Entspannen unter freiem Himmel.
196 B4 ✉ Via della Faggiola 12–14 ☎ (050) 83 03 61; www.hotelrelaisorologio.com ⊕ Restaurant geschl. Anfang Jan.–Febr.

Verdi €
Das Verdi hat seine 32 Zimmer geschmackvoll eingerichtet und liegt günstig: Östlich der Altstadt erreicht man schnell den Fluss, das Museo Nazionale di San Matteo und den Palazzo di Giustizia (kein Restaurant).
196 C2 ✉ Piazza della Repubblica 5–6 ☎ (050) 59 89 47

VIAREGGIO

Hotel Tirennia €–€€
Dieses kleine 3-Sterne-Hotel bietet ein gutes Preis-Leistungsverhältnis und liegt nur eine kurze Strecke vom Strand des Resorts entfernt. Für die Sonnenliegen am privaten Strand zahlen Sie einen Sonderpreis. Die moderne und unkonventionelle Gestaltung mit leuchtenden Farben und Pastelltönen sorgt für eine warme Atmosphäre. Zum Hotel gehören eine Bar und ein Frühstücksbereich, aber kein Restaurant. Parkmöglichkeiten gegen Gebühr. Im Sommer sollten Sie im Voraus buchen.
196 C3 ✉ Via San Martino 23 ☎ (0584) 496 41; www.tirreniahotel.com

Wohin zum ... Essen und Trinken?

Preise
Die Preise gelten pro Person für ein Drei-Gänge-Menü mit Wein:
€ unter 26 Euro €€ 26–52 Euro €€€ über 52 Euro

LUCCA

Buca di Sant'Antonio €€
Das Buca, das bereits 1787 gegründet wurde, war lange Zeit das beste Restaurant im Zentrum. Der Service kommt hier etwas formeller daher und man serviert traditionelle Gerichte aus Lucca. Es gibt Speisen wie *tordelli Lucchesi* (Pasta, gefüllt mit Borretsch, Rind- und Schweinefleisch), *zuppa di farro* (eine spezielle Gemüsesuppe), *capretto allo spiedo* (Zicklein am Spieß) und *semifreddo Buccellatto* (Creme mit wilden Beeren).
204 B1 ✉ Via della Cervia 3 ☎ (0583) 558 81 ⊕ Di–So 12.30–14.30, 19.30–22.30 Uhr. So abends, eine Woche Anfang Jan. und zeitweise im Juli geschl.

Caffè di Simo €
Das schönste Café in Lucca begeistert durch sein Belle-Époque-Interieur aus Messing, Marmor und Spiegeln. Puccini ist nur eine der vielen Berühmtheiten, die hier Kuchen, Gebäck, Kaffee und Snacks genossen haben. Auch die Eiscreme gehört zum besten Speiseeis, das man in Lucca bekommen kann.
204 B2 ✉ Via Fillungo 58 ☎ (0583) 49 62 34; www.caffedisimo.it ⊕ Di–So 8.30–20 Uhr

Da Leo €
Das familiengeführte Da Leo ist kein Restaurant für ein ruhiges Abendessen zu zweit – dafür geht es in diesem lebhaften und legeren italienischen Restaurant mit nur zwei Speiseräumen (ein kleiner und ein großer) viel zu geschäftig zu. Viele Einheimische lassen sich hier einfache und preiswerte toskanische Gerichte wie hausgemachte Pasta, gegrilltes Fleisch und Suppen und Eintöpfe schmecken. Das Restaurant ist zwar in einem mittelalterlichen Gebäude untergebracht, aber im Stil der Fünfziger Jahre eingerichtet. Kreditkarten werden nicht akzeptiert.

204 B1 ✉ Via Tegrimi 1 ☎ (0583) 492236; www.trattoriadaleo.it ⌚ Mo–Sa 12.30–14.30, 19.30–22.30 Uhr; So geschl.

La Mora €€€
Die erlesene Küche mit Speisen aus Lucca und der Garfagnana wurde sogar mit einem Michelin-Stern ausgezeichnet. Aber um in den Genuss feiner Gerichte wie *anguilla* (Aal) zu kommen, muss man in das Dörfchen Ponte a Moriano fahren, das acht Kilometer nordwestlich von Lucca liegt. Eine Reservierung ist ratsam.

197 D3 ✉ Via Sesto di Ponte a Moriano 1748 ☎ (0583) 406402; www.ristorantelamora.com ⌚ Do–Di 12.30 bis 14.30, 19.30–22.30; zeitweise im Jan. und Juli geschl.

PISA

Osteria dei Cavalieri €€
Die zwei Speisesäle dieser alteingesessenen *osteria* liegen in einem Teil eines mittelalterlichen Turms und Stadthauses. Eine breite Auswahl an toskanischen Gerichten zu vernünftigen Preisen wird geboten: entweder à la carte wie z. B. *manzo con fagioli e funghi* (Rindfleisch mit Bohnen und Pilzen) oder Menüs mit Fisch, Gemüse oder Fleisch. Das Restaurant liegt südlich der Piazza dei Cavalieri.

196 C2 ✉ Via San Frediano 16 ☎ (050) 589858; www.osteriacavalieri.pisa.it ⌚ Mo–Fr 12.30–14, 19.45–22, Sa 19.45–22 Uhr; Aug. geschl.

Osteria del Porton Rosso €€
Dieser Familienbetrieb ist preiswert und günstig gelegen. Nur wenige Schritte bis zum Lungarno Pacinotti und zur Piazza dei Cavalieri, haben Sie eine der charmantesten Ecken von Pisas Altstadt erwischt. Die Osteria ist in einem Stadthaus und Turm aus dem 12. Jh. beherbergt und bietet eine regelmäßig wechselnde Speisekarte, auf der sich immer ein einfaches, aber feines Fisch- und Seafood-gericht finden lässt. Fleisch und andere Speisen stehen natürlich auch zur Wahl. Zum Dessert sollten Sie *il budino di pere e parmigiano* kosten – hausgemachten Birnen-Parmesanpudding!

196 C2 ✉ Vicoilo Porton Rosso 11, am Lungarno Pacinotti zwischen Piazza Garibaldi und Via Curtatone e Montanara ☎ (050) 58 05 66 ⌚ Mi–So 12.30–14.30,19.30–22.30 Uhr; zeitweise im Aug. geschl.

Pasticceria Salza €
Das beliebteste Café in Pisa wird seit den Zwanzigerjahren im Familienbetrieb geführt. Beachtenswert ist die Auswahl an Sandwiches (mehr als 40), man bekommt auch Kaffee, Kuchen und Snacks. Heiße Sandwiches und einfache Pastagerichte werden mittags in einem separaten Raum (mit Bedienung) serviert, abends gibt es auch Aperitifs. Kreditkarten werden nicht akzeptiert.

196 C2 ✉ Borgo Stretto 46 ☎ (050) 580144; www.salza.it ⌚ Di–So 7.45–20.30 Uhr

PISTOIA

La BotteGaia €€
Dieses relativ neue Restaurant wurde in der Presse hoch gelobt. Es bietet Wohlfühlatmosphäre wie zu Hause: eleganter, gelassener Service, saisonale Zutaten, toskanische Gerichte und eine gute Weinkarte. Der Speiseraum vereint minimalistischen, modernen Stil mit dem Touch einer traditionellen Osteria und die Terrasse mit Blick auf den Duomo ist bezaubernd.

197 E3 ✉ Via del Lastrone 17 ☎ (0573) 365602; www.labottegaia.it ⌚ Di–Sa 10.30 bis 15, 18.30–1 Uhr. Geschl. So mittags und Mo

Wohin zum ... Einkaufen?

LUCCA

Die besten Einkaufsstraßen für Kleidung, Porzellan und Schuhe sind die Via Fillungo und Via del Battistero.

Olivenöl aus Lucca zählt zu den besten in ganz Italien und ist in Supermärkten und Lebensmittelläden erhältlich. Die Bäckerei **Taddeucci** (Piazza San Michele 34, Tel. (0583) 49 49 33) verkauft gute lokale Spezialitäten wie *buccellato*, ein Anis- und Rosinengebäck, probieren. Selbstgemachte Schokolade verkauft **Caniparoli** (Via San Paolino 96, Tel. (0583) 534 65); Schuhe, Taschen und Kleidung von Qualität bietet **Cuoieria Fiorentina** (Via Fillungo 155, Tel. (0583) 49 11 39). Für Wein empfiehlt sich **Vini Liquori Vanni** (Piazza del Salvatore 7, Tel. (0583) 49 19 02). Am dritten Wochenende im Monat wird auf der Piazza Antelminelli und der Piazza San Giusto ein großer Antiquitätenmarkt abgehalten.

PISA

Gute Geschäfte finden Sie an der Borgo Stretto und am Corso Italia. Der Lebensmittelmarkt **Mercato Vettovaglie** findet jeden Vormittag (Mo-Sa 7 bis 13.30 Uhr) auf der Piazza delle Vettovaglie statt, der Antikmarkt am Borgo Stretto jedes zweite Wochenende. Schokolade kauft man bei **De Bondt** (Lungarno Pacinotti 5; Tel. (050) 316 99 73); Öle, Käse und Wein bei **Gastronomia a Cesqui** (Piazza delle Vettovaglie 38, Tel. (050) 58 02 69).

Wohin zum ... Ausgehen?

GARFAGNANA

In Barga (www.barganews.com) finden im Laufe des Jahres mehrere Veranstaltungen statt, darunter das Jazz- und Opernfestival (Anfang Juli) und das Schokoladenfestival (Anfang Dez.).

LUCCA

Luccas bedeutendstes Festival ist das **Luminaria di Santa Croce** (13. Sept.), ein Fackelzug zu Ehren der Volto-Santo-Reliquie. Es fällt mit dem **Settembre Lucchese** (Sept.–Okt.) zusammen, einer Reihe von Klassikkonzerten und anderen Veranstaltungen. Ein ähnliches Lichtfest, das **Luminaria di San Paolino**, wird am 11. und 12. Juli gefeiert, zum Gedenken an den Schutzheiligen von Lucca.

PISA

Das wichtigste Festival in Pisa ist das **Festa di San Ranieri** (16. und 17. Juni) mit Lichterprozessionen. Am nächsten Tag findet eine historische Ruderregatta in mittelalterlichen Kostümen zu Ehren des Schutzheiligen von Pisa statt. Schließlich folgt das Gioco del Ponte, ein Wettbewerb im Tauziehen (ebenfalls in mittelalterlicher Kluft), der auf der Ponte di Mezzo (letzter So im Juni) ausgetragen wird.

PISTOIA

Die Konzerte der Reihe **Pistoia Blues** werden über mehrere Tage verteilt an unterschiedlichen Orten der Stadt aufgeführt (www.pistoiablues.com).

Spaziergänge & Touren

1 Siena 178

2 Chianti 181

3 Südliche Toskana 184

1 SIENA

Spaziergang

LÄNGE: 2 Kilometer **DAUER:** 2–3 Stunden
START: Piazza San Domenico ✚ 204 A5 **ZIEL:** Piazza del Duomo ✚ 204 B3

Dieser Spaziergang führt Sie ins Herz des alten Siena. Sie beginnt im Norden der Stadt und geht nach Süden an mittelalterlichen Kirchen und Palästen vorbei zum Campo, einem der schönsten Plätze Italiens. Sie führt weiter durch die südlichen, seltener besuchten Viertel und endet an der beeindruckenden Piazza mit dem Dom und dem Ospedale di Santa Maria della Scala.

1–2

Starten Sie an der **Piazza San Domenico**, wo sich die gleichnamige Kirche befindet, die Sie wegen der Fresken von Sodoma

Seite 177: Weinberge im Chianti

(➤ 100) besuchen sollten. Die Kirche im Rücken, gehen Sie auf der Via della Sapienza in Richtung Osten vom Platz (werfen Sie noch einen Blick auf den Dom) und an der Via del Paradiso links vorbei. Etwa 100 Meter weiter rechts liegt die **Biblioteca Comunale degli Intronati**, eine 1759 gegründete Bibliothek in einem Bau aus dem 13. Jahrhundert, ein früheres Hospital. Heute lagern hier mehr als eine halbe Million Bücher und andere Dokumente, darunter die wertvollen Briefe der hl. Katharina von Siena. An der kleinen Kreuzung in der Nähe steht die **Kirche San Pellegrino alla Sapienza**.

2–3

Gehen Sie an der Kirche weiter geradeaus; Sie gelangen zur Banchi di Sopra, die dem Verlauf der Via Francigena folgt, einer alten Wallfahrtsroute zwischen Rom und Nordeuropa. Vor Ihnen liegt die **Piazza Salimbeni** mit drei schönen Palästen, links dem **Palazzo Tantucci** (1548), dem **Palazzo Salimbeni** aus dem 13. Jahrhundert weiter hinten und rechts dem **Palazzo Spannocchi** (1470). Die Familie Salimbeni stellte wichtige Bank- sowie Seiden- und Kornkaufleute; Ambrogio Spannocchi war Schatzmeister des aus Siena stammenden Papstes Pius II. Ein 75 Meter langer Abstecher führt links auf der Banchi di Sopra zur **Kirche Santa Maria delle Nevi** (unregelmäßige Öffnungszeiten), die wegen ihres wunderschönen Altarbilds Madonna della Neve (1477) von Matteo di Giovanni bekannt ist.

3–4

Gehen Sie auf der Banchi di Sopra zurück, bis Sie nach ca. 175 Metern links die **Kirche San Cristoforo** sehen. Die romanische Kirche wurde im späten 18. Jahrhundert nach der Zerstörung durch ein Erdbeben wieder aufgebaut. Gegenüber liegt der **Palazzo Tolomei**, Teil des ursprünglichen befestigten Hauses der Tolomei, einer der mächtigsten Kaufmannsfamilien des mittelalterlichen Siena. Der Palazzo ist das älteste (aus dem Jahr 1205 oder älter) Wohnhaus der Stadt. Gehen Sie weiter südlich zur Kreuzung von Banchi di Sotto und Via di Città zur Loggia della Mercanzia (1428 bis 45), einer gotischen Loggia mit drei Bögen. Kleine Gassen zu beiden Seiten führen zur **Piazza del Campo** (► 92ff).

4–5

Bewundern Sie den Campo, vielleicht in einem der Cafés, und verlassen Sie den Platz an der Ostseite über die Vicolo dei Pollaiuoli oder die Via dei Rinaldini, die beide zur Banchi di Sotto führen, wo Sie rechts einbiegen.

Rechts steht der majestätische **Palazzo Piccolomini** (1469 begonnen). In dessen oberen Stockwerk das wenig bekannte Archivio di Stato (Staatsarchiv), das für Besucher geöffnet ist und eine reiche Kunstsammlung enthält (► 101). Etwas weiter steht die **Loggia del Papa** (Papstloggia), die 1462 auf Geheiß des aus der Toskana stammenden Papstes Pius II. (Enea Silvio Piccolomini) gebaut wurde. Folgen Sie der Abzweigung rechts an der Kreuzung zur Via del Porrione, die nach dem lateinischen »Marktplatz« benannt ist, da in der Nähe einst die römischen Märkte abgehalten wurden.

5–6

Überqueren Sie die Via del Porrione, und ge-

KLEINE PAUSE

Das Café **Nannini** an der Banchi di Sopra 95–99 empfiehlt sich für eine Pause.

An der Ecke Via Sant'Agata und Via della Cerchia liegt das **Il Vinaio dell'Eremita** (Tel. (0577) 494 90; So geschl.), ein einfaches Weinlokal, ideal für einen Imbiss oder eine kleine Mahlzeit.

hen Sie durch den Torbogen die Vicolo delle Scotte hinunter. Dabei passieren Sie die **Sinagoga** (Synagoge) von Siena auf der rechten Seite. Sie ist das Herz des jüdischen Viertels der Stadt, das 1571 auf Anordnung von Cosimo I. de' Medici entstand. Biegen Sie links in die Via di Salicotto und gehen Sie dann die erste Straße rechts zur Piazza del Mercato. Überqueren Sie den Platz, und halten Sie sich rechts. In der Via del Mercato biegen Sie gleich links ab, um Ihren Weg auf der Via Giovanni Dupré fortzusetzen. An der Kirche San Giuseppe links nehmen Sie die Via Sant'Agata geradeaus bis zu einem Schotterplatz links und der **Kirche Sant' Agostino** mit ihren Gemälden von Sodoma und Ambrogio Lorenzetti.

6–7

Gehen Sie durch den Bogen in die Via San Pietro zur Kirche von San Pietro und dem roten Backsteinbau der **Pinacoteca Nazionale** dahinter (➤ 99f). Gleich vor der Kirche biegen Sie links auf die Via di Castelvecchio (leicht zu übersehen) ab und halten sich rechts in Richtung Via di Stalloreggi. Biegen Sie nach links zum Arco delle Due Porte, einem Torbogen, der Teil der Stadtmauern des 11. Jahrhunderts war. Im Haus Nr. 91-93 malte Duccio seine berühmte Maestà (➤ 97). Nach dem Torbogen folgen Sie rechts der Via del Fosso di San Ansano bis zur Piazza della Selva, wo die Via Franciosa oder die Via Girolamo zur Piazza del Duomo bzw. zur Piazza San Giovanni führen. An Letzterem kann man das Baptisterium sehen und dann rechts den **Duomo**, Santa Maria della Scala und das **Museo dell'Opera del Duomo** (➤ 97) besichtigen.

In Siena: Blick hinab in eine ihrer typischen verwinkelten Sträßchen im Abendlicht

2 CHIANTI

Tour

LÄNGE: 110 Kilometer **DAUER:** 1 Tag
START: Siena 198 B1 **ZIEL:** Siena 198 B1

Diese Fahrt führt Sie mitten durch das Chianti, einer wunderschönen Region zwischen Florenz und Siena. Die oft wilde Landschaft ist durch sanft gewellte Hügel, fruchtbares Ackerland, dicht bewaldete Berghänge, einsame Villen und viele Weinberge geprägt. Viele Nebenstraßen und gewundene Routen durchqueren die Gegend. Um von Florenz nach Siena zu gelangen, sollte man der Chiantigiana (SR222) folgen, einer Panorama- und »Wein«-Straße, die auf 65 Kilometern zwischen beiden Städten durch das Herz des Chianti führt.

TOP-TIP
Auf der Karte erscheinen die Entfernungen nicht sehr groß, doch die Straßen im Chianti sind kurvenreich und langsam zu befahren – kalkulieren Sie daher mehr Zeit ein, als Ihnen nötig erscheint.

1–2
Starten Sie die Tour in Siena, und fahren Sie zum Anfang der SR222, der Chiantigiana. Folgen Sie der Hauptstraße von Sienas Bahnhof aus etwa zwei Kilometer nach Westen. Bald sehen Sie die ersten Straßenschilder für die SR222, die auch als *»Raccordo Siena–Firenze«* (die wichtigste zweispurige Straße zwischen Siena und Florenz) bekannt ist, und für **Castellina in Chianti**. Bald nachdem Sie auf die SR222 aufgefahren sind, nimmt die Landschaft schon das für das Chianti typische Erscheinungsbild an. Die Attraktion hier ist die schöne und abwechslungsreiche Szenerie, weniger historische Sehenswürdigkeiten. Nach 6,5 Kilometern fahren Sie durch das Dorf Quercegrossa (wortwörtlich »Große Eiche«). Danach folgen 7,5 Kilometer sanft hügeliger Straße, die Sie zu dem kleinen Dorf **Fonterutoli** bringt.

Berühmt ist das Chianti für seine Hügel, aber auch seine Städte sind nicht zu verachten

Weinstöcke prägen das Bild der Region

2–3
Von hier sind es ca. vier Kilometer nach **Castellina in Chianti**. Der Name »Castellina« (wörtlich: »kleine Burg«) erinnert an die einstige strategische Bedeutung der Kleinstadt: Jahrhundertelang lag sie an der Grenze zwischen den von Siena und Florenz beherrschten Gebieten – und gehörte mal zur einen, mal zur anderen Seite. Castellina war einst das Hauptquartier der sogenannten Chianti-Liga. Das Militärbündnis vereinte die drei größten Städte des Chianti: Gaiole in Chianti, Castellina in Chianti und Radda in Chianti. Florenz hatte diese Allianz zu Beginn des 13. Jahrhunderts ins Leben gerufen. Ihr Symbol war der *Gallo Nero* (Schwarzer Hahn) – heute das Gütezeichen eines großen Chianti-Konsortiums. Halten Sie in der Stadt an, und besichtigen Sie die Via delle Volte, die rund um die alte Stadtmauer führt. Vom nördlichen Stadtrand Castellinas nehmen Sie die SR429 nach **Radda in Chianti** (10 km) und ignorieren die Abzweigung links nach Greve in Chianti nach ca. einem Kilometer. In Greve biegen Sie auf eine kleine Straße ab, die Sie nach zwei Kilometern zur Kirche San Giusto in Salcio führt.

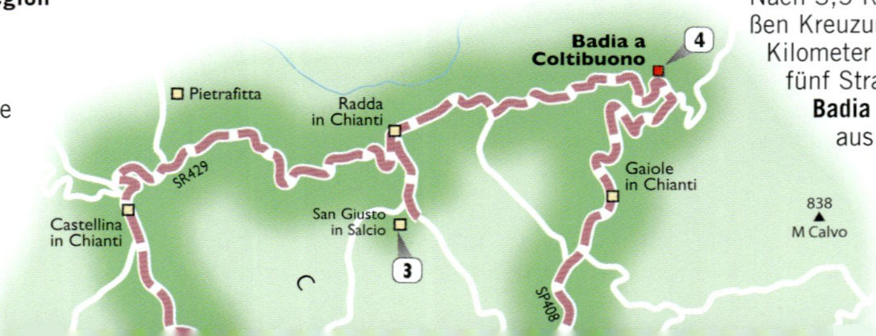

3–4
San Giusto in Salcio ist die älteste Kirche im Chianti und wurde bereits 1018 erwähnt. Kehren Sie nach Radda zurück, und verlassen Sie das Dorf ostwärts auf der Hauptstraße. Nach 3,5 Kilometern biegen Sie an der großen Kreuzung links ab und fahren etwa sechs Kilometer weiter, bis Sie eine Kreuzung von fünf Straßen erreichen, wo Sie links zur **Badia a Coltibuono** (1 km), einer Abtei aus dem 11. Jahrhundert, abbiegen.

4–5
Kehren Sie anschließend zu dieser Kreuzung zurück, biegen Sie rechts ab, folgen Sie der Straße bis nach **Gaiole in Chianti**. Dort fahren Sie die

Hauptstraße in Richtung Süden, bis Sie nach 3 Kilometern auf die 408 nach Radda treffen; biegen Sie hier links ab, und fahren Sie weitere 3 Kilometer bis zur nächsten größeren Kreuzung. Fahren Sie links nach San Regolo ab, und nach fünf Kilometern erreichen Sie eine Kreuzung, wo das **Castello di Brolio** (Tel. (0577) 73 19 19; www.ricasoli.it, im Sommer tägl. geöffnet) aus dem 12. Jahrhundert ausgeschildert ist. Im Castello befindet sich eines der ältesten Weingüter des Chianti und man hat einen unglaublichen Blick.

5–6

Von der Kreuzung unterhalb des Castello di Brolio führt die 484 nach Süden. Nach 7,5 Kilometern erreichen Sie eine Gabelung: Links gelangen Sie nach **San Gusme** (1 km), einem mittelalterlichen Dorf mit schöner Aussicht. Fahren Sie zur Kreuzung zurück, und dann nach **Castelnuovo Berardegna** (4,5 km), dem südlichsten Dorf des Chianti. Daraufhin fahren Sie rechts auf die SP73 in Richtung Siena (17 km); machen Sie einen Abstecher nach **Montaperti** (2 km), Schauplatz der Siege Sienas über Florenz im Jahre 1260.

KLEINE PAUSE

Im Chianti gibt es nur wenige schöne Einkehrmöglichkeiten, daher ist ein Picknick eine gute Idee. In den vielen Weingütern im Chianti werden Weinproben angeboten, meist sind diese gut ausgeschildert (➤ 24f). Allerdings sollten sich Fahrer der Tatsache bewusst sein, dass die italienische Polizei strenge und regelmäßige Alkoholkontrollen durchführt.

- Die **Antica Trattoria La Torre** an der Piazza del Comune 15 in Castellina in Chianti (Tel. (0577) 74 02 36, www.anticatrattorialatorre.com, Fr und 1.–15. Sept. geschl.) ist eine einfache, aber beliebte Trattoria, die seit 1895 von der Familie Stiaccini betrieben wird.
- In **Radda in Chianti** lädt ein elegantes Restaurant zum Mittagessen ein: Il Vignale an der Via XX Settembre 23 (Tel. (0577) 73 80 94, www.vignale.it; Dez.–Feb. geschl., teuer).
- In **San Regolo** gibt es ein kleines Restaurant, das ideal für ein spätes Mittagessen ist: das Il Carlino d'Oro (Tel. (0577) 74 71 36, Mo geschl.).
- In **Castelnuovo** lockt das Begodi, ein nettes Weinlokal (Via della Società Operai 11, Tel. (0577) 35 51 16, www.enotecabengodi.it, geschl. Mo, kleine Mahlzeiten: preiswert).

3 SÜDLICHE TOSKANA

Tour

LÄNGE: 175 Kilometer **DAUER:** 2 Tage
START: Siena ✚ 198 B1 **ZIEL:** Pienza ✚ 201 E4

Auf dieser Tour entdecken Sie die historischen Kleinstädte und Dörfer südlich von Siena und einige der schönsten Landschaften der Toskana.

1–2

Beginnen Sie die Tour in **Siena**, und fahren Sie auf der Umgehungsstraße (SP326) in den Osten der Stadt. Etwa 5 Kilometer vom Zentrum entfernt, biegen Sie auf die SS438. Auf dieser Straße gelangen Sie nach 21 Kilometern nach **Asciano** (➤ 142) und durchqueren dabei die Crete, eine Region mit kahlen Lehmhügeln, die sich im Sommer in ein Meer aus Weizen-, Flachs-, Sonnenblumenfeldern verwandelt. In Asciano gibt es mehrere Kirchen und kleine Museen; besonders sehenswert ist das Museo d'Arte Sacra (Palazzo Corboli, Tel. (0577) 71 95 24; www.palazzocorboli.it; April–Okt. Di–So 10–13, 15–19 Uhr) mit bedeutenden mittelalterlichen Gemälden.

2–3

Vom Zentrum in Asciano führt eine kleine Straße südöstlich nach San Giovanni d'Asso (ausgeschildert). Nach acht Kilometern Fahrt biegen Sie bei Montefresco rechts ab und folgen einer kleinen Panoramastraße drei Kilometer lang durch Chiusure bis zur Kreuzung mit der SS451. Biegen Sie links ab und nach einem Kilometer wieder links zur **Abbazia di Monte Oliveto Maggiore** (➤ 130f).

KLEINE PAUSE
Im Café an der **Abbazia di Monte Oliveto Maggiore** (➤ 131) werden kleine Mahlzeiten angeboten.
Das Weinlokal **Fiaschetteria Italiana** oder das **Taverna Il Grappolo Blu Restaurant** in Montalcino (➤ 148) sind empfehlenswert.

Besichtigen Sie die Fresken von Sodoma und Signorelli im Kreuzgang. Kehren Sie auf die SS451 zurück, halten Sie sich links und fahren die neun Kilometer bis **Buonconvento** (➤ 142).

3–4

In Buonconvento fahren Sie südlich auf der SR2, der Via Cassia; nach zwei Kilometern folgen Sie an einer Gabelung rechts der Ausschilderung nach **Montalcino** (14 km; ➤ 138f). An der Kreuzung am südlichen Stadtrand unterhalb der Festungsmauer folgen Sie auf der mittleren Straße den Schildern nach Castelnuovo dell'Abate und der **Abtei von Sant' Antimo** (➤ 140f). Die Abtei liegt in einer atemberaubenden Landschaft, ist jedoch 12.30–15 Uhr und sonntags 10.45–15 Uhr geschlossen. Fahren Sie hinter Castelnuovo weiter Richtung Südosten, bis Sie nach neun Kilometern die

Sant'Antimo in der Region Montalcino ist ein mittelalterliches Juwel

Kreuzung bei **Ansidonia** erreichen. Wenn Sie nur wenig Zeit haben, biegen Sie nach links ab und besuchen Sie nacheinander die Dörfer **Castiglione d'Orcia, Bagno Vignoni** (➤ 143) und **San Quirico d'Orcia** (➤ 143). Von Letzterem aus kann man auf der SR2 nach Siena zurückkehren (43 km). Wenn Sie jedoch noch Zeit haben, sollten Sie auf der SP146 nach **Pienza** (➤ 132ff) weiterfahren. Von hier aus sind es auf der SP146 noch einmal 13,5 Kilometer bis nach Montepulciano – Sie könnten aber auch die hübsche Straße östlich von Pienza nach Montepulciano nehmen: Sie führt durch das winzige Festungsdorf **Monticchiello**.

4–5

Von Ansidonia führt eine Abzweigung nach rechts

auf die SP323 nach Seggiano (6 km). 500 Meter hinter dem Ortsende von Seggiano sollten Sie links nach Pescina abbiegen. Nach weiteren fünf Kilometern durch den schönen Birkenwald auf den Hängen des Monte Amiata erreichen Sie eine Kreuzung. Dort biegen Sie links ab. Nach etwa zwei Kilometern folgt eine weitere Kreuzung, wo Sie rechts abbiegen und nach fünf Kilometern in Gipfelnähe des **Monte Amiata** (1738 m, ➤ 143f) anhalten. An klaren Tagen hat man von hier oben, dem höchsten Punkt der Südtoskana, eine tolle Weitsicht.

5–6

Fahren Sie den Berg wieder hinunter und wenden Sie sich am Fuß des Monte rechts Richtung **Abbadia San Salvatore** (➤ 144). Schauen Sie sich die Abtei an, und folgen Sie dann der einzigen Straße von der Stadt nach Norden nach Zaccaria. Hinter dem Dorf biegen Sie links in die SR2 (7,5 km) zum kleinen Kurort **Bagni San Filippo** ein. Südöstlich erhebt sich das Festungsdorf **Radicofani**, das weithin sichtbar ist. Wenn Sie genug Zeit haben, fahren Sie die 9,5 Kilometer bis zu diesem Ort (fahren Sie rechts auf die SR2 und dann sofort links). Im mittelalterlichen Dorfzentrum können Sie die **Kirchen** San Pietro und Sant'Agata besichtigen. Kehren Sie dann auf der SR2 zurück nach **San Quirico d'Orcia** (➤ 143). Als Alternative bieten sich kleine Panoramastrecken ab Le Conie an. Diese verlaufen nach Norden durch Contignano und La Vittoria bis Pienza.

TOP-TIPP
In dem Ort Abbadia San Salvatore gibt es eine Touristeninformation (Via Adua 25 (Tel. (0577) 77 58 11; www.amiatatourismo.it) mit Informationen über den Monte Amiata und die Umgebung.

Einsam erscheint die Landschaft um Buonconvento

Praktisches

REISEVORBEREITUNG

WICHTIGE PAPIERE

- ● Erforderlich
- ○ Empfohlen
- ▲ Nicht erforderlich

Bei einigen Ländern muss der Pass über das Einreisedatum hinaus noch eine bestimmte Zeit gültig sein (i.d.R. 6 Monate). Prüfen Sie Ihren Pass.

	Deutschland	Österreich	Schweiz
Pass/Personalausweis	●	●	●
Visum (Bestimmungen können sich ändern – vor Abreise prüfen)	▲	▲	▲
Weiter- oder Rückflugticket	▲	▲	▲
Impfungen (Tetanus und Polio)	○	○	○
Krankenversicherung (➤ 192, Gesundheit)	●	●	●

REISEZEIT

Florenz

Hauptsaison — Nebensaison

	JAN	FEB	MÄRZ	APRIL	MAI	JUNI	JULI	AUG	SEPT	OKT	NOV	DEZ
Saison	Nebensaison	Nebensaison	Nebensaison	Nebensaison	Hauptsaison	Hauptsaison	Hauptsaison	Hauptsaison	Hauptsaison	Nebensaison	Nebensaison	Nebensaison
Temperatur	6°C	6°C	10°C	13°C	17°C	22°C	25°C	25°C	21°C	16°C	11°C	6°C
Wetter	Bedeckt	Bedeckt	Bedeckt	Regnerisch	Sonnig	Sonnig	Sonnig	Sonnig	Sonnig	Regnerisch	Verregnet	Regnerisch

Sonnig — Bedeckt — Regnerisch — Verregnet

Die oben aufgeführten Temperaturen stellen das **durchschnittliche tägliche Maximum** für jeden Monat dar. Am schönsten ist das Wetter im Mai, Juni, Juli, August und September. Im Juli und August kann es in den Städten sehr heiß und unerträglich werden, die Temperaturen auf dem Land sind angenehmer. Im Sommer sowie im September und Oktober sind Gewitterstürme nicht ungewöhnlich.

Die Winter (Januar–Februar) sind kurz und kalt, in höheren Lagen ist Schneefall möglich, besonders in der Bergregion der nördlichen Toskana. Der Frühling setzt im März ein (in Bergregionen später), dennoch kann es im März und April feucht und sehr regnerisch sein. Das Herbstwetter ist wechselhaft, jedoch gibt es oft klare, sonnige Tage.

INFORMATION VORAB

Websites

- Offizielle Website der Toskana: www.turismo.toscana.it
- Offizielle Website von Florenz: www.firenzeturismo.it
- Offizielle Website von Siena: www.terresiena.it
- Alitalia: www.alitalia.it
- Italienisches Ministerium für Kunst und Kultur: www.beniculturali.it
- Staatliche Italienische Eisenbahn: www.trenitalia.it

Touristeninformation Florenz

Via Cavour 1r
☎ (055) 290832/833
Borgo Santa Croce 29r
☎ (055) 234 0444
Piazza della Stazion 4a
☎ (055) 212245

ANREISE

Mit dem Flugzeug: Die Toskana besitzt zwei Flughäfen: den Flughafen Galileo Galilei in Pisa (► 37) und den kleineren Flughafen Amerigo Vespucci (Peretola) außerhalb von Florenz (► 37). Die meisten europäischen Fluglinien steuern Pisa an, in Peretola können nur kleinere Maschinen landen. Um nach Florenz oder in die nördliche Toskana zu gelangen, kann man auch den Guglielmo-Marconi-Flughafen in Bologna anfliegen (► 38).
Preise: An Ostern, Weihnachten und während der Ferienzeit im Sommer kosten die Flugtickets am meisten. Viele Fluggesellschaften belohnen Kunden für frühzeitiges Buchen mit Preisnachlässen. Außerdem gibt es inzwischen zahlreiche günstige Pauschalangebote.

Mit dem Auto: Von Deutschland aus ist die Toskana gut mit dem Auto zu erreichen. Fahrten über Land können jedoch angesichts kurvenreicher Straßen recht lang werden; nachts sind die Straßen oft schlecht beleuchtet. In den Stadtzentren gelten oft strenge Beschränkungen; in einigen Städten darf man nur außerhalb parken.

Mit dem Zug: Zahlreiche Schnell- und Nachtzüge fahren von den meisten europäischen Hauptstädten nach Florenz oder Pisa. Die Staatliche Italienische Eisenbahn, Trenitalia (oft noch unter der Bezeichnung Ferrovie dello Stato), bietet Hochgeschwindigkeitsverbindungen zwischen italienischen Großstädten an, von Florenz und Pisa hat man dann Anschluss zu anderen größeren Städten in der Toskana.

ZEIT

Zwischen der Toskana und deutschen Städten gibt es keine Zeitverschiebung. Im März wird die Uhr um eine Stunde auf die Sommerzeit vorgestellt, im Oktober wird sie wieder um eine Stunde zurückgestellt.

WAHRUNG

Währung: Seit 1. Januar 2002 ist der Euro in Italien das offizielle Zahlungsmittel.

Reiseschecks: Banken und Wechselstuben (*cambio*) tauschen Reiseschecks ein. Letztere gibt es z. B. im Bahnhof Santa Maria Novella in Florenz oder in der Nähe der verschiedenen Touristenattraktionen.

Kreditkarten: Die meisten internationalen Kreditkarten (*carta di credito*) werden von Banken, Hotels, Restaurants und vielen Einzelhandelsgeschäften akzeptiert. In kleineren Etablissements wird Bargeld bevorzugt.

Umtausch: Die Gebühren, die die einzelnen Banken für den Umtausch verlangen, sind sehr unterschiedlich, aber günstiger als in den Wechselstuben. In der Regel fahren Sie am besten, wenn Sie Ihr Geld mit der EC-Karte am Geldautomaten (*bancomat*) abheben. In italienischen Banken herrschen sehr scharfe Sicherheitskontrollen. Für Besucher aus Deutschland oder Österreich ist ein Umtausch nun allerdings nicht mehr erforderlich.

Deutschland
Italienische Zentrale für Tourismus ENIT
Barckhausstraße 10
60325 Frankfurt/Main
☎ (069) 23 70 69
Fax (069) 23 28 94

Österreich
Italienische Zentrale für Tourismus ENIT
Kärntnerring 4
A-1010 Wien
☎ +43 (0) 1 505 16 39
Fax +43 (0) 1 505 02 48

Schweiz
Staatliches Italienisches Fremdenverkehrsamt ENIT
Uraniastraße 32
CH-8001 Zürich
☎ +41 (0) 43 466 40 40
Fax +41 (0) 43 466 40 41

DAS WICHTIGSTE VOR ORT

FEIERTAGE

1. Jan.	Neujahr
6. Jan.	Heilige Drei Könige
März/April	Ostern
25. April	Tag der Befreiung
1. Mai	Tag der Arbeit
2. Juni	Tag der Republik
15. Aug.	Mariä Himmelfahrt
1. Nov.	Allerheiligen
8. Dez.	Mariä Empfängnis
25. Dez.	1. Weihnachtstag
26. Dez.	Santo Stefano

Zusätzlich gibt es in manchen Städten weitere Feiertage.

ELEKTRIZITÄT

In Italien herrscht 220-Volt-Wechselstrom, die Steckdosen unterscheiden sich häufig von den in Deutschland üblichen. Packen Sie einen Adapter ein (beim ADAC, im Haushaltwarengeschäft und Baumarkt erhältlich).

ÖFFNUNGSZEITEN

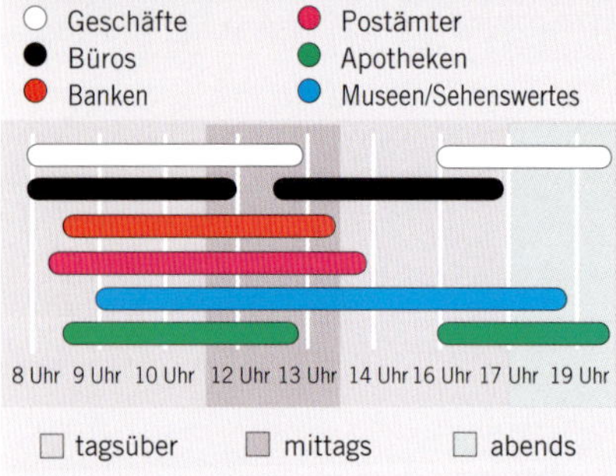

Geschäfte: Viele Geschäfte in größeren Städten sind durchgehend geöffnet.
Banken: Teilweise Sa und am Wochenende länger geöffnet.
Post: Mo–Fr 8.15–14 oder 19, Sa 8.15–12 oder 14 Uhr.
Museen: unterschiedlich; oft Di–Sa 9–19, So 9–13 Uhr.
Apotheken: Mo–Sa. In Florenz hat die Apotheke im Bahnhof sowie die Apotheke Molteni (Via dei Calzaiuoli 7r) 24 Stunden geöffnet.

TRINKGELD

Sie müssen nicht überall Trinkgeld geben, und es werden keine hohen Summen erwartet. In etwa gilt:

Pizzeria	auf 2,5 oder 5 Euro aufrunden
Trattoria	auf 2,5 oder 5 Euro aufrunden
Restaurant	10–15 % oder nach Ermessen
Barkeeper	nach Ermessen
Fremdenführer	nach Ermessen
Taxi	auf 0,50 Euro aufrunden
Gepäckträger	0,50 bis 1 Euro pro Koffer
Zimmermädchen	0,50 bis 1 Euro pro Tag

DAS STRASSENBAHNSYSTEM VON FLORENZ

Florenz hat 2010 ein städtisches Straßenbahnsystem eingeführt, das bis 2015 auf mehrere Linien ausgeweitet werden soll. Dadurch kommt es in diesem Zeitraum zu Verkehrsbehinderungen und Änderungen bei den öffentlichen Verkehrsmitteln. Weitere Details finden Sie unter www.atef.net oder www.muoversiafirenze.it.

ZEITUNTERSCHIED

GMT	Florenz	Deutschland	Wien	Zürich
12 Uhr	13 Uhr	13 Uhr	13 Uhr	13 Uhr

IN KONTAKT BLEIBEN

Post: Das Hauptpostamt von Florenz ist in der Via Pellicceria 3. Briefmarken (*francobolli*) gibt es bei der Post oder tabacchi. Briefkästen sind rot oder blau mit zwei Einwurfschlitzen: für Post innerhalb der Stadt (*Per La Città*) und für andere Orte (Altre Destinazioni).

Telefonieren: Apparate der Telecom Italia (TI) gibt es auf der Straße, in Bars, Tabakgeschäften und Restaurants. Die meisten funktionieren mit Münzen oder Telefonkarten (*scheda telefonica*), die man in Postämtern, Läden und Bars erhält. Vor dem ersten Benutzen müssen Sie die markierte Ecke abtrennen. Auch in Florenz selbst ist es notwendig, zuerst die Ortsvorwahl und dann die Rufnummer zu wählen. Mo–Sa gilt zwischen 22 und 8 Uhr verbilligter Tarif. Wählen Sie für R-Gespräche 170, für Gespräche über die Vermittlung die 12.

Internationale Vorwahlnumnern von Italien ins Ausland:

Deutschland:	0049
Österreich:	0043
Schweiz:	0041

Mobilfunkanbieter und -dienste: Telecom Italia sind die Hauptanbieter Tiscali, Tele2, Infostrada/Wind und BT Italy. Fragen Sie bei Ihrem Mobilfunkanbieter zu Hause nach internationalen Roaming-Gebühren für Italien.

Wi-Fi und Internet: In Ballungsgebieten ist die Geschwindigkeit und Qualität von Breitbandverbindungen gut, in den meisten entlegenen ländlichen Gebieten ist Hochgeschwindigkeits-Internet allerdings selten. Hotels bieten inzwischen häufig Wi-Fi an. In den größeren Städten und Urlaubsorten gibt es in der Regel Internetcafés, wo die Nutzung halbstündlich oder stündlich berechnet wird. Die Kosten variieren, aber in der Regel liegen die Preise zwischen 3 € und 5 € pro Stunde.

SICHERHEIT

Die Toskana ist recht sicher – es gibt jedoch Taschendiebe und man sollte einige Dinge beachten:

- Tragen Sie Geld und Wertsachen in einer Bauchtasche oder in einem Brustbeutel.
- Halten Sie Ihre Tasche fest und geschlossen.
- Halten Sie Ihre Kamera fest, legen Sie sie nicht auf einen Tisch im Café.
- Lassen Sie Wertsachen und Schmuck im Hotelsafe.
- Lassen Sie niemals Gepäck oder andere Gegenstände in geparkten Autos.
- Achten Sie v. a. in Bussen, Märkten etc. auf Taschendiebe!
- Vermeiden Sie nachts Parkanlagen.
- Taschendiebstähle durch Motorradfahrer sind in Italien häufig. Diese *scippatori* fahren von hinten nahe an ihr Opfer heran und reißen im Vorbeifahren Handtasche oder Kamera an sich. Achten Sie daher – auch in Fußgängerzonen – auf Zweiräder in der näheren Umgebung.

Polizei:
☎ **112/113 von jedem Telefon**

NOTRUF 113

POLIZEI 113 (Polizia di Stato) oder 112 (Carabinieri)

FEUERWEHR 113 oder 115

KRANKENWAGEN 113 oder 118

GESUNDHEIT

Krankenversicherung: Sie sollten auf jeden Fall eine Reisekrankenversicherung abschließen. EU-Bürger mit einer europäischen Krankenversicherungskarte bezahlen nichts oder reduzierte Beträge für einen Arztbesuch – eine private Reiseversicherung wird dennoch empfohlen.

Arzt: Fragen Sie im Hotel nach deutsch- oder englischsprachigen Ärzten.
Zahnarzt: Die Reisekrankenversicherung sollte auch zahnärztliche Behandlungen abdecken, die in Italien problemlos, aber teuer zu haben sind.

Wetter: Denken Sie daran, viel zu trinken, und benutzen Sie im Sommer einen Sonnenhut und Sonnencreme, um Sonnenbrand, -stich und Dehydration vorzubeugen. Auch eine Mückenschutzcreme ist im Sommer nützlich, wenn Sie bei offenem Fenster schlafen. In der Toskana gibt es Giftschlangen (***vipere***), deren Biss im Allgemeinen aber nicht lebensgefährlich ist.

Medikamente: Rezeptpflichtige und andere Medikamente erhalten Sie in Apotheken (*farmacie*), am grünen Kreuz erkennbar.

Trinkwasser: Das Leitungswasser ist trinkbar, das Wasser von öffentlichen Brunnen ebenfalls, es sei denn, es ist »*Acqua non Potabile*«. Mineralwasser ist preisgünstig.

ERMÄSSIGUNGEN

Senioren (über 65), die Bürger der Europäischen Union sind, erhalten bei den meisten staatlichen Museen und Galerien Ermäßigungen.

Schüler unter 18 Jahren erhalten ebenfalls Ermäßigungen in den staatlichen Museen.

Senioren wie Schüler sollten einen Ausweis (z. B. Personalausweis) bei sich tragen, um bei Bedarf ihr Alter und ihre Nationalität belegen zu können.

EINRICHTUNGEN FÜR BEHINDERTE

Mittelalterliche Innenstädte sind für Rollstuhlfahrer nicht leicht zu bewältigen, viele Bürgersteige sind aber inzwischen mit abgesenkten Bordsteinen versehen. In Florenz haben die neueren Busse (graugrüne Farbe) Einstiegsvorrichtungen für Rollstühle. Viele Museen haben spezielle Rampen. Touristeninformationen geben Auskunft über behindertengerechte Hotels und Sehenswürdigkeiten.

KINDER

In den meisten Hotels, Bars und Restaurants sind Kinder willkommen, leider gibt es kaum Wickelräume. Mit kleinen Kindern müssen Sie auf den belebten Straßen von Florenz vorsichtig sein.

TOILETTEN

Nur wenige Städte verfügen über öffentliche Toiletten. Herrentoiletten sind mit *signori*, Damentoiletten mit *signore* gekennzeichnet.

ZOLL

Reisende aus Nicht-EU-Ländern können die folgenden Warenmengen zollfrei nach Italien einführen: 400 Zigaretten, 500 g Tabak, 2 Flaschen Wein, 1 Flasche Alkohol und 500 ml Parfüm.

KONSULATE (FLORENZ)

Deutschland
☎ (055) 234 35 43

Österreich
☎ (055) 26 54 222

Schweiz
☎ (055) 22 24 34

IMMER ZU GEBRAUCHEN

Ja/nein **Sì/no**
Bitte **Per favore**
Danke **Grazie**
Bitte, gerne **Di niente/prego**
Entschuldigung **Mi dispiace**
Auf Wiedersehen **Arrivederci**
Guten Morgen **Buongiorno**
Guten Abend **Buona sera**
Wie geht's? **Come sta?**
Wie viel? **Quanto costa?**
Ich möchte gerne ... **Vorrei...**
Geöffnet **Aperto**
Geschlossen **Chiuso**
Heute **Oggi**
Morgen **Domani**
Montag **Lunedì**
Dienstag **Martedì**
Mittwoch **Mercoledì**
Donnerstag **Giovedì**
Freitag **Venerdì**
Samstag **Sabato**
Sonntag **Domenica**

NACH DEM WEG FRAGEN

Ich habe mich verlaufen **Mi sono perso/a**
Wo ist ...? **Dove si trova...?**
der Bahnhof **la stazione**
das Telefon **il telefono**
die Bank **la banca**
die Toilette **il gabinetto**
Biegen Sie nach links **Volti a sinistra**
Biegen Sie nach rechts **Volti a destra**
Gehen Sie geradeaus **Vada dritto**
An der Ecke **All'angolo**
Die Straße **la strada**
Das Gebäude **il palazzo**
Die Ampel **il semaforo**
Die Kreuzung **l'incrocio**
Wegweiser nach ... **le indicazione per...**

IM NOTFALL

Hilfe! **Aiuto!**
Können Sie mir bitte helfen? **Mi potrebbe aiutare?**
Sprechen Sie Deutsch? **Parla tedesco?**
Ich verstehe nicht **Non capisco**
Könnten Sie bitte schnell einen Arzt rufen? **Mi chiami presto un medico, per favore**

IM RESTAURANT

Ich möchte einen Tisch reservieren **Vorrei prenotare un tavolo**
Einen Tisch für zwei Personen, bitte **Un tavolo per due, per favore**
Könnten wir die Speisekarte haben? **Ci porta la lista, per favore?**
Was ist das? **Cosa è questo?**
Eine Flasche/ein Glas ... **Un bottiglia di/un bicchiere di...**
Die Rechnung, bitte? **Ci porta il conto**

ÜBERNACHTEN

Haben Sie ein Einzel-/Doppelzimmer? **Ha una camera singola/doppia?**
mit/ohne Bad/Toilette/Dusche **Con/senza vasca/gabinetto/doccia**
Ist das Frühstück inbegriffen? **E'inclusa la prima colazione?**
Ist das Abendessen inbegriffen? **E'inclusa la cena?**
Haben Sie Zimmerservice? **C'è il servizio in camera?**
Kann Ich das Zimmer sehen? **E' possibile vedere la camera?**
Ich nehme dieses Zimmer **Prendo questa**
Vielen Dank für Ihre Gastfreundschaft **Grazie per l'ospitalità**

ZAHLEN

0 **zero**
1 **uno**
2 **due**
3 **tre**
4 **quattro**
5 **cinque**
6 **sei**
7 **sette**
8 **otto**
9 **nove**
10 **dieci**
11 **undici**
12 **dodici**
13 **tredici**
14 **quattordici**
15 **quindici**
16 **sedici**
17 **diciassette**
18 **diciotto**
19 **diciannove**
20 **venti**
21 **ventuno**
22 **ventidue**
30 **trenta**
40 **quaranta**
50 **cinquanta**
60 **sessanta**
70 **settanta**
80 **ottanta**
90 **novanta**
100 **cento**
101 **cento uno**
110 **centodieci**
120 **centoventi**
200 **duecento**
300 **trecento**
400 **quattrocento**
500 **cinquecento**
600 **seicento**
700 **settecento**
800 **ottocento**
900 **novecento**
1000 **mille**
2000 **duemila**
10,000 **diecimila**

SPEISEKARTE

acciuga Anchovis
acqua Wasser
affettati geschnittenes Räucherfleisch
affumicato geräuchert
aglio Knoblauch
agnello Lamm
anatra Ente
antipasti Vorspeisen
arista Schweinebraten
arrosto gebraten
asparagi Spargel
birra Bier
bistecca Steak
bollito gekochtes Fleisch
braciola Minutensteak
brasato geschmort
brodo Brühe
bruschetta getoastetes Brot mit Knoblauch oder Tomaten
budino Pudding
burro Butter
cacciagione Wild
cacciatore, alla herzhafte Tomatensauce mit Pilzen
caffè corretto / macchiato Kaffee mit Likör, Schnaps oder wenig Milch
caffè freddo Eiskaffee
caffellatte Milchkaffee
caffè lungo schwacher Kaffee
caffè ristretto starker Kaffee
calamaro Tintenfisch
cappero Kaper
carciofo Artischocke
carne Fleisch
carota Karotte
carpa Karpfen
casalingo hausgemacht
cassata sizilianische Fruchteiscreme
cavolfiore Blumenkohl
cavolo Kohl
ceci Kichererbsen
cervello Hirn
cervo Reh
cetriolino Gewürzgurke
cetriolo Gurke
cicoria Chicorée
cinghiale Wildschwein
cioccolata Schokolade
cipolla Zwiebel
coda di bue Ochsenschwanz
coniglio Hase
contorni Gemüse
coperto Gedeckgebühr
coscia Keule
cotoletta Schnitzel
cozze Muscheln
crema Eiercreme
crostini Kanapees, u. a. mit Tomaten, Knoblauch, Olivenöl
crudo roh
digestivo Digestif
dolci Kuchen oder Desserts
erbe aromatiche Kräuter
facito gefüllt mit
fagioli Bohnen
fagiolini grüne Bohnen
faraona Perlhuhn
fegato Leber
finocchio Fenchel
formaggio Käse
forno, al aus dem Ofen
frittata Omelette
fritto gebraten, frittiert
frizzante mit Kohlensäure
frulatto verquirlt
frutti di mare Meeresfrüchte
funghi Pilze
gamberetto Garnele
gelato Eiscreme
ghiaccio Eis
gnocci Kartoffelnudeln
granchio Krebs
gran(o)turco Mais
griglia, alla gegrillt
imbottito gefüllt
insalata Salat
IVA Mehrwert-Steuer
latte Milch
lepre Hase
lumache Schnecken
manzo Rind
merluzzo Kabeljau
miele Honig
minestra Suppe
molluschi Schalentiere
olio Öl
oliva Olive
ostrica Auster
pancetta Speck
pane Brot
panna Sahne
parmigiano- Parmesankäse
passata passiert oder mit Sahne aufgeschlage
pastasciutta getrocknete Pasta mit Sauce
pasta sfoglia Blätterteig
patate fritte Pommes frites
pecorino Schafskäse
peperoncino Peperoni
peperone rote/grüne Paprika
pesce Fisch
petto Brust
piccione Taube
piselli Erbsen
pollame Geflügel
pollo Huhn
polpetta Fleischbällchen
porto Portwein
prezzemolo Petersilie
primo piatto erster Gang
prosciutto Schinken
ragù Fleischsauce
ripieno gefüllt
riso Reis
salsa Sauce
salsiccia Wurst
saltimbocca Kalb mit Schinken und Salbei
secco trocken
secondo piatto Hauptgang
senape Senf
servizio compreso Service inklusive
spuntini Snacks
succa di frutta Fruchtsaft
sugo Sauce
tonno Thunfisch
uova strapazzate Rühreier
uovo affrogato/ in carnica pochiertes Ei
uovo alla coque weich gekochtes Ei
uovo alla sodo hart gekochtes Ei
uovo al tegamo/ fritto Spiegelei
vino bianco Weißwein
vino rosato Roséwein
vino rosso Rotwein
verdure Gemüse
vitello Kalb
zucchero Zucker
zuppa Suppe

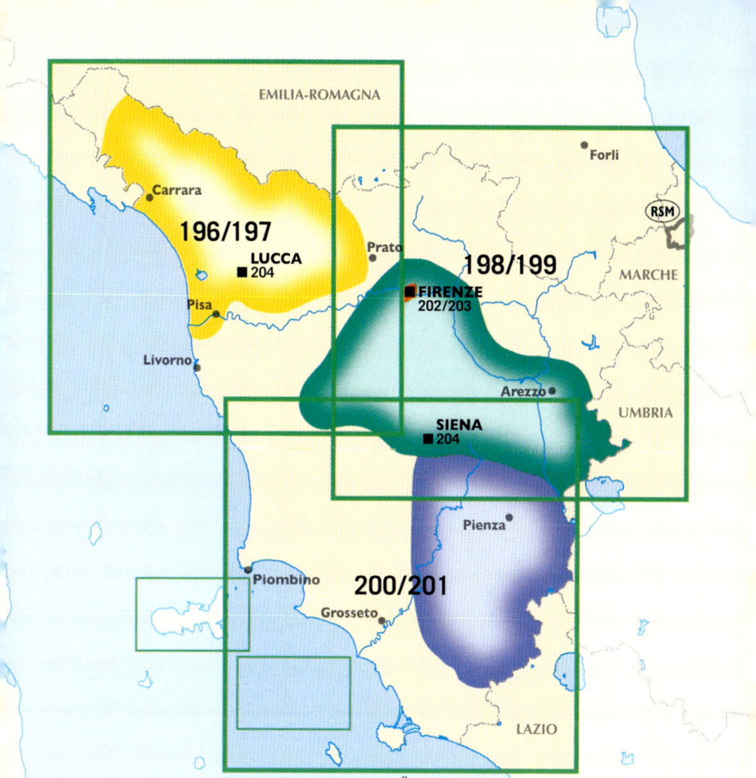

Kapiteleinteilung: siehe Übersichtskarte auf der Umschlaginnenseite

Reiseatlas

- Hauptstrecke
- Autobahn & Anschluss
- Nationalstraße
- Landstraße
- Sehenswürdigkeit (im Text)
- Sehenswürdigkeit
- Stadt
- Dorf
- Flughafen
- höchster Punkt

196–201: 0 – 10 km

Cityplan

- Hauptstraße/Nebenstraße
- Bahnlinie
- Stadtmauer
- Wichtiges Gebäude
- Park / Garten
- Sehenswürdigkeit (im Text)
- Touristeninformation
- Kirche

202–203 Firenze: 0 – 200 Meter

204 Siena: 0 – 150 Meter

204 Lucca: 0 – 300 Meter

Reiseatlas

196
A
B
C
5
4
3
2
1
Albareto
Passo del Bratello 953
Passo della Cisa 1039
Passo Cirone 1255
Ranzano
Trevignano
Palanzano
Gazzolo
Castelnovo ne'Monti
1287 Monte Ribone
Cervara
Vecciatica
Vairo
Ramiseto
Lugagnano
Valditacca
Trefiumi
Nirone
Cervarezza
Pontremoli
Lusignana
Rigoso
Succiso
1727 M Ventasso
Busana
Acquabona
Sologno
Cerre
Collagna
Zeri
Lunigiana
Passo di Lagastrello 1200
Parco Nazionale dell'Appennino Toscano-Emiliano
2017 Alpe di Succiso
Coloretta
Rossano
Filattiera
Cerreto dell'Alpi
Vaglie
Ligonchio
Antessio
Mulazzo
Bagnone
Malgrate
Tavernelle
Camporaghena
Monte Reggio
Groppoli
Villafranca in Lunigiana
Comano
Sassalbo
Passo del Cerreto 1261
2120 Monte Cusna
Pieve
Merizzo
Licciana Nardi
943
Villecchia
Pieve di Monti
Cornice
Villagrossa
Tresana
Pognana
Serchio
2053 Monte Prato
Brugnato
Calice al Cornoviglio
Giovagallo
Barbarasco
Groppo
Fornoli
Fivizzano
Capanne di Sillano
A12
E80
Sannaco
Parco dell'Orecchiella
Cassana
Borghetto di Vara
Aulla
Rometta
Soliera
Casola in Lunigiana
Giuncugnano
1602 P di Corfino
LIGURIA
Bolano
Antognano
Pignone
Beverino
Gragnola
Codiponte
Piazza al Serchio
S Romano in Garfagnana
Garfagnana
Vara
Ponzanello
Vezzanello
Minucciano
Corvara
Piano di Follo
Bastremoli
Ponzano Magra
Monzone
Gramolazzo
Camporgiano
Poggio
Ricco del Golfo di Spezia
Vezzano Ligure
Marciaso
Gorfigliano
Pieve Fosciana
Cinque Terre
Buonviaggio
Vinca
1945 Monte Pisanino
Antisciana
San Benedetto
Fosdinovo
Parco Alpi Apuane
Vagli Sopra
Careggine
Corniglia
LA SPEZIA
Sarzana
Castelnuovo di Garfagnana
Manarola
Arcola
Caniparola
Castelnuovo Magra
Gragnana
Riomaggiore
Parco delle Cinque Terre
Romito
Colonnata
Lerici
Lama
Ortonovo
Forno
Sassi
Golfo della Spezia
Ameglia
Magra
Carrara
Molazzana
Fiascherino
Canevara
Portovenere
Le Grazie
Montemarcello
Isola Palmaria
P Bianca
Marina di Carrara
Massa
1858 Pania d Croce
Trassilico
Isola del Tino
Levigliani
Marina di Massa
Strettoia
Campolemisi
Fabbriche di Vallico
Seravezza
Mulina
S Rocco
Vallecchia
Pescaglia
Pietrasanta
Forte dei Marmi
1220 M Prano
Vado
Valdicastello Carducci
Camaiore
Fiano
Marina di Pietrasanta
Torcigliano
Mommio-Piano-Castello
Gombitelli
Monsagrati
Stiava
Valpromaro
Lido di Camaiore
A11-A12
Piazzano
Viareggio
Massarosa
Bozzano
Nozzano-Castello
Lago di Massaciuccoli
Torre del Lago
A11 E76
Nodica
Migliarino
Vecchiano
Serchio
Parco Migliarino-San Rossore
Gombo
PISA
Putignano
Marina di Pisa
Palazzi
SP224
Tirrenia
Calambrone
Guasticce
LIVORNO
Salviano
Montenero
Antignano
Quercianella
Isola di Gorgona
Torre Nuova Scalo
Castiglioncello
Rosignano

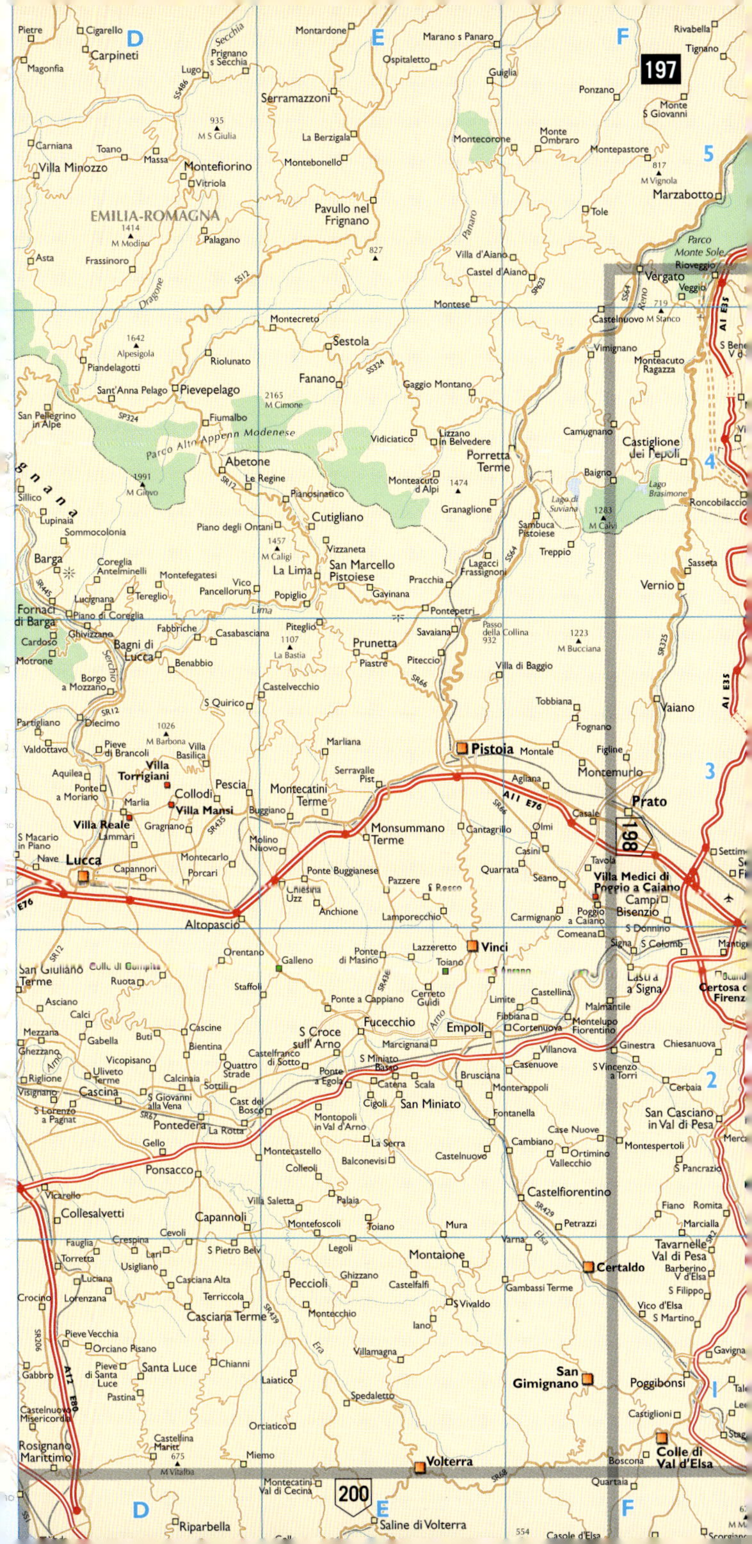

197
D
E
F
Pietre
Cigarello
Carpineti
Magonfia
Secchia
Prignano s Secchia
Lugo
Montardone
Marano s Panaro
Ospitaletto
Guiglia
Rivabella
Tignano
Ponzano
Monte S Giovanni
SS486
935
M S Giulia
Serramazzoni
La Berzigala
Montebonello
Montecorone
Monte Ombraro
Montepastore
817
M Vignola
Marzabotto
5
Carniana
Toano
Massa
Villa Minozzo
Montefiorino
Vitriola
EMILIA-ROMAGNA
1414
M Modino
Palagano
Pavullo nel Frignano
Panaro
Tole
Asta
Frassinoro
827
Villa d'Aiano
Castel d'Aiano
SP623
Parco Monte Sole
Rioveggio
Vergato
Veggio
Dragone
SS12
Montese
SS64
Reno
719
M Stanco
Castelnuovo
A1 E35
S Bene
Montecreto
Sestola
1642
Alpesigola
Piandelagotti
Riolunato
Fanano
SS324
Gaggio Montano
Vimignano
Monteacuto Ragazza
Sant'Anna Pelago
Pievepelago
2165
M Cimone
San Pellegrino in Alpe
SP324
Fiumalbo
Parco Alto Appenn Modenese
Vidiciatico
Lizzano in Belvedere
Porretta Terme
Camugnano
Castiglione dei Pepoli
4
Abetone
SR12
Le Regine
1991
M Giovo
Pianosinatico
Monteacuto d Alpi
1474
Baigno
Lago Brasimone
Granaglione
Lago di Suviana
1283
M Calvi
Roncobilaccio
Sillico
Lupinaia
Sommocolonia
Piano degli Ontani
Cutigliano
Sambuca Pistoiese
Treppio
1457
M Caligi
Vizzaneta
Barga
Coreglia Antelminelli
San Marcello Pistoiese
Lagacci Frassignoni
SS64
Sasseta
La Lima
Montefegatesi
Vico Pancellorum
Pracchia
Vernio
SR445
Lucignana
Tereglio
Popiglio
Gavinana
Fornaci di Barga
Piano di Coreglia
Lima
Pontepetri
Ghivizzano
Fabbriche
Casabasciana
Piteglio
Savaiana
Passo della Collina 932
1223
M Bucciana
Cardoso
Bagni di Lucca
1107
La Bastia
Prunetta
Piastre
Piteccio
SR325
Motrone
Benabbio
Villa di Baggio
Serchio
Borgo a Mozzano
SR66
Castelvecchio
S Quirico
Tobbiana
Vaiano
A1 E35
SR12
Partigliano
Diecimo
Fognano
1026
M Barbona
Marliana
Valdottavo
Pieve di Brancoli
Villa Basilica
Pistoia
Montale
Figline
3
Aquilea
Villa Torrigiani
Serravalle Pist
Agliana
Montemurlo
Ponte a Moriano
Pescia
Montecatini Terme
Prato
Marlia
Collodi
A11 E76
SR66
Villa Mansi
Buggiano
Casale
198
Villa Reale
Gragnano
SR435
Monsummano Terme
Cantagrillo
Olmi
Lammari
S Macario in Piano
Molino Nuovo
Casini
Tavola
Settim
Nave
Lucca
Montecarlo
Capannori
Quarrata
Villa Medici di Poggio a Caiano
Porcari
Ponte Buggianese
Pazzere
S Rocco
Seano
Campi Bisenzio
E76
Chiesina Uzz
Anchione
Carmignano
Poggio a Caiano
Altopascio
Lamporecchio
S Donnino
Comeana
SR12
Orentano
Lazzeretto
Vinci
Signa
S Colombo
Ponte di Masino
San Giuliano Terme
Galleno
Toiano
Lastra a Signa
Ruota
Staffoli
SR436
Certosa di Firenz
Asciano
Ponte a Cappiano
Cerreto Guidi
Limite
Castellina
Calci
Malmantile
Fibbiana
Mezzana
Cascine
Fucecchio
Empoli
Cortenuova
Montelupo Fiorentino
Gabella
Buti
Bientina
S Croce sull'Arno
Arno
Marcignana
Ghezzano
Arno
Vicopisano
Castelfranco di Sotto
S Miniato Basso
Villanova
Ginestra
Chiesanuova
Riglione
Uliveto Terme
Calcinaia
Quattro Strade
Ponte a Egola
Casenuove
S Vincenzo a Torri
2
Visignano
Cascina
Sottili
Catena
Scala
Brusciana
Monterappoli
Cerbaia
S Giovanni alla Vena
Cast del Bosco
Cigoli
San Miniato
S Lorenzo a Pagnat
SR67
Fontanella
San Casciano in Val di Pesa
Pontedera
La Rotta
Montopoli in Val d'Arno
Case Nuove
Gello
La Serra
Cambiano
Montespertoli
Montecastello
Ortimino
Ponsacco
Balconevisi
Castelnuovo
Vallecchio
Colleoli
S Pancrazio
Vicarello
Castelfiorentino
Villa Saletta
Palaia
Fiano
Romita
Collesalvetti
SR429
Capannoli
Montefoscoli
Toiano
Petrazzi
Marcialla
Fauglia
Crespina
Cevoli
Mura
Varna
Elsa
Tavarnelle Val di Pesa
Torretta
Lari
S Pietro Belv
Legoli
Montaione
Certaldo
Barberino V d'Elsa
Usigliano
Luciana
Casciana Alta
Ghizzano
Peccioli
Castelfalfi
Gambassi Terme
S Filippo
Crocino
Lorenzana
Terriccola
SR439
Vico d'Elsa
Casciana Terme
S Vivaldo
S Martino
Montecchio
Iano
SR206
Pieve Vecchia
Era
Orciano Pisano
Villamagna
Gavigna
Gabbro
A12 E80
Pieve di Santa Luce
Santa Luce
Chianni
Laiatico
San Gimignano
Poggibonsi
1
Pastina
Spedaletto
Castelnuovo Misericordia
Castiglioni
Orciatico
Castellina Maritt
Colle di Val d'Elsa
Rosignano Marittimo
675
M Vitalba
Miemo
Volterra
Boscona
SR68
Quartaia
Montecatini Val di Cecina
200
D
E
F
Riparbella
Saline di Volterra
554
Casole d'Elsa

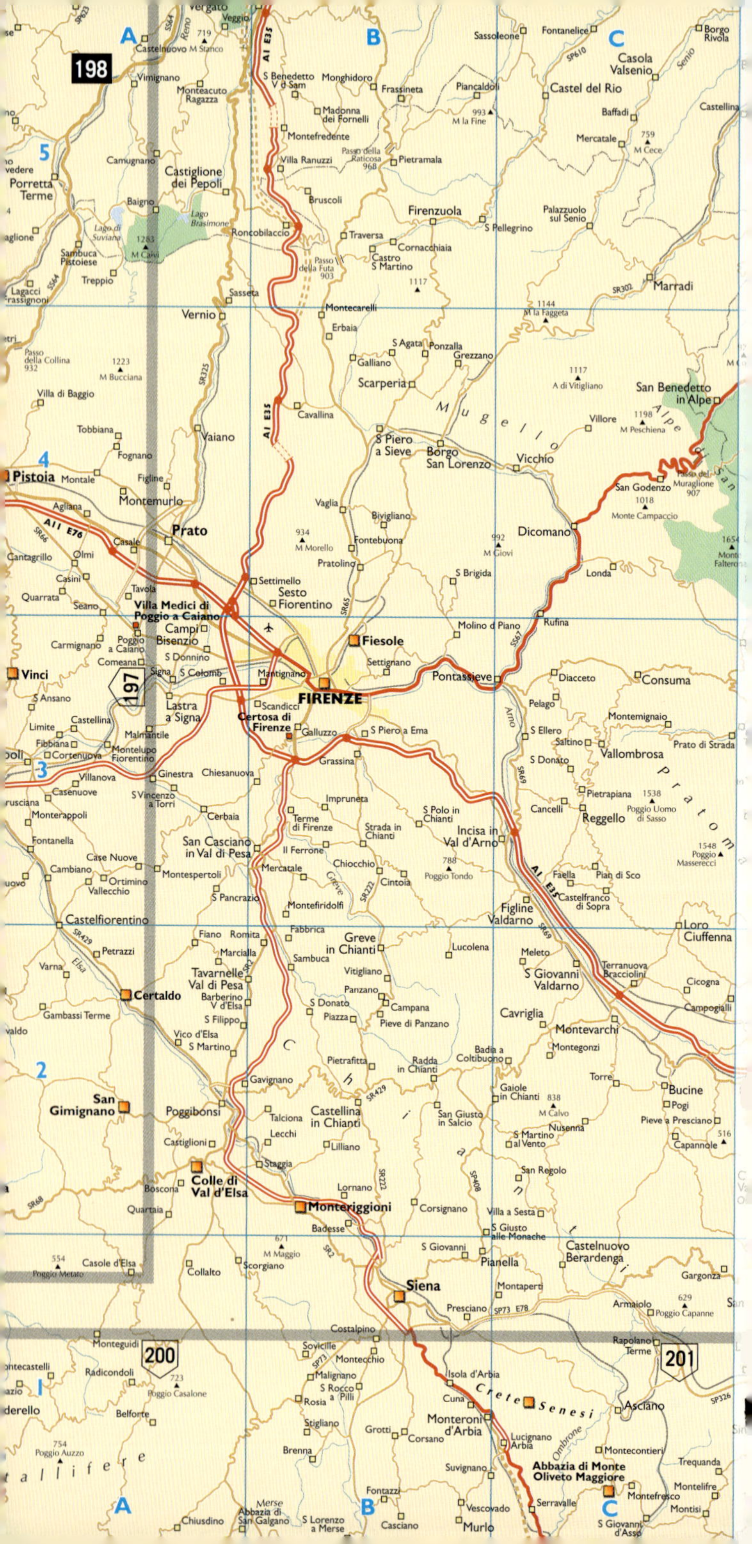

198
A
B
C
5
4
3
2
1
197
200
201
Vergato
Veggio
Castelnuovo
M Stanco
719
Vimignano
Monteacuto Ragazza
Camugnano
Castiglione dei Pepoli
Porretta Terme
Baigno
Lago Brasimone
Lago di Suviana
1283 M Calvi
Sambuca Pistoiese
Treppio
Lagacci
Frassignoni
Roncobilaccio
Sasseta
Vernio
Passo della Collina 932
1223 M Bucciana
Villa di Baggio
Tobbiana
Fognano
Vaiano
Pistoia
Montale
Figline
Montemurlo
Agliana
Prato
Casale
Cantagrillo
Olmi
Casini
Quarrata
Tavola
Seano
Villa Medici di Poggio a Caiano
Campi Bisenzio
Carmignano
Poggio a Caiano
Comeana
S Donnino
Vinci
Signa
S Colombo
Lastra a Signa
S Ansano
Castellina
Limite
Malmantile
Fibbiana
Cortenuova
Montelupo Fiorentino
Ginestra
Villanova
Casenuove
S Vincenzo a Torri
Monterappoli
Fontanella
Case Nuove
Cambiano
Ortimino
Vallecchio
Montespertoli
Castelfiorentino
Petrazzi
Varna
Certaldo
Gambassi Terme
San Gimignano
Poggibonsi
Castiglioni
Colle di Val d'Elsa
Boscona
Quartaia
Casole d'Elsa
554 Poggio Metato
Collalto
Scorgiano
671 M Maggio
Monteguidi
Radicondoli
723 Poggio Casalone
Belforte
754 Poggio Auzzo
Chiusdino
Abbazia di San Galgano
Merse
S Lorenzo a Merse
S Benedetto V d Sam
Monghidoro
Frassineta
Madonna dei Fornelli
Montefredente
Villa Ranuzzi
Passo della Raticosa 968
Pietramala
Bruscoli
Traversa
Cornacchiaia
Castro S Martino
Passo della Futa 903
1117
Firenzuola
S Pellegrino
Montecarelli
Erbaia
S Agata
Ponzalla
Galliano
Grezzano
Scarperia
Cavallina
Mugello
S Piero a Sieve
Borgo San Lorenzo
Vicchio
Vaglia
Bivigliano
934 M Morello
Fontebuona
Pratolino
Settimello
Sesto Fiorentino
Fiesole
Molino d Piano
Settignano
Mantignano
FIRENZE
Scandicci
Certosa di Firenze
Galluzzo
S Piero a Ema
Grassina
Chiesanuova
Cerbaia
Impruneta
Terme di Firenze
San Casciano in Val di Pesa
Il Ferrone
Mercatale
Strada in Chianti
Chiocchio
Cintoia
S Pancrazio
Montefiridolfi
Fiano
Romita
Fabbrica
Marcialla
Sambuca
Tavarnelle Val di Pesa
Barberino V d'Elsa
S Filippo
Vico d'Elsa
S Martino
Greve in Chianti
Vitigliano
Panzano
S Donato
Campana
Piazza
Pieve di Panzano
Pietrafitta
Radda in Chianti
Gavignano
Talciona
Castellina in Chianti
Lecchi
Lilliano
Staggia
Lornano
Monteriggioni
Badesse
Corsignano
S Giovanni
Pianella
Siena
Montaperti
Presciano
Costalpino
Sovicille
Montecchio
Malignano
S Rocco a Pilli
Rosia
Stigliano
Brenna
Grotti
Corsano
Cuna
Isola d'Arbia
Monteroni d'Arbia
Crete Senesi
Lucignano Arbia
Sovignano
Fontazzi
Casciano
Vescovado
Murlo
Serravalle
Abbazia di Monte Oliveto Maggiore
Montecontieri
Asciano
Trequanda
Montelifre
Montefresco
Montisi
S Giovanni d'Asso
Rapolano Terme
Armaiolo
629 Poggio Capanne
Gargonza
Castelnuovo Berardenga
S Giusto alle Monache
Villa a Sesta
San Regolo
S Martino al Vento
Nusenna
S Giusto in Salcio
Gaiole in Chianti
838 M Calvo
Badia a Coltibuono
Torre
Montegonzi
Montevarchi
Cavriglia
S Giovanni Valdarno
Meleto
Terranuova Bracciolini
Cicogna
Campogialli
Bucine
Pogi
Pieve a Presciano
516
Capannole
Lucolena
Figline Valdarno
Castelfranco di Sopra
Loro Ciuffenna
Faella
Pian di Sco
1548 Poggio Masserecci
788 Poggio Tondo
Incisa in Val d'Arno
S Polo in Chianti
Reggello
Cancelli
Pietrapiana
1538 Poggio Uomo di Sasso
Pratomagno
S Donato
Saltino
Vallombrosa
S Ellero
Prato di Strada
Montemignaio
Pelago
Diacceto
Consuma
Pontassieve
Rufina
Londa
S Brigida
992 M Giovi
Dicomano
San Godenzo
1018 Monte Campaccio
Passo del Muraglione 907
1654 Monte Falterona
Alpe di San Benedetto
San Benedetto in Alpe
Villore
1198 M Peschiena
1117 A di Vitigliano
1144 M la Faggeta
Marradi
Palazzuolo sul Senio
Sassoleone
Fontanelice
Borgo Rivola
Casola Valsenio
Senio
Castel del Rio
Piancaldoli
993 M la Fine
Baffadi
Castellina
Mercatale
759 M Cece
Arno
Greve
Elsa
Ombrone
Chianti
Metallifere
A1 E35
A11 E76
SR65
SR67
SR69
SR222
SR2
SR429
SR408
SR325
SR302
SR610
SR66
SR68
SP73 E78
SP326
SS64
SR623
Reno

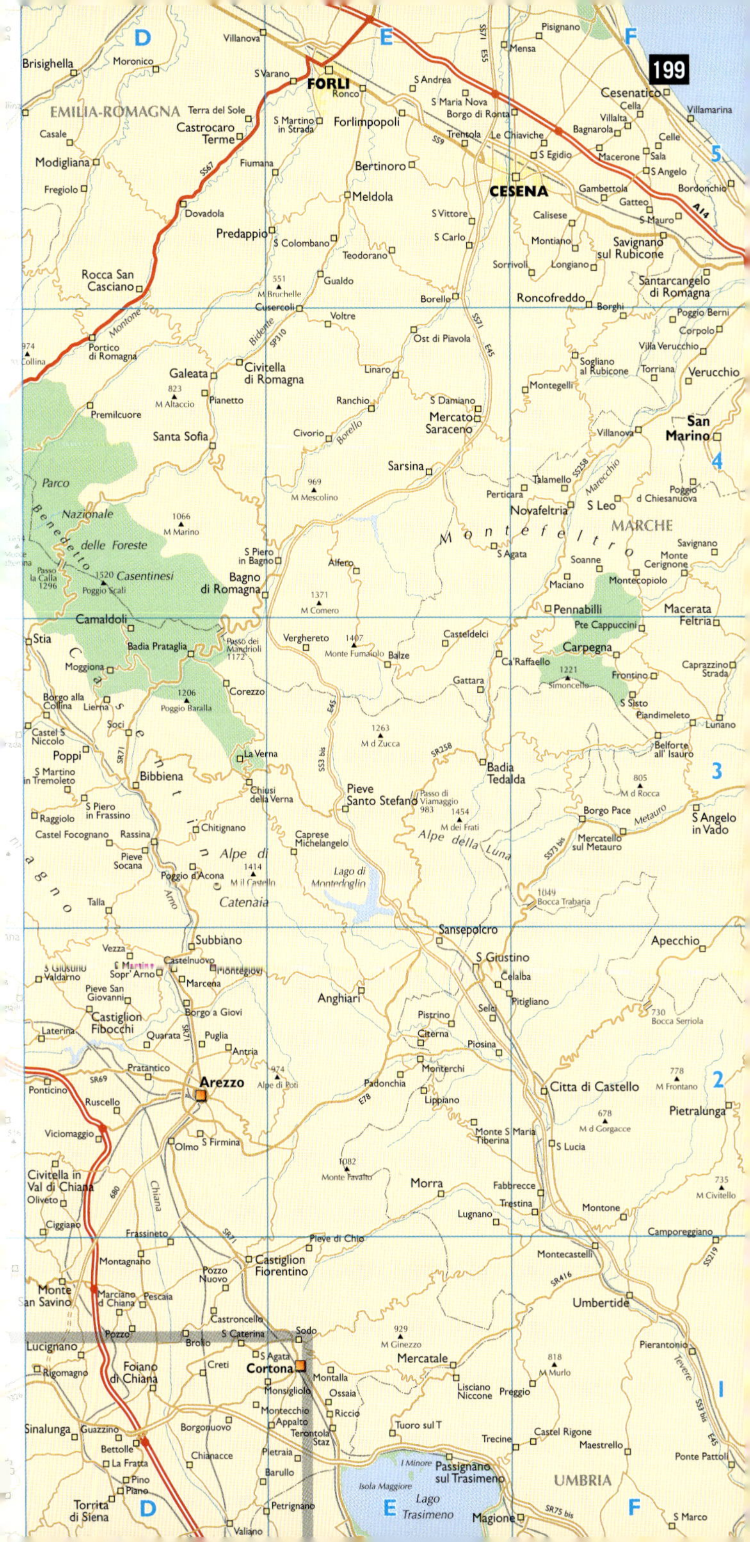
D
E
F
199
Villanova
Brisighella
Moronico
S Varano
FORLI
Ronco
Pisignano
Mensa
SS71
E55
EMILIA-ROMAGNA
Terra del Sole
Casale
Castrocaro Terme
S Martino in Strada
Forlimpopoli
S Andrea
S Maria Nova
Borgo di Ronta
Cesenatico
Cella
Villalta
Villamarina
Bagnarola
Celle
Sala
Macerone
S Angelo
Trentola
Le Chiaviche
S Egidio
SS9
Modigliana
Fiumana
Bertinoro
CESENA
Gambettola
Gatteo
Bordonchio
Fregiolo
SS67
Meldola
Dovadola
S Vittore
Calisese
S Mauro
A14
Predappio
S Colombano
S Carlo
Montiano
Savignano sul Rubicone
Teodorano
Sorrivoli
Longiano
Rocca San Casciano
551
M Bruchelle
Gualdo
Borello
Roncofreddo
Borghi
Santarcangelo di Romagna
Cusercoli
Voltre
Poggio Berni
Corpolo
Montone
Bidente
SP310
Ost di Piavola
SS71
E45
Villa Verucchio
974
Collina
Portico di Romagna
Civitella di Romagna
Linaro
Sogliano al Rubicone
Torriana
Verucchio
Galeata
823
M Altaccio
Pianetto
Montegelli
Premilcuore
Ranchio
S Damiano
Mercato Saraceno
San Marino
Santa Sofia
Civorio
Borello
Villanova
Sarsina
Parco
Nazionale
delle Foreste
Casentinesi
Benedetto
969
M Mescolino
Talamello
SS258
Marecchia
Perticara
Poggio
d Chiesanuova
Novafeltria
S Leo
1066
M Marino
Montefeltro
MARCHE
S Piero in Bagno
S Agata
Savignano
Monte Cerignone
Soanne
Alfero
Passo la Calla 1296
1520
Poggio Scali
Bagno di Romagna
Maciano
Montecopiolo
1371
M Comero
Pennabilli
Macerata Feltria
Camaldoli
Pte Cappuccini
Stia
Verghereto
1407
Monte Fumaiolo
Balze
Casteldelci
Carpegna
Badia Prataglia
Passo dei Mandrioli 1172
Ca'Raffaello
Caprazzino Strada
Moggiona
1221
Simoncello
Frontino
Gattara
Corezzo
Borgo alla Collina
Lierna
1206
Poggio Baralla
S Sisto
Piandimeleto
Lunano
Castel S Niccolò
Soci
1263
M d Zucca
Belforte all' Isauro
Poppi
SR71
La Verna
SR258
E45
SS3 bis
Badia Tedalda
S Martino in Tremoleto
Bibbiena
805
M d Rocca
Chiusi della Verna
Pieve Santo Stefano
Passo di Viamaggio 983
1454
M dei Frati
Borgo Pace
S Angelo in Vado
Raggiolo
S Piero in Frassino
Metauro
Chitignano
Mercatello sul Metauro
Castel Focognano
Rassina
Caprese Michelangelo
Alpe della Luna
SS73 bis
Pieve Socana
Alpe di Catenaia
1414
M il Castello
Poggio d'Acona
Lago di Montedoglio
1049
Bocca Trabaria
Talla
Arno
Sansepolcro
Subbiano
Apecchio
Vezza
S Giustino
S Giusino Valdarno
Castelnuovo
Montegiovi
S Martino Sopr' Arno
Celalba
Marcena
Pieve San Giovanni
Anghiari
Pitigliano
Selci
Borgo a Giovi
Castiglion Fibocchi
Pistrino
730
Bocca Serriola
Laterina
Quarata
SR71
Puglia
Citerna
Piosina
Antria
Pratantico
Monterchi
778
M Frontano
974
Alpe di Poti
Padonchia
Arezzo
Città di Castello
SR69
E78
Ponticino
Lippiano
Ruscello
678
M d Gorgacce
Pietralunga
Monte S Maria Tiberina
Viciomaggio
Olmo
S Firmina
S Lucia
1082
Monte Favalto
Civitella in Val di Chiana
Chiana
Morra
735
M Civitello
Fabbrecce
Oliveto
680
Trestina
Montone
Lugnano
Ciggiano
Frassineto
SR71
Pieve di Chio
Camporeggiano
Montecastelli
Montagnano
Castiglion Fiorentino
SS219
Pozzo Nuovo
SR416
Monte San Savino
Marciano d Chiana
Pescaia
Umbertide
Castroncello
Sodo
929
M Ginezzo
Pozzo
Brolio
S Caterina
Pierantonio
Lucignano
S Agata
Mercatale
Tevere
818
M Murlo
Foiano di Chiana
Creti
Cortona
Rigomagno
Montalla
Lisciano Niccone
Preggio
Monsigliolo
Ossaia
SS3 bis
Montecchio
Riccio
Appalto
Sinalunga
Guazzino
Borgonuovo
Terontola Staz
Tuoro sul T
Trecine
Castel Rigone
E45
Bettolle
Maestrello
Pietraia
Chianacce
I Minore
Passignano sul Trasimeno
Ponte Pattoli
La Fratta
Barullo
Isola Maggiore
UMBRIA
Pino
Piano
Lago Trasimeno
Torrita di Siena
Petrignano
Magione
SR75 bis
S Marco
Valiano

200
197
A
B
C
Castellina Maritt
675
M Vitalba
Orciatico
Miemo
Volterra
SR68
Castiglioni
Staggia
Colle di Val d'Elsa
Boscona
Quartaia
Rosignano Marittimo
Montecatini Val di Cecina
Riparbella
Saline di Volterra
Vada
5
Gello
554
Poggio Metato
Casole d'Elsa
Collalto
Scorgiano
Montescudaio
SR68
Cecina
Guardistallo
Cecina
Marina di Cecina
Casale Maritt
Querceto
Micciano
Libbiano
Monteguidi
E80
La California
Bibbona
619
Poggio al Pruno
Sassa
Montecastelli
Radicondoli
723
Poggio Casalone
S Dalmazio
Larderello
Belforte
Forte Bibbona
Bolgheri
Colline Metallifere
Castelnuovo di Val di Cecina
754
Poggio Auzzo
Marina di Castagneto-Donoratico
SS1
Canneto
Castagneto Carducci
Lagoni d Sasso
Monteverdi Maritt
Donoratico
Chiusdino
Merse
Abbazia di San Galgano
Monterotondo Marittimo
SR439
1051
Poggio di Montieri
Montieri
Monticiano
Sassetta
726
Poggio Fogari
Fontalcinaldo
441
4
San Vincenzo
S Carlo
646
M Calvi
E80
Suvereto
Milia
561
M Arsenti
Prata
Boccheggiano
Campiglia Marittima
Rimigliano
Massa Marittima
Cafaggio
Venturina
Casalappi Ruschi
Montioni
Parco di Montioni
Tatti
Roccatederighi
Sassofortino
Roccastrada
Populonia
Valpiana
Montemassi
SS398
Cornia
Riotorto
SR439
Ribolla
Monte Lattaia
E80
Salivoli
SS1
Prato Ranieri
Rondelli
Gavorrano
Sticciano Scalo
Sticciano
Piombino
Follonica
Ravi
Scarlino
Caldana
614
M Leoni
Canale di Piombino
Golfo di Follonica
559
M d'Alma
SP73
Montepescali
3
I Palmaiola
I Cerboli
SP322
Batignano
E78
Vetulonia
Tirli
Buriano
SS223
630
Poggio Ballone
P Hidalgo
P Ala
Punta Ala
Bruna
Istia d'Ombrone
Grosseto
Castiglione della Pescaia
Poggio Cavallo
Marina di Grosseto
Rispescia
Principina a Mare
Spergolaia
Alberese
Ombrone
2
Parco della Maremma
Monti dell'Uccellina
Marina di Alberese
San Rabino
SS1
E80
C Vita
I d Topi
Cavo
I Palmaiola
Isola d'Elba
422
M Serra
Rio nell'Elba
Marciana Marina
Portoferraio
Rio Marina
Bagnaia
Fonteblanda
Talamone
Marciana
1018
M Capanne
S Ilario in Campo
Procchio
P delle Cannelle
Chiessi
Lacona
Porto Azzurro
La Pila
Pomonte
S Piero in Campo
Marina di Campo
Capoliveri
Fetovaia
P di Fetovaia
P dei Ripalti
P Lividonia
Porto Santo Stefano
1
P Cala Grande
Monte Argentario
635
Il Telegrafo
P d Fenaio
Isola del Giglio
Giglio Castello
Giglio Campese
Giglio Porto
P di Torre Ciana
A
B
C

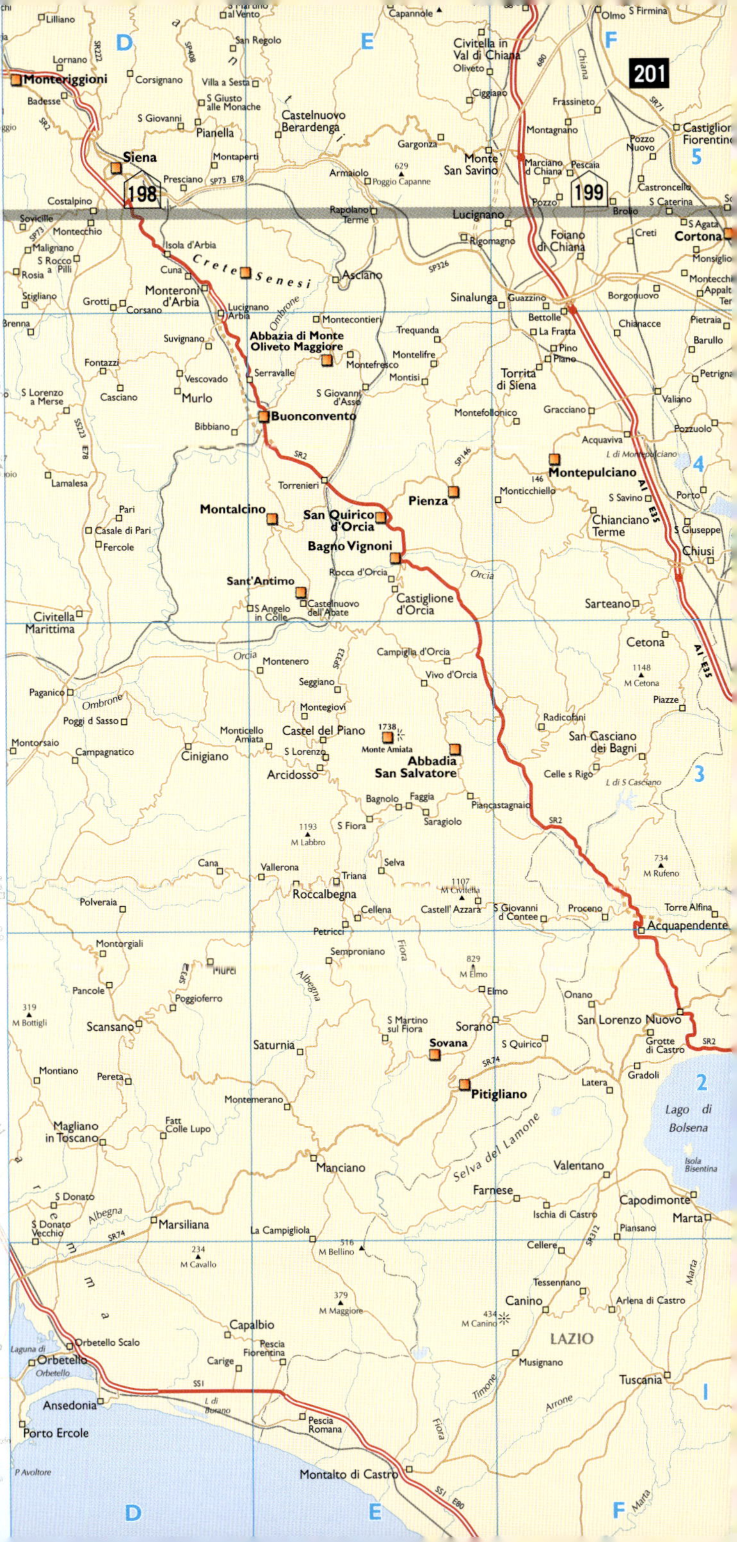

201
198
199
D
E
F
5
4
3
2
1
Lilliano
Lornano
Monteriggioni
Badesse
Corsignano
S Giovanni
Siena
Presciano
Costalpino
Sovicille
Montecchio
Malignano
S Rocco a Pilli
Rosia
Stigliano
Brenna
Grotti
Corsano
Monteroni d'Arbia
Cuna
Isola d'Arbia
Lucignano Arbia
Crete Senesi
Suvignano
Fontazzi
Vescovado
Murlo
S Lorenzo a Merse
Casciano
Bibbiano
Lamalesa
Pari
Casale di Pari
Fercole
Civitella Marittima
Paganico
Ombrone
Poggi d Sasso
Montorsaio
Campagnatico
San Regolo
Villa a Sesta
S Giusto alle Monache
Pianella
Montaperti
Castelnuovo Berardenga
Gargonza
Armaiolo
629
Poggio Capanne
Capannole
Civitella in Val di Chiana
Oliveto
Ciggiano
Monte San Savino
Rapolano Terme
Lucignano
Rigomagno
Asciano
Montecontieri
Abbazia di Monte Oliveto Maggiore
Serravalle
Montefresco
S Giovanni d'Asso
Buonconvento
Trequanda
Montelifre
Montisi
Sinalunga
Guazzino
Bettolle
La Fratta
Pino
Piano
Torrita di Siena
Montefollonico
Gracciano
Acquaviva
L di Montepulciano
Montepulciano
146
Monticchiello
Pienza
SP146
SR2
Torrenieri
Montalcino
San Quirico d'Orcia
Bagno Vignoni
Rocca d'Orcia
Castiglione d'Orcia
Orcia
Sant'Antimo
S Angelo in Colle
Castelnuovo dell'Abate
Olmo
S Firmina
Frassineto
Montagnano
Marciano d Chiana
Pescaia
Pozzo
Pozzo Nuovo
Castiglion Fiorentino
Castroncello
Brolio
S Caterina
Foiano di Chiana
Creti
S Agata
Cortona
Monsiglio
Montecchio
Appalt
Borgonuovo
Chianacce
Pietraia
Barullo
Petrigna
Valiano
Pozzuolo
Porto
S Savino
Chianciano Terme
S Giuseppe
Chiusi
Sarteano
Cetona
1148
M Cetona
Piazze
A1 E35
Montenero
Seggiano
Montegiovi
Campiglia d'Orcia
Vivo d'Orcia
Monticello Amiata
Castel del Piano
1738
Monte Amiata
S Lorenzo
Arcidosso
Abbadia San Salvatore
Cinigiano
Bagnolo
Faggia
Saragiolo
Piancastagnaio
S Fiora
1193
M Labbro
Radicofani
San Casciano dei Bagni
Celle s Rigo
L di S Casciano
Cana
Vallerona
Selva
Triana
Roccalbegna
1107
M Civitella
Castell' Azzara
Cellena
Petricci
S Giovanni d Contee
Proceno
734
M Rufeno
Torre Alfina
Acquapendente
Polveraia
Montorgiali
Pancole
Poggioferro
319
M Bottigli
Scansano
Semproniano
Albegna
Fiora
829
M Elmo
Elmo
Onano
San Lorenzo Nuovo
Grotte di Castro
Saturnia
S Martino sul Fiora
Sorano
S Quirico
Sovana
SR74
Pitigliano
Latera
Gradoli
Lago di Bolsena
Isola Bisentina
Montiano
Pereta
Montemerano
Magliano in Toscano
Fatt Colle Lupo
Manciano
Selva del Lamone
Valentano
Farnese
Ischia di Castro
Capodimonte
Marta
Piansano
S Donato
S Donato Vecchio
Marsiliana
La Campigliola
516
M Bellino
234
M Cavallo
Cellere
Tessennano
Canino
Arlena di Castro
434
M Canino
379
M Maggiore
LAZIO
Capalbio
Pesca Fiorentina
Carige
Orbetello Scalo
Laguna di Orbetello
Orbetello
Musignano
Tuscania
Ansedonia
SS1
L di Burano
Pescia Romana
Porto Ercole
P Avoltore
Montalto di Castro
Timone
Arrone
SS1 E80

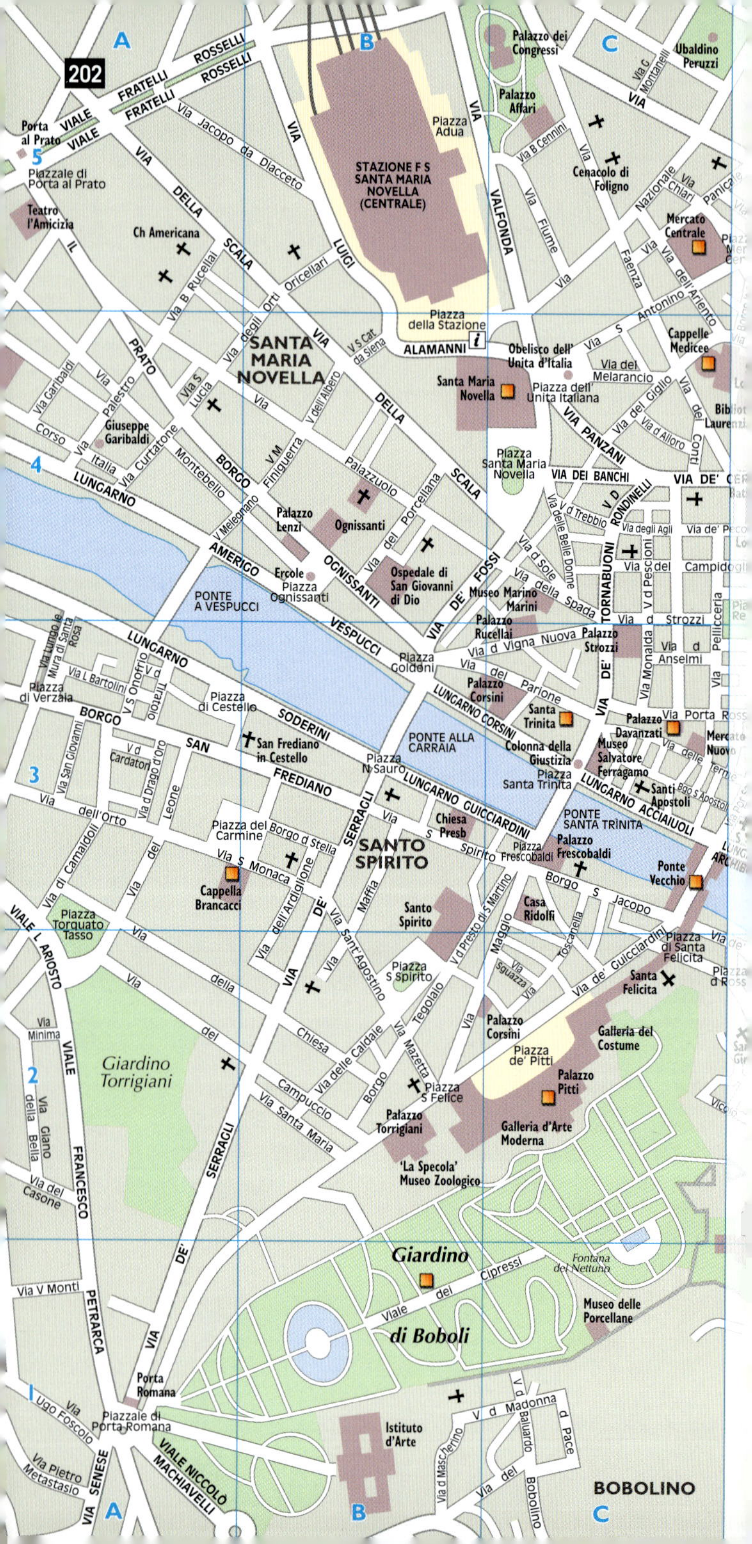
A
B
C
5
4
3
2
1
Viale Fratelli Rosselli
Porta al Prato
Piazzale di Porta al Prato
Teatro l'Amicizia
Via Jacopo da Diacceto
Via della Scala
Ch Americana
Via Il Prato
Via B Rucellai
Via degli Orti Oricellari
Via Luigi Alamanni
Stazione F S Santa Maria Novella (Centrale)
Piazza Adua
Piazza della Stazione
V S Cat da Siena
Santa Maria Novella
Palazzo dei Congressi
Palazzo Affari
Via Valfonda
Via B Cennini
Via Fiume
Via C Montanelli
Via Nazionale
Cenacolo di Foligno
Ubaldino Peruzzi
Via Chiari
Via Panicale
Mercato Centrale
Via Faenza
Via dell'Ariento
Via S Antonino
Cappelle Medicee
Obelisco dell' Unita d'Italia
Piazza dell' Unita Italiana
Via del Melarancio
Via del Giglio
Via d Alloro
Via de' Conti
Bibl Laurenz
Via Panzani
Santa Maria Novella
Piazza Santa Maria Novella
Via dei Banchi
Via Garibaldi
Via Palestro
Via S Lucia
Via V dell'Albero
Via della Scala
Giuseppe Garibaldi
Corso Italia
Via Curtatone
Via Montebello
Borgo Ognissanti
V M Finiguerra
Via Palazzuolo
Via del Porcellana
Lungarno Amerigo Vespucci
V Melegnano
Palazzo Lenzi
Ognissanti
Ercole
Piazza Ognissanti
Ospedale di San Giovanni di Dio
Via de' Fossi
Museo Marino Marini
Ponte a Vespucci
Via d Trebbio
Via delle Belle Donne
Via d Sole
Via della Spada
Via de' Tornabuoni
V D Rondinelli
Via de' Cerretani
Via degli Agli
Via de' Pecori
Via del Campidoglio
V d Pescioni
Via d Strozzi
Palazzo Rucellai
Via d Vigna Nuova
Palazzo Strozzi
Via Monalda
Via d Anselmi
Via Pellicceria
Piazza Goldoni
Via del Parione
Palazzo Corsini
Santa Trinita
Via Porta Rossa
Palazzo Davanzati
Mercato Nuovo
Via delle Terme
Via Lungo le Mura di Santa Rosa
Lungarno Soderini
Via L Bartolini
V S Onofrio
V d Tiratoio
Piazza di Verzaia
Piazza di Cestello
Borgo San Frediano
San Frediano in Cestello
V d Cardatori
Via San Giovanni
Via d Drago d'Oro
Via Leone
Piazza N Sauro
Ponte alla Carraia
Lungarno Corsini
Colonna della Giustizia
Museo Salvatore Ferragamo
Piazza Santa Trinita
Lungarno Acciaiuoli
Santi Apostoli
Bgo S Apostoli
Via dell'Orto
Via di Camaldoli
Piazza del Carmine
Borgo d Stella
Via S Monaca
Cappella Brancacci
Via del Serragli
Lungarno Guicciardini
Chiesa Presb
Via S Spirito
Santo Spirito
Piazza Frescobaldi
Palazzo Frescobaldi
Ponte Santa Trinita
Ponte Vecchio
Borgo S Jacopo
Casa Ridolfi
Via Maffia
Via dell'Ardiglione
Via Sant'Agostino
Piazza S Spirito
V d Presto di S Martino
Via Maggio
Via Toscanella
Via Sguazza
Via de' Guicciardini
Piazza di Santa Felicita
Santa Felicita
Piazza d Rossi
Piazza Torquato Tasso
Viale L Ariosto
Via della Chiesa
Via Tegolaio
Via Mazzetta
Via delle Caldaie
Via Minima
Palazzo Corsini
Piazza de' Pitti
Galleria del Costume
Palazzo Pitti
Giardino Torrigiani
Via del Campuccio
Via Santa Maria
Borgo
Piazza S Felice
Palazzo Torrigiani
Galleria d'Arte Moderna
'La Specola' Museo Zoologico
Via Giano della Bella
Via del Casone
Viale Francesco Petrarca
Via de' Serragli
Giardino di Boboli
Viale dei Cipressi
Fontana del Nettuno
Museo delle Porcellane
Via V Monti
Porta Romana
Piazzale di Porta Romana
Via Ugo Foscolo
Via Pietro Metastasio
Via Senese
Viale Niccolò Machiavelli
Istituto d'Arte
V d Madonna
V d Baluardo
Via d Pace
Via d Mascherino
Via del Bobolino
Bobolino

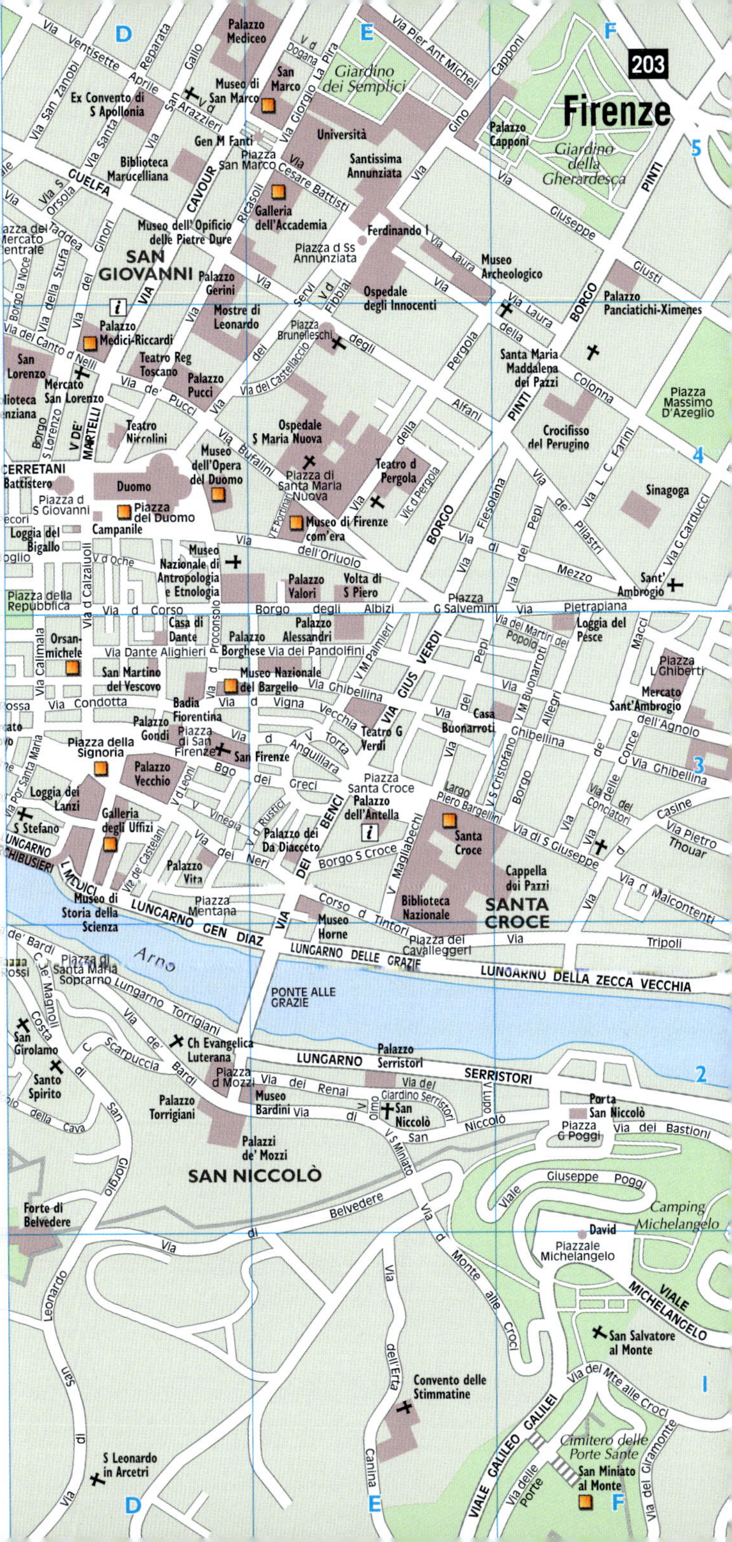
Firenze
D
E
F
5
4
3
2
I
Palazzo Mediceo
Via Ventisette Aprile
Reparata
Gallo
Museo di San Marco
San Marco
Giardino dei Semplici
Via Pier Ant Micheli
Capponi
Ex Convento di S Apollonia
Via San Zanobi
Via Santa
Arazzieri
Gen M Fanti
Piazza San Marco
Università
Gino
Palazzo Capponi
Giardino della Gherardesca
Biblioteca Marucelliana
GUELFA
CAVOUR
Ricasoli
Galleria dell'Accademia
Cesare Battisti
Santissima Annunziata
Via Giuseppe
PINTI
Piazza del Mercato Centrale
Museo dell'Opificio delle Pietre Dure
Ferdinando I
Piazza d Ss Annunziata
Via Laura
Museo Archeologico
Giusti
SAN GIOVANNI
Palazzo Gerini
Servi
Fibbiai
Ospedale degli Innocenti
Palazzo Panciatichi-Ximenes
BORGO
Palazzo Medici-Riccardi
Mostre di Leonardo
Piazza Brunelleschi
degli
Pergola
della
Colonna
Via del Canto d Nelli
San Lorenzo
Mercato San Lorenzo
Biblioteca Laurenziana
Teatro Reg Toscano
Palazzo Pucci
Via de' Pucci
Via del Castellaccio
Santa Maria Maddalena dei Pazzi
Alfani
Piazza Massimo D'Azeglio
Borgo S Lorenzo
V DE' MARTELLI
Teatro Niccolini
Ospedale S Maria Nuova
Crocifisso del Perugino
Via L C Farini
CERRETANI
Battistero
Duomo
Museo dell'Opera del Duomo
Via Bufalini
Piazza di Santa Maria Nuova
Teatro d Pergola
Vic d Pergola
Fiesolana
Sinagoga
Piazza d S Giovanni
Piazza del Duomo
Campanile
Loggia del Bigallo
Museo di Firenze com'era
Via de' Pilastri
Via G Carducci
Via d Oche
Museo Nazionale di Antropologia e Etnologia
Via dell'Oriuolo
Via di Mezzo
Sant' Ambrogio
Piazza della Repubblica
Via Calzaiuoli
Palazzo Valori
Volta di S Piero
Piazza G Salvemini
Via Pietrapiana
Via d Corso
Borgo degli Albizi
Casa di Dante
Proconsolo
Palazzo Alessandri
Via dei Martiri del Popolo
Loggia del Pesce
Orsan-michele
Via Dante Alighieri
Palazzo Borghese
Via dei Pandolfini
V M Palmieri
VIA GIUS VERDI
Piazza L Ghiberti
Via Calimala
San Martino del Vescovo
Museo Nazionale del Bargello
Via Ghibellina
V M Buonarroti
Via Condotta
Badia Fiorentina
Via d Vigna Vecchia
Casa Buonarroti
Mercato Sant'Ambrogio
Palazzo Gondi
Piazza di San Firenze
San Firenze
Torta
Teatro G Verdi
Allegri
dell'Agnolo
Piazza della Signoria
Palazzo Vecchio
Anguillara
Piazza Santa Croce
V S Cristofano
Via delle Conce
Via Ghibellina
Loggia dei Lanzi
Via Por Santa Maria
V d Leoni
Bgo dei Greci
Palazzo dell'Antella
Largo Piero Bargellini
Via dei Conciatori
Casine
S Stefano
Galleria degli Uffizi
Vinegia
Palazzo dei Da Diacceto
BENCI
Santa Croce
Via di S Giuseppe
Via Pietro Thouar
ARCHIBUSIERI
V d Castellani
Palazzo Vita
Via dei Neri
Borgo S Croce
V Magliabechi
Cappella dei Pazzi
Via d Malcontenti
L MEDICI
Museo di Storia della Scienza
LUNGARNO GEN DIAZ
Piazza Mentana
Museo Horne
Corso d Tintori
Biblioteca Nazionale
SANTA CROCE
Via Tripoli
Via de' Bardi
Piazza di Santa Maria Soprarno
Arno
LUNGARNO DELLE GRAZIE
Piazza dei Cavalleggeri
LUNGARNO DELLA ZECCA VECCHIA
Piazza d Rossi
Lungarno Torrigiani
PONTE ALLE GRAZIE
San Girolamo
Costa de' Magnoli
Ch Evangelica Luterana
Palazzo Serristori
LUNGARNO SERRISTORI
Santo Spirito
Scarpuccia
Piazza d Mozzi
Via dei Renai
Via del Giardino Serristori
V Lupo
Porta San Niccolò
Palazzo Torrigiani
Museo Bardini
Via di San Niccolò
San Niccolò
Piazza G Poggi
Via dei Bastioni
Via della Cava
Palazzi de' Mozzi
V S Miniato
SAN NICCOLÒ
Giuseppe Poggi
Viale
Forte di Belvedere
Via di Belvedere
Via d Monte alle Croci
Camping Michelangelo
David
Piazzale Michelangelo
VIALE MICHELANGELO
Via San Leonardo
Via dell'Erta Canina
San Salvatore al Monte
Convento delle Stimmatine
Via del Mte alle Croci
Via del Giramonte
VIALE GALILEO GALILEI
Cimitero delle Porte Sante
San Miniato al Monte
Via delle Porte Sante
S Leonardo in Arcetri

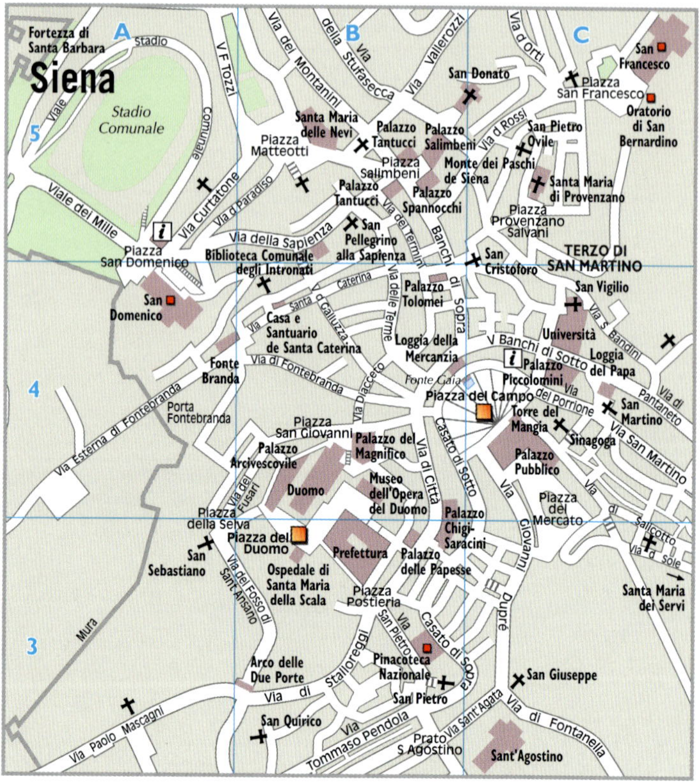
Siena
Fortezza di Santa Barbara
Stadio Comunale
Piazza San Domenico
San Domenico
Biblioteca Comunale degli Intronati
Piazza Matteotti
Santa Maria delle Nevi
Palazzo Tantucci
Palazzo Salimbeni
Piazza Salimbeni
Monte dei Paschi de Siena
Palazzo Spannocchi
San Donato
Piazza San Francesco
San Francesco
Oratorio di San Bernardino
San Pietro Ovile
Santa Maria di Provenzano
Piazza Provenzano Salvani
San Pellegrino alla Sapienza
San Cristoforo
TERZO DI SAN MARTINO
San Vigilio
Università
Loggia del Papa
Palazzo Tolomei
Loggia della Mercanzia
Casa e Santuario de Santa Caterina
Fonte Branda
Porta Fontebranda
Palazzo Piccolomini
Fonte Gaia
Piazza del Campo
Torre del Mangia
Sinagoga
San Martino
Palazzo Pubblico
Piazza San Giovanni
Palazzo del Magnifico
Palazzo Arcivescovile
Duomo
Museo dell'Opera del Duomo
Piazza della Selva
Piazza del Duomo
San Sebastiano
Ospedale di Santa Maria della Scala
Prefettura
Palazzo Chigi-Saracini
Palazzo delle Papesse
Piazza del Mercato
Santa Maria dei Servi
Piazza Postieria
Pinacoteca Nazionale
San Pietro
Arco delle Due Porte
San Quirico
San Giuseppe
Prato S Agostino
Sant'Agostino
Viale dei Mille
Viale Curtatone
V F Tozzi
Via dei Montanini
Via della Stufasecca
Via Vallerozzi
Via d'Orti
Via d Rossi
Via del Paradiso
Via della Sapienza
Via dei Termini
Banchi di Sopra
Via Santa Caterina
Via Galluzza
Via delle Terme
V Banchi di Sotto
Via di Fontebranda
Via Diacceto
Via del Porrione
Via Pantaneto
Via San Martino
Via Esterna di Fontebranda
Via dei Fusari
Via di Città
Casato di Sotto
Via Giovanni Duprè
Via di Salicotto
Via d Sole
Via del Fosso di Sant'Ansano
Via San Pietro
Casato di Sopra
Via di Stalloreggi
Via Tommaso Pendola
Via Sant'Agata
Via di Fontanella
Via Paolo Mascagni
Mura
A
B
C
5
4
3

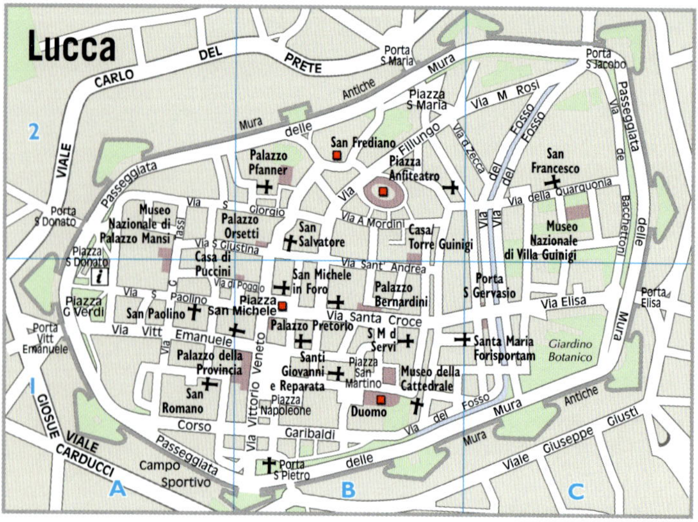
Lucca
Viale Carlo del Prete
Porta S Maria
Porta S Jacobo
Mura
Antiche
Piazza S Maria
Via M Rosi
Fosso
San Frediano
Palazzo Pfanner
Piazza Anfiteatro
Fillungo
Via d Zecca
San Francesco
Via della Quarquonia
Passeggiata delle Mura
Porta S Donato
Museo Nazionale di Palazzo Mansi
Palazzo Orsetti
San Salvatore
Via A Mordini
Casa/Torre Guinigi
Museo Nazionale di Villa Guinigi
Piazza S Donato
Casa di Puccini
Via S Giustina
Via Sant' Andrea
San Michele in Foro
Via di Poggio
Palazzo Bernardini
Porta S Gervasio
Via Elisa
Porta Elisa
Piazza G Verdi
San Paolino
Piazza San Michele
Palazzo Pretorio
Via Santa Croce
S M d Servi
Santa Maria Forisportam
Giardino Botanico
Porta Vitt Emanuele
Via Vitt Emanuele
Palazzo della Provincia
Santi Giovanni e Reparata
Piazza San Martino
Museo della Cattedrale
San Romano
Piazza Napoleone
Duomo
Via Vittorio Veneto
Corso Garibaldi
Via del Fosso
Viale Giosue Carducci
Campo Sportivo
Porta S Pietro
Viale Giuseppe Giusti
A
B
C
2
1

A
Accademia 52, 54f
agriturismo 42
Alpi Apuane 6f, 32, 153, 168ff
Ansidonia 185
Arezzo 48, 88f, 91, 108ff
Arnolfo di Cambio 66, 115
Asciano 184
Ausgehen 47f
Autofahren 38f

B
Badia a Coltibuono 182
Badia Fiorentina 63
Bagni di Lucca 170
Bagni San Filippo 186
Bagno Vignoni 143, 185
Banken 189, 190
Barga 170
Bargello 53, 62f
Behinderte 192
Biblioteca Comunale degli Intronati 178
Boccaccio, Giovanni 11
Buonconvento 128, 142, 184
Busse 40f

C
Camposanto 166, 167
Carrara 155, 168f
Casa di Puccini 156f, 163
Casa Vasari 109, 110
Casa-Torre di Arnolfo di Cambio 115
Casentino 7
Castellina in Chianti 181ff
Castello di Brolio 183
Castelnuovo Berardenga 183
Castelnuovo di Garfagnana 169f
Castiglione d'Orcia 185
Castiglione della Pescaia 32,27
Chianti 7, 88, 181ff
Chiantigiana 32, 181
Colle di Val d'Elsa 88, 91, 114f
Cortona 31, 88f, 91, 111ff

D
Dante Alighieri 8, 66, 105, 114

E
Elektrizität 191
Ermäßigungen 192
Essen und Trinken 44ff
Etrusker 29, 112, 116f, 145

F
Fabbriche di Careggine 27
Feiertage 190
Festivals und Veranstaltungen 28, 48, 124, 150, 176
Fiesole 117
Florenz 34, 49ff
Badia Fiorentina 63
Baptisterium (Taufkapelle) 34, 50, 53, 60f
Bargello 62f
Campanile 31, 50, 53, 61
Cappella Brancacci 14, 74
Cappella dei Pazzi 67
Cappelle Medicee 52, 55f
Corridoio Vasariano 70
Duomo 31, 34, 50, 53, 59f, 61
Galleria dell' Accademia 52, 54
Galleria Palatina 75
Giardino di Boboli 32, 75
Loggia dei Lanzi 65
Mercato Centrale 52, 32, 71f
Museo degli Argenti 75
Museo di Firenze com'era 72
Museo dell'Opera del Duomo 28, 53, 61, 72
Museo dell'Opera di Santa Croce 67
Museo di San Marco 52, 71
Museo Zoologico La Specola 30
Kindermuseum 65
Orsanmichele 65, 73
Palazzo Medici-Riccardi 16, 71
Palazzo Pitti 75
Palazzo Vecchio 65
Piazza del Duomo 50, 53, 59ff
Piazza della Signoria 53, 64f
Ponte Vecchio 74f
San Lorenzo 56
San Miniato al Monte 31, 75
Santa Croce 14, 53, 66f
Santa Maria Novella 52, 57f
Santa Trinità 73
Uffizien 9, 53, 68ff
Vivoli 32, 81
Forte dei Marmi 168
Fra Angelico 71, 111, 117
Fresken 14ff

G
Gaiole in Chianti 182f
Galileo Galieli 66
Galleria dell'Accademia 54
Garfagnana 153, 155, 169ff
Gärten
Giardino di Boboli 29, 74f
Giardino Botanico, Lucca 29, 159
Giardino dei Tarocchi 29
Horti Leonini 143
Villa Bottini 160
Villa Mansi 171, 172
Villa Reale 171
Villa Torrigiani 171, 172
Giotto 10, 61, 66f, 68, 110
Grab der Illaria del Carretto 159

K
Klima und Jahreszeiten 188
Konsulate 192
Kreditkarten 47, 189

L
Leonardo da Vinci 11, 15, 69
Libreria Piccolomini 96, 98
Lucca 48, 152, 156ff
Casa Guinigi 154, 161
Casa di Puccini 156f, 163
Duomo di San Martino 157ff, 163
Giardino Botanico 160
Museo della Cattedrale 159, 163
Museo e Pinacoteca Nazionale di Palazzo Mansi 161, 163
Museo Nazionale di Palazzo Mansi 162f
Museo Nazionale di Villa Guinigi 154, 160, 163
Palazzo Pfanner 162f
Palazzo della Provincia 157
Piazza Anfiteatro 160f
Piazza San Michele in Foro 156
San Frediano 161, 163
Santi Giovanni e Reparata 159
San Michele in Foro 156f, 163
San Pietro Somaldi 154, 160f
Santa Maria Forisportam 159f
Torre Guinigi 27, 161
Villa Bottini 160, 163

M
Machiavelli, Nicolò 9, 66
Marina di Alberese 127
Märkte 47, 71f
Marmor 30f
Medici 7, 55
Medici-Kapellen 52, 55f
Medikamente 192
Michelangelo 9, 14, 31, 51, 54, 62, 66, 66, 69, 72, 96
Montalcino 91, 126, 129, 138f, 140f, 184f
Montaperti 183
Monte Amiata 31, 126, 129, 144f, 186
Monte Oliveto Maggiore 15, 31, 128, 130f, 184
Montepulciano 28, 32, 48, 126, 128, 135ff
Monteriggioni 88, 91, 114
Monticchiello 185
Mugello 7

N
Notruf 191

O
Öffnungszeiten 47, 190
Olivenöl 24f
Orecchiella 7, 153, 169f, 171

P
Palio 18f
Pass 188
Petrarca 9, 109
Pienza 126, 128, 132ff, 185
Pisa 48, 152, 154f, 164ff
Baptisterium 154, 166, 167
Campo dei Miracoli 152, 165
Camposanto 166f
Duomo 164f, 167
Museo Nazionale di Palazzo Reale 166f
Museo Nazionale di San Matteo 166f
Museo dell'Opera del Duomo 155, 166f
Piazza del Duomo 32
Santa Maria della Spina 155, 167
Schiefer Turm 164f,
Pistoia 153, 171
Pitigliano 127, 129, 145
Pius II., Papst 96, 132f, 143, 179
Polizei 191
Ponte Vecchio 74f
Pratomagno 7
Puccini, Giacomo 23, 156f

R
Radda in Chianti 182f
Radicofani 186

S
San Gimignano 17, 23, 88, 102ff
San Giusto in Salcio 182
San Gusme 183
San Michele in Foro 156, 163
San Pellegrino in Alpe 170
San Quirico d'Orcia 29, 143, 185f
San Regolo 183
Santa Croce 53, 66f
Santa Maria Novella 52, 507f
Sant'Anna in Camprena 134
Sant'Antimo 126, 138, 140f, 185
Schiefer Turm, Pisa 12f, 154, 164f
Siena 88, 90, 92ff, 184
Sodoma 100f, 130, 134
Sorano 145
Sovana 127, 129, 144f

T
Torre Guinigi 160, 163
Touristeninformation 41, 188f
Trinkwasser 192

U
Übernachten 42ff
Uccello, Paolo 58, 60, 68
Uffizi 9, 53, 68ff

V
Val d'Orcia 126
Vasari, Giorgio 65, 68, 109
Viareggio 153, 155, 168
Villa Bottini 160
Villa Grabau 171f
Villa La Foce 29
Villa Mansi 171f
Villa Medici 29
Villa Reale 171
Villa Torrigiani 29, 171
Volterra 115f

W
Währung 189
Websites 188
Wein und Alkoholika 22ff

Z
Zahnärzte 192
Zollbestimmungen 192
Züge 36ff, 40

Abbildungsnachweis
Abkürzungen: (o) oben; (u) unten; (l) links; (r) rechts; (m) Mitte
(AA) AA World Travel Library
Die Automobile Association dankt den nachfolgend genannten Fotografen und Bildagenturen für ihre Unterstützung bei der Herstellung dieses Buchs:
Umschlag: (o) AA/C Sawyer; (u) AA/K Paterson; **2o** AA/C Sawyer; **2m** AA/T Harris; **2m** AA/C Sawyer; **2u** AA/C Sawyer; **3o** AA/C Sawyer; **3m** AA/C Sawyer; **3u** AA/K Paterson; **5l** AA/C Sawyer; **5m** AA/J Edmanson; **5r** AA/K Paterson; **6** AA/J Edmanson; **7** AKG Images/Electa; **8** Mary Evans/AISA Media; **9** Annunciation by Leonardo da Vinci/ Galleria degli Uffizi, Florence/The Bridgeman Art Library; **11** © Pontino/Alamy; **13l** AA/T Harris; **13r** AA/J Tims; **15** Mary Evans Picture Library; **16** Procession of the Oldest King, Benozzo di Lese di Sandro Gozzoli/ Palazzo Medici-Riccardi, Florence, Alinari/The Bridgeman Art Library; **17** AA/S McBride; **18/19** Simeone Huber/ Getty Images; **20** Ronald Grant Archive; **21** 1991 Scala, Florence – courtesy of Ministero Beni e Att. Culturali; **22** Michael Caulfield/WireImage/Getty Images; **23** Fabio Massimo ACETO/GraziaNeri; **25** AA/K Paterson; **26** The Bridgeman Art Library; **28** AA/K Paterson; **31** AA/K Paterson; **32/33** AA/K Paterson; **34** AA/K Paterson; **35l** AA/T Harris; **35m** AA/T Harris; **35r** AA/T Harris; **49l** AA/C Sawyer; **49m** AA/S McBride; **49r** AA/C Sawyer; **51** AA/S McBride; **52** AA/S McBride; **53o** AA/S McBride; **53u** AA/T Harris; **54** AA/S McBride; **55** AA/T Harris; **56** AA/T Harris; **57** AA/T Harris; **58** AA/K Paterson; **59** AA/S McBride; **60** AA/S McBride; **61** AA/J Tims; **62** AA/J Tims; **63** AA/J Tims; **64** AA/C Sawyer; **65** AA/C Sawyer; **66** AA/C Sawyer; **68** The Battle of San Romano in 1432 by Paolo Uccello/Galleria degli Uffizi, Florence, Alinari/The Bridgeman Art Library; **69** AA/S McBride; **70** AA/S McBride; **71** AA/S McBride; **72** AA/S McBride; **73** AA/S McBride; **74** AA/J Tims; **75** AA/C Sawyer; **87l** AA/C Sawyer; **87m** AA/S McBride; **87r** AA/R Ireland; **89** AA/K Paterson; **90m** AA/K Paterson; **90u** AA/S McBride; **91o** AA/R Ireland; **91u** AA/T Harris; **92** AA/S McBride; **93** AA/T Harris; **94** Commemoration of Guidoriccio da Fogliano at the Siege of Montemassi by Simone Martini/Palazzo Pubblico, Siena/The Bridgeman Art Library; **95** AA/T Harris; **96** AA/T Harris; **97** AA/T Harris; **98** AA/T Harris; **99** AA/T Harris; **100** Descent from the Cross, Giovanni Antonio Bazzi Sodoma/Pinacoteca Nazionale, Siena/The Bridgeman Art Library; **101** AA/T Harris; **102/103** AA/K Paterson; **104** AA/S McBride; **105** AA/C Sawyer; **106** The Life of St. Augustine by Benozzo di Lese di Sandro Gozzoli/Sant' Agostino, San Gimignano/The Bridgeman Art Library; **108** AA/C Sawyer; **109** AA/J Tims; **110** AA/J Tims; **111** AA/J Tims; **112** AA/J Tims; **113** AA/T Harris; **114** SIME/ Cellai Stefano/4Corners Images; **115** AA/R Ireland; **116** SIME/Johanna Huber/4Corners; **125l** AA/C Sawyer; **125m** AA/S McBride; **125r** AA/S McBride; **126** AA/C Sawyer; **128m** AA/S McBride; **128u** AA/S McBride; **129o** AA/S McBride; **129u** AA/S McBride; **130** AA/S McBride; **131** AA/T Harris; **132** AA/S McBride; **133o** AA/S McBride; **133u** AA/S McBride; **134** AA/S McBride; **135** AA/S McBride; **136** AA/S McBride; **137** AA/C Sawyer; **138** AA/S McBride; **139** AA/S McBride; **140** AA/S McBride; **141** AA/T Harris; **142** AA/S McBride; **143** AA/J Tims; **144** AA/K Paterson; **145** AA/K Paterson; **151l** AA/C Sawyer; **151m** AA/C Sawyer; **151r** AA/C Sawyer; **152** AA/C Sawyer; **154m** AA/J Edmanson; **154u** AA/C Sawyer; **155o** AA/J Edmanson; **155u** AA/T Harris; **156** AA/C Sawyer; **157o** AA/R Ireland; **157u** AA/C Sawyer; **158** AA/C Sawyer; **159** AA/C Sawyer; **160** AA/T Harris; **161** AA/C Sawyer; **162** AA/C Sawyer; **163** AA/K Paterson; **164** AA/T Harris; **165** AA/T Harris; **166** AA/T Harris; **167** AA/T Harris; **168** AA/T Harris; **169** AA/K Paterson; **170** AA/T Harris; **171** AA/C Sawyer; **172** AA/J Tims; **177l** AA/K Paterson; **177m** AA/T Harris; **177r** AA/K Paterson; **180** AA/T Harris; **181** AA/R Ireland; **182o** AA/K Paterson; **185l** AA/S McBride; **186** AA/S McBride; **187l** AA/J Tims; **187m** AA/T Harris; **187r** Max Jourdan; **191o** AA/M Jourdan; **191m** AA/A Mockford & N Bonetti; **191u** AA/T Harris.
Der Verlag hat keine Mühen gescheut die Copyright-Inhaber zu ermitteln, dennoch möchte sich der Verlag für mögliche Fehler entschuldigen. Hinweise und Korrekturen sind jederzeit willkommen.

Leserbefragung

NATIONAL GEOGRAPHIC

Ihre Ratschläge, Urteile und Empfehlungen sind für uns sehr wichtig. Wir bemühen uns, unsere Reiseführer ständig zu verbessern. Wenn Sie sich ein paar Minuten Zeit nehmen, diesen kleinen Fragebogen auszufüllen, könnten Sie uns sehr dabei helfen.

Wenn Sie diese Seite nicht herausreißen möchten, können Sie uns auch eine Kopie schicken, oder Sie notieren Ihre Hinweise einfach auf einem separaten Blatt.

Bitte senden Sie Ihre Antwort an:
NATIONAL GEOGRAPHIC SPIRALLO-REISEFÜHRER, MAIRDUMONT GmbH & CO. KG,
Postfach 31 51, D-73751 Ostfildern
E-Mail: spirallo@nationalgeographic.de

Über dieses Buch …

NATIONAL GEOGRAPHIC SPIRALLO-REISEFÜHRER **TOSKANA**

Wo haben Sie das Buch gekauft? ____________________

Wann? Monat / Jahr

Warum haben Sie sich für einen Titel dieser Reihe entschieden? ____________________

Wie fanden Sie das Buch ?

Hervorragend ☐ Genau richtig ☐ Weitgehend gelungen ☐ Enttäuschend ☐

Können Sie uns Gründe angeben?

Bitte umblättern …

Hat Ihnen etwas an diesem Führer ganz besonders gut gefallen?

Was hätten wir besser machen können?

Persönliche Angaben

Name

Adresse

Zu welcher Altersgruppe gehören Sie?

Unter 25 ☐ 25–34 ☐ 35–44 ☐ 45–54 ☐ 55–64 ☐ Über 65 ☐

Wie oft im Jahr fahren Sie in Urlaub?

Seltener als einmal ☐ Einmal ☐ Zweimal ☐ Dreimal oder öfter ☐

Wie sind Sie verreist?

Allein ☐ Mit Partner ☐ Mit Freunden ☐ Mit Familie ☐

Wie alt sind Ihre Kinder? _____

Über Ihre Reise ...

Wann haben Sie die Reise gebucht? Monat / Jahr

Wann sind Sie verreist? Monat / Jahr

Wie lange waren Sie verreist?

War es eine Urlaubsreise oder ein beruflicher Aufenthalt?

Haben Sie noch weitere Reiseführer gekauft? ☐ Ja ☐ Nein

Wenn ja, welche?

Herzlichen Dank dafür, dass Sie sich die Zeit genommen haben, diesen Fragebogen auszufüllen.

Schönbrunn und Wiental 113
Erste Orientierung ✦ An einem Tag ✦ Nicht verpassen!
✦ Schloss Schönbrunn ✦ Naschmarkt und Wienzeile
✦ Secession ✦ Karlskirche
Nach Lust und Laune!
✦ Sechs weitere Adressen zum Entdecken
Wohin zum ... ✦ Essen und Trinken?
✦ Einkaufen? ✦ Ausgehen?

Belvedere, Prater und Donau 137
Erste Orientierung ✦ An einem Tag ✦ Nicht verpassen!
✦ Belvedere ✦ KunstHausWien
✦ Riesenrad ✦ Prater
Nach Lust und Laune!
✦ Vier weitere Adressen zum Entdecken
Wohin zum ... ✦ Essen und Trinken?
✦ Einkaufen? ✦ Ausgehen?

Ausflüge 159
✦ Klosterneuburg
✦ Wienerwald
✦ Heiligenkreuz
✦ Dampferfahrt in die Wachau
✦ Bratislava

Spaziergänge & Touren 171
✦ **1** Durch die Donauauen
✦ **2** Grinzing
✦ **3** Friedhof St. Marx
✦ **4** Auf den Spuren des dritten Mannes

Praktisches 183
✦ Reisevorbereitung ✦ Reisezeit ✦ Das Wichtigste vor Ort
✦ Veranstaltungen rund ums Jahr ✦ Kleiner Sprachführer

Cityplan 191
Straßenregister 199
Register 203

Autorinnen: Hanne Egghardt und Katharina Kunz
Redaktion: Katrin Wampula
Bildredaktion: Gabriele Forst
Gestaltung: Cyclus · Visuelle Kommunikation

ISBN 3-8279-0191-X

Unsere Autoren haben nach bestem Wissen recherchiert. Trotzdem schleichen sich manchmal Fehler ein, für die der Verlag keine Haftung übernehmen kann. Hinweise, Verbesserungsvorschläge und Korrekturen sind jederzeit willkommen.
Spirallo Reiseführer, Falk Verlag, Postfach 3151,
D-73751 Ostfildern, E-Mail: spirallo@mairs.de

technische Koordination und Abwicklung: Impression SP. z o.o./Warschau
Druck und Bindung: Lotos offset printing/Warschau

A02225